L'ÂNE D'OR

Collection fondée

par

Alain Segonds

COLLECTION « L'ÂNE D'OR »

Polymnia Athanassiadi
La lutte pour l'orthodoxie dans le platonisme tardif de Numénius à Damascius.

Luca Bianchi
Censure et liberté intellectuelle à l'université de Paris (XIIIe - XIVe siècles).

Remo Bodei
Ordo amoris. Conflits terrestres et bonheurs célestes

Jean-Yves Boriaud (dir.)
La pensée scientifique de Cardan.

Alain Boureau
Théologie, science et censure au XIIIe siècle.

Luc Brisson et F. Walter Meyerstein
Inventer l'univers.
Puissance et limites de la raison.

Luciano Canfora
La bibliothèque du patriarche.

Pierre Caye
Critique de la destruction créatrice. Production et humanisme.

Giovanni Cerri
La poétique de Platon.

Christophe Chandezon et Julien du Bouchet (éd.)
Artémidore de Daldis et l'interprétation des rêves. Quatorze études.

Eric Robinson Dodds
Païens et chrétiens dans un âge d'angoisse.

Louis-André Dorion
L'autre Socrate. Études sur les écrits socratiques de Xénophon.

Germana Ernst
Tommaso Campanella.

Bernard Forthomme
La pensée franciscaine. Un seuil de la modernité.

Garth Fowden
Hermès l'Égyptien.

Eugenio Garin
Le zodiaque de la vie.

Miguel Ángel Granada, Édouard Mehl (édd.)
Nouveau ciel. Nouvelle terre.
Kepler. La physique céleste.

Pierre Hadot
Études de philosophie ancienne.
Plotin, Porphyre. Études néoplatoniciennes.
Études de patristique et d'histoire des concepts.

Jean Irigoin
La tradition des textes grecs.

DE BYZANCE À L'ITALIE : L'ENSEIGNEMENT DU GREC À LA RENAISSANCE

Pierre Kerszberg
Kant et la nature.

Anne Kraatz
Mode et philosophie ou le néoplatonisme en silhouette 1470-1500.

Claude Langlois
Le crime d'Onan.

Michel-Pierre Lerner
Le monde des sphères (2 vol.), 2e éd. corrigée et augmentée.

Anne Merker
Une morale pour les mortels. L'éthique de Platon et d'Aristote.

Jean-Marc Narbonne
Hénologie, ontologie et *Ereignis*.

Nuccio Ordine
Le mystère de l'âne.
Le seuil de l'ombre.

Jackie Pigeaud
Poétiques du corps.
Folies et cures de la folie. La manie.

Édouard Pommier
La beauté et le paysage dans l'Italie de la Renaissance.

Francisco Rico
Le rêve de l'Humanisme.

Denis Savoie
La Gnomonique, 2e éd. corrigée et augmentée.

Philippe Sers
Totalitarisme et avant-gardes.

Élisabeth Soubrenie
L'art de la conversion au siècle de la métaphysique anglaise.

Pierre Souffrin
Écrits d'histoire des sciences.

Erwin Schrödinger
La nature et les Grecs
suivi de La clôture de la représentation par Michel Bitbol.

Stéphane Toussaint
Humanismes/Antihumanismes de Ficin à Heidegger.

Maaike Van der Lugt
Le ver, le démon et la vierge. Les théories médiévales
de la génération extraordinaire.

À paraître

J. Evans. Histoire et pratique de l'Astronomie ancienne.

S. Timpanaro. La genèse historique de la méthode de Lachmann.

Nigel G. Wilson

DE BYZANCE À L'ITALIE : L'ENSEIGNEMENT DU GREC À LA RENAISSANCE

Traduit
par
Henri Dominique Saffrey

PARIS
LES BELLES LETTRES
2015

Titre original

From Byzantium to Italy

www.lesbelleslettres.com

Retrouvez Les Belles Lettres sur Facebook et Twitter.

ISBN : 978-2-251-42058-5

Ce livre est dédié à

Alessandro Perosa

dont les Oxford Lectures de 1965

sont à l'origine de mon intérêt dans le domaine de recherches

poursuivies dans ce livre

But it is in Italy, in the fifteenth century, that the interest of the Renaissance mainly lies – in that solemn fifteenth century which can hardly be studied too much.

Pater

Préface

Le livre que voici se présente comme une suite à mon livre *Scholars of Byzantium* (Londres, 1983), dans lequel j'ai étudié comment l'héritage de la Grèce classique a été reçu par les Byzantins et quel usage ils en ont fait. Ce fut l'histoire d'un long et dur affrontement, avec autant de défaites que de victoires. La paix vint en son temps et, une fois venue, elle porta son fruit. Les Byzantins ont fait de cet héritage une solide culture ; il suffit de voir ce qu'il en reste dans les territoires occupés par les Ottomans pour constater le contraste. Bien que l'importance de l'influence grecque soit un lieu commun, indéfiniment répété dans les livres relatifs à la Renaissance italienne, la suite des étapes par lesquelles cette culture perdue a été retrouvée n'a pas été étudiée suffisamment, et en conséquence les effets qui se sont fait sentir dans tous les domaines n'ont pas été convenablement reconnus. Ce développement prendrait toute son importance si l'on prolongeait cette histoire au-delà de la mort d'Alde Manuce, car c'est seulement dans les décennies suivantes que la science et les mathématiques italiennes ont vraiment exploité les textes grecs pour parvenir à de nouvelles découvertes. Néanmoins, réflexion faite, je suis arrivé à la conclusion que l'année 1515 marque vraiment la fin d'une étape et constitue une date moins artificielle que d'autres qui pourraient être choisies ; cependant il ne sera pas impossible que, dans la suite de mon exposé, j'en vienne à décrire des développements qui se prolongent jusque dans le milieu du XVIe siècle. Cet ouvrage doit donc être considéré comme une ébauche et un défi. Une ébauche, parce qu'une étude complète du sujet, même dans les limites chronologiques que je me suis fixées, demanderait un délai de plusieurs années, alors que la publication du résultat même provisoire semble utile. Un défi aussi lancé à d'autres chercheurs qui devront vérifier la valeur de mes conclusions.

Je dois signaler une omission volontaire : je ne parlerai pas de la redécouverte de l'architecture grecque, d'abord parce qu'elle n'a eu que peu d'influence sur le milieu intellectuel dans la période considérée – ce qui inspirait les architectes de la Renaissance, c'étaient les ruines romaines – et ensuite parce que le livre de Roberto Weiss, *The Renaissance discovery of classical antiquity*, dans sa forme révisée, donne de cette question un bon exposé.

Très économe de références bibliographiques dans les notes de *Scholars of Byzantium*, j'ai essayé dans ce livre aussi de ne pas écraser le lecteur sous l'érudition. Si je n'ai pas cité tel ou tel article, ce n'est pas dû à l'ignorance, mais simplement parce que sa mention n'était pas essentielle au propos de mon argument.

Ce livre, publié en 1992, a été bien reçu ; depuis, de nombreuses contributions ont développé notre connaissance de la Renaissance italienne. J'ai pu en tenir compte dans la traduction italienne de ce livre publiée à Alessandria par les Edizioni dell'Orso en 2000. Je suis heureux d'avoir une nouvelle occasion de faire une révision pour cette édition française.

J'exprime mes remerciements au Père Saffrey qui a préparé cette traduction. C'est pour moi un privilège de voir mon ouvrage traduit par quelqu'un qui a aussi une bonne connaissance du sujet[1].

Oxford, novembre 2013
N. G. W.

1. Le traducteur remercie Concetta Luna et Armand Mettraux qui ont bien voulu relire son texte et y apporter de nombreuses corrections.

Abréviations

Abh	*Abhandlungen*
BiblHumRen	*Bibliothèque d'Humanisme et Renaissance*
BICS	*Bulletin of the Institute of Classical Studies*
BullJRL	*Bulletin of the John Rylands Library*
BZ	*Byzantinische Zeitschrift*
CP	*Classical Philology*
CQ	*Classical Quarterly*
CR	*Classical Review*
GRBS	*Greek, Roman and Byzantine Studies*
GSLI	*Giornale Storico della Letteratura Italiana*
IG	*Inscriptiones Graecae*
IMU	*Italia Medioevale e Umanistica*
JÖB	*Jahrbuch der Österreichischen Byzantinistik*
JWCI	*Journal of the Warburg and Courtauld Institutes*
PG	*Patrologia Graeca*
PL	*Patrologia Latina*
REG	*Revue des Études Grecques*
RevHistTextes	*Revue d'Histoire des Textes*
RGK	*Repertorium der griechischen Kopisten 800-1600*
RhMus	*Rheinisches Museum*
RivFil	*Rivista di Filologia*
RivStudBizNeoell	*Rivista di Studi Bizantini e Neoellenici*
SB	*Sitzungsberichte*
SIFC	*Studi Italiani di Filologia Classica*

Chapitre 1

Les débuts

(I) LES PRÉCURSEURS

Au début du Moyen Âge, dans l'Europe occidentale, on ignorait le grec. À partir du IXe siècle, en quelques rares occasions, il y eut des efforts pour encourager la connaissance de la langue grecque et produire des traductions de textes divers. Aristote, Galien et quelques Pères de l'Église avaient retenu l'attention. Peu de ces entreprises ont eu un réel succès. Les plus anciennes traductions sont dues à Henri Aristippe, en Sicile normande au XIIe siècle, et à son contemporain Burgundio de Pise. Les résultats ont été jugés très insuffisants par les générations suivantes. Cependant quelques textes grecs, en particulier l'*Almageste* de Ptolémée et certains ouvrages d'Aristote, trouvèrent leur chemin en Occident : à Tolède, dans la seconde moitié du XIIe siècle, on fit des traductions latines à partir de l'arabe. Un essai plus concluant pour s'attaquer aux textes originaux fut celui du dominicain Guillaume de Moerbeke au XIIIe siècle. En 1260, il donna une bonne version de la *Politique* d'Aristote et il traduisit aussi des traités très difficiles d'Archimède et du néoplatonicien Proclus. Mais il ne fit pas école.

Les prédécesseurs immédiats des véritables humanistes ne firent pas beaucoup mieux que leurs homologues médiévaux. Ce jugement négatif doit s'appliquer également à un groupe de traductions importantes qui n'ont pas été suffisamment étudiées, les textes médicaux traduits par Nicolas de Reggio pour le roi de Naples, Robert d'Anjou (1309-1343). Ce dernier avait reçu de l'empereur byzantin Andronique III le don d'un manuscrit de Galien contenant des textes apparemment uniques, et puisque ce précieux manuscrit n'a pas été retrouvé, les traductions de Nicolas prirent une valeur plus grande qu'elles ne le méritaient[1]. Son entreprise, fruit d'une bonne intention et utile pour ses contemporains et même pour les spécialistes modernes de Galien, n'a pas eu de suite. La cour royale de l'Italie du Sud ne semble pas avoir été capable d'exploiter l'avantage de sa proximité avec les communautés grecques de Calabre, d'Apulie et de Sicile, qui étaient cependant très importantes.

Les cités du nord de l'Italie, plus riches et plus développées, n'ont pas mieux réussi. On a découvert récemment que, à Padoue, dans la période préhumaniste, au tournant du XIIIe et du XIVe siècle, un lettré possédait un exemplaire des *Moralia* de Plutarque (Ambr. C 126 inf.), copié pour Maxime Planude, le plus savant Byzantin de ce temps, qui avait accompli une mission diplomatique à Venise en 1296. Mais ce lettré, Pace de Ferrare (*fl. ca* 1299-*post* 1317), n'avait probablement pas appris le grec. Il croyait que Sophocle était l'auteur de l'*Iliade* et de l'*Odyssée*. Il aurait pu apprendre le grec auprès de Pietro d'Abano résidant alors à Padoue, qui avait séjourné à Constantinople et pouvait traduire Galien et d'autres auteurs scientifiques. Même à supposer qu'ils se soient rencontrés, il n'en sortit aucun résultat[2].

Cet épisode ne peut qu'intriguer. À Padoue, un peu plus tard dans le XIVe siècle, on rapporte une autre histoire curieuse. Au cours d'un procès, quelqu'un a cité Homère non seulement une fois, mais deux fois. De Leonzio Pilato, qui raconte ce fait, il sera question plus loin. Il se trouvait à Padoue peu avant 1358-1359. Les citations en question doivent presque certainement provenir

1. R. Weiss, *Medieval and humanist Greek*, Padoue, 1977, p. 117-118 (cet ouvrage développe un article publié dans *Rinascimento* 1 (1950), p. 195-226).

2. Cf. P. A. Stadter, *IMU* 16 (1973), p. 137-162. Le scepticisme qu'il exprime à la p. 157 me semble justifié.

des dix citations d'Homère qui se trouvent dans le *Digeste*. Pilato affirme que le grec, grossièrement écrit, avait été montré à la cour. On se demande comment un magistrat avait pu se procurer ces textes grecs, car les exemplaires courants du *Digeste* aujourd'hui conservés laissent les mots grecs en blanc[3].

(II) PÉTRARQUE, BOCCACE ET PILATO

On sait que Pétrarque (1304-1374) avait voulu apprendre le grec. Il possédait un exemplaire de l'*Iliade* (Ambr. I 98 inf.)[4] et un exemplaire de Platon (Paris. gr. 1807[5]), il se sentait frustré de ne pas pouvoir les lire, bien qu'il eût pris quelques leçons de grec avec le savant diplomate Barlaam (mort en 1348). Dix ans plus tard, une seconde chance s'était présentée quand Pétrarque, de passage à Padoue, avait rencontré Leonzio Pilato, un Calabrais dont l'éducation et la culture étaient plus grecques que latines. En 1359, avec Boccace, il avait eu l'idée que l'on pourrait obtenir de Pilato une traduction complète d'Homère. Il est significatif que ce projet ait été celui du plus grand poète et du plus grand prosateur de l'Italie. Peu après, nous retrouvons Pilato à Florence où il enseigne sous le patronage de Boccace, qui plus tard devait tenir la chaire des études sur Dante. Pilato n'enseignait pas seulement Homère, mais encore Euripide. Nous n'avons aucune trace d'un salaire qu'il aurait reçu pour cet enseignement, mais l'humaniste Domenico Silvestri témoigne que ses leçons étaient publiques[6], c'est pourquoi il n'est pas tout à fait

3. Cf. A. Pertusi, *Leonzio Pilato fra Petrarca e Boccaccio*, Venise-Rome, 1964, p. 11-14 ; F. Di Benedetto, *IMU* 12 (1969), p. 83.

4. Cf. Pertusi, *op. cit.* (*supra*, n. 3), p. 8. C. M. Mazzucchi, dans F. Gallo (éd.), *Miscellanea Graecolatina* 1 (2011), p. 207-710, a mis en doute cette identification.

5. Cf. *ibid.*, p. 18, n. 5 ; A. Diller, *CP* (1964), p. 270-272. La conjecture est due à É. Pellegrin, *La bibliothèque des Visconti et des Sforza, ducs de Milan*, Paris, 1955, p. 310.

6. Cf. P. G. Ricci, *Rinascimento* 3 (1952), p. 159-164. Dans son *Genealogia deorum gentilium*, Boccace dit que c'est à ses propres frais que le grec a été introduit en Toscane.

exact de dire que la nomination de Chrysoloras en 1397 marque le début de l'enseignement du grec à la Renaissance.

Le bref séjour de Pilato à Florence de 1360 à 1362 a été bien étudié récemment et il faut lui attribuer plus d'importance que ce que l'on lui en donnait. Il avait déjà donné à Pétrarque un court spécimen de sa traduction d'Homère ; pendant son séjour à Florence, il avait pu produire des traductions des deux poèmes homériques, qui finirent plus tard dans les mains de Pétrarque[7]. Ce dernier en fit une étude approfondie dans les dernières années de sa vie, comme on le voit dans les nombreuses notes marginales portées dans ses livres. Le travail de Pilato nous semble aujourd'hui médiocre, mais compte tenu des ressources dont il disposait et des traditions dans lesquelles il avait été élevé, il fit tout ce qu'il pouvait[8]. C'est lui rendre justice quand on sait que sa tâche était de prendre purement et simplement chaque mot l'un après l'autre et de l'expliquer à des débutants. Mais évidemment, si l'on songe à d'autres lecteurs, hommes de lettres comme Pétrarque, qui désiraient lire une vraie traduction, le travail de Pilato était insuffisant. On peut être surpris qu'il n'ait pas été possible de trouver dans les communautés italo-grecques de l'Italie du Sud un traducteur plus compétent que Pilato, et l'on comprend la déception ressentie par certains de ses auditeurs à Florence. Pourtant le fait qu'il existe plusieurs manuscrits de ses deux traductions prouve qu'elles correspondaient à un besoin. Deux spécimens donneront une idée du travail de Pilato.

Voici les premiers vers de l'*Odyssée* :

Ἄνδρα μοι ἔννεπε, Μοῦσα, πολύτροπον, ὃς μάλα πολλὰ
πλάγχθη, ἐπεὶ Τροίης ἱερὸν πτολίεθρον ἔπερσε·
πολλῶν δ'ἀνθρώπων ἴδεν ἄστεα καὶ νόον ἔγνω,
πολλὰ δ'ὅ γ'ἐν πόντῳ πάθεν ἄλγεα ὃν κατὰ θυμόν,
ἀρνύμενος ἥν τε ψυχὴν καὶ νόστον ἑταίρων.

Ces vers ont été traduits en français dans la Bibliothèque de la Pléiade de la façon suivante :

7. Sur ce délai, cf. M. Feo, *IMU* 17 (1974), p. 136-137.
8. Cf. Pertusi, *op. cit.* (*supra*, n. 3), p. 433-436.

C'est l'Homme aux mille tours, Muse, qu'il faut me dire,
Celui qui tant erra quand, de Troade, il eut pillé la ville sainte,
Celui qui visita les cités de tant d'hommes et connut leur esprit,
Celui qui, sur les mers, passa par tant d'angoisses,
En luttant pour survivre et ramener ses gens.

Et voici la version latine de Pilato :

Virum mihi pande, Musa, multimodum, qui valde multum
erravit, ex quo Troiae sacram civitatem depredatus fuit ;
multorum hominum vidit urbes et intellectum novit,
multas autem hic in ponto passus fuit angustias proprio in animo
redimens propriam animam et reditum sociorum.

De même pour l'*Iliade*, on voit immédiatement la version mot à mot faite par Pilato. Voici les premiers vers :

Μῆνιν ἄειδε, θεά, Πηληϊάδεω Ἀχιλῆος
οὐλομένην, ἣ μυρί᾽ Ἀχαιοῖς ἄλγε᾽ ἔθηκε,
πολλὰς δ᾽ ἰφθίμους ψυχὰς Ἄϊδι προΐαψεν
ἡρώων, αὐτοὺς δὲ ἑλώρια τεῦχε κύνεσσιν
οἰωνοῖσί τε πᾶσι, Διὸς δ᾽ ἐτελείετο βουλή,
ἐξ οὗ δὴ τὰ πρῶτα διαστήτην ἐρίσαντε
Ἀτρεΐδης τε ἄναξ ἀνδρῶν καὶ δῖος Ἀχιλλεύς.

La Bibliothèque de la Pléiade propose la traduction suivante :

Déesse, chante-nous la colère d'Achille, de ce fils de Pélée,
colère détestable, qui valut aux Argiens d'innombrables malheurs
et jeta dans l'Hadès tant d'âmes de héros,
livrant leurs corps en proie aux oiseaux comme aux chiens :
ainsi s'accomplissait la volonté de Zeus.
Commence à la querelle où deux preux s'affrontèrent,
l'Atride, chef de peuple, et le divin Achille.

Et voici comment Pilato essaie de traduire le sens de l'original :

Iram cane dea Pelidis Achillis
pestiferam, quae innumerabiles Graecis dolores imposuit
multas autem fortes animas inferno antemisit
heroum, ipsosque cadavera praeparavit canibus
avibusque omnibus – Iovis autem perficiebatur consilium –
ex quo iam primitus diversimode litigaverunt
Atridesque imperator virorum et divus Achilles[9].

Pilato ajoutait des notes explicatives, tirées pour la plupart des commentaires anciens et médiévaux. Boccace avait reçu avec enthousiasme tout ce matériel qui lui fournissait des informations sur la mythologie classique pour sa *Genealogia deorum gentilium*, qui devait devenir un livre de référence pour de nombreuses générations à venir.

La version d'Euripide se réduit à un fragment qui ne contient que les 466 premiers vers de l'*Hécube*, écrits dans les interlignes du manuscrit grec (Laur. 31.10) et ensuite recopiés par Pilato avec des corrections dans un nouveau manuscrit (Laur. San Marco 226). Là aussi le latin est d'une médiocre qualité. Quelques annotations utilisent Homère et l'*Alexandra* de Lycophron, un énigmatique poème dans lequel on entend Cassandre annoncer ses prophéties à Priam. Cette production médiocre d'un poétereau hellénistique était bien connue à Byzance et il n'y a rien d'étonnant qu'elle se soit trouvée entre les mains de Pilato. Qu'il ait commencé son travail par l'*Hécube* était naturel, puisque c'était la première pièce de la collection des œuvres d'Euripide étudiée dans les écoles byzantines. Ce qui l'est moins, c'est que, au lieu de se servir d'un manuscrit récemment copié qui aurait sûrement offert un texte moins bon, Pilato avait recherché un manuscrit ancien datant de *ca* 1175. Bien qu'il ne soit pas un des manuscrits primaires pour l'établissement du texte, il n'a pas été négligé par les éditeurs modernes[10]. Comment Pilato l'avait-il découvert reste un mystère. Il appartient à une collection de livres copiés par deux scribes, collection importante par les textes

9. On trouvera des spécimens plus étendus dans Pertusi, *op. cit.* (*supra*, n. 3), p. 169 s., 205 s.

10. Cf. l'édition par J. Diggle, Oxford, 1981, où l'on trouve ses leçons.

transmis, dont une partie était passée entre les mains du traducteur médiéval Burgundio de Pise (1110-1193), mais le manuscrit en question ne semble pas avoir appartenu à Burgundio. Quoi qu'il en soit, Pilato tenait une bonne source, mais il est dommage qu'il n'en ait pas fait meilleur usage. Malgré tout, Boccace en a tiré d'utiles informations sur la mythologie grecque[11].

Un résultat moins important du séjour de Pilato à Florence est la traduction d'un volume de miscellanées rassemblant des informations étranges et d'une authenticité douteuse, provenant du corpus aristotélicien, le *De mirabilibus auscultationibus*. Boccace en est de nouveau le responsable, sa soif d'informations était insatiable[12]. On a cependant découvert quelque chose de plus important, à savoir que Pilato a étudié les textes grecs contenus dans le *Digeste*, en faisant usage d'un manuscrit connu maintenant comme les *Pandectes* florentines[13]. À cette époque, ce trésor était encore à Pise, et l'on peut reconstituer la suite des événements de la façon suivante : un magistrat pisan ayant eu connaissance de la présence de Pilato à Florence a négocié sa venue à Pise pour examiner le manuscrit. Pise et Florence étaient alors en mauvais termes et il fallait des sauf-conduits pour passer d'une ville à l'autre. Il faut féliciter les Pisans pour le succès de la négociation. Selon le mot de Lord Lytton :

> Beneath the rule of men entirely great
> The pen is mightier than the sword.

On ne peut pas dire qu'ils en furent convenablement remerciés. Les passages en grec dont il s'agit avaient déjà été traduits par le

11. A. Pertusi, *IMU* 3 (1960), p. 101-152, a apporté la preuve que Pilato est bien l'auteur de cette traduction. Son importance n'est pas diminuée par le fait que j'ai proposé une date différente pour le Laur. 31.10, cf. *Scrittura e Civiltà* 7 (1983), p. 161-176.

12. Cf. E. Garin, *Giornale critico della filosofia italiana* 35 (1956), p. 355-357. F. Di Benedetto, *IMU* 12 (1969), p. 56, n. 1, croit que le manuscrit utilisé pourrait être le Marc. gr. IV 58 ; il faudrait examiner si les quelques notes marginales sont de la main de Pilato. (Il est plutôt du XIIe que du XIIIe siècle.)

13. Cf. F. Di Benedetto, *IMU* 12 (1969), p. 53-112.

plus éminent Pisan du Moyen Âge, Burgundio ; sa traduction était si littérale que le sens des textes était inintelligible – Politien devait décorer Burgundio du titre de *indoctus aliquis* – et la traduction de Pilato n'apportait pas un véritable progrès ! Malgré quelques éclairs d'intelligence, il y a des fautes et, en de nombreux endroits, il avait été incapable de déchiffrer correctement l'écriture onciale. Pour nous, cela semble étrange, car la forme des lettres capitales est plus facile à lire que la cursive minuscule qui l'a remplacée. Mais on sait qu'à la période byzantine tardive, les savants avaient du mal avec l'écriture onciale, comme le prouve le beau manuscrit à peintures, le Dioscoride de Vienne (Med. gr. 1), copié vers 1400 par Jean Chortasménos qui, dans les espaces laissés en blanc par le copiste du VIe siècle, a recopié en écriture ordinaire les passages écrits en onciales.

Le travail sur les *Pandectes,* bien que de pauvre qualité, est signe que l'intérêt pour le grec n'était pas limité aux cercles purement littéraires, même si ce fut un cercle littéraire florentin qui permit aux magistrats d'avoir une meilleure compréhension du *Digeste.* C'est la mode dans l'histoire de la culture classique de n'attribuer qu'aux seuls poètes le beau rôle dans le retour des textes anciens[14]. Pour une fois, les magistrats se trouvent aux côtés des poètes pour jouer le rôle de pionniers.

Boccace avait remarqué les travaux de Pilato. Au livre XIV de la *Genealogia deorum gentilium,* il reproduit les citations d'Homère contenues dans les *Pandectes,* où le poète est présenté comme le père de toutes les vertus, ce qui lui vaut d'être cité comme une autorité dans un contexte juridique. Les magistrats cependant n'étaient pas pleinement satisfaits et il y eut d'autres essais pour saisir l'exacte signification des citations grecques faites dans le *Digeste.* Un demi-siècle plus tard, lorsque les *Pandectes* étaient passées en la possession des Florentins après la conquête de Pise en 1406, le vénitien Francesco Barbaro voulut s'intéresser à la question et s'en ouvrit à Niccolò Niccoli. Chose incroyable, Niccoli ne put avoir accès à ce livre qui était considéré comme une sainte relique. Ambrogio

14. Cf. les deux volumes de R. Pfeiffer, *History of classical scholarship,* Oxford, 1968 et 1976.

Traversari, pour expliquer à Barbaro que sa demande ne pouvait être satisfaite, affirme que les magistrats avaient pouvoir d'autoriser la consultation du livre, mais que le public sans instruction le considérait comme une chose intouchable. Le fond de l'affaire était que les magistrats ne voulaient pas laisser n'importe qui toucher ce que l'on considérait comme un talisman. Il faut se souvenir que, comme l'Athènes du ve siècle, la Florence du xve n'était pas composée seulement de citoyens avertis. Il fallut attendre Politien qui, grâce à sa position privilégiée, put réaliser cet exploit.

Quand Pilato quitta Florence, il laissa une marque de son passage, mais ce ne fut pas une trace durable. Personne ne pouvait transmettre à d'autres les connaissances qu'il avait apportées. On ne pouvait attendre d'un homme de quarante ans, apprenant une langue difficile dans des conditions peu favorables, d'être l'artisan d'un progrès, et Boccace n'a jamais eu plus que la compétence linguistique d'un débutant. Il commit des fautes en utilisant les informations de Pilato[15] et sa manière de traiter une épigramme en vers élégiaques montre qu'il n'avait pas une bonne connaissance de la métrique[16]. Bien que les règles de la scansion ne soient pas les mêmes en grec et en latin, un bon élève sous la direction d'un meilleur maître aurait dû être capable de les assimiler.

Il y a pourtant une faille dans notre histoire, c'est en 1381-1382, lorsque l'évêque de Gerace en Calabre, Simon Atumanus, pendant un bref séjour à Rome, apprit le grec à Radulf de Rivo, qui devait devenir doyen de Tongres. Il avait déjà traduit le *De cohibenda ira* de Plutarque, mais sa traduction était si mauvaise que Salutati a dû réécrire son latin. Cette version d'Atumanus cependant sort de notre sujet puisqu'elle fut faite en 1372 à la curie pontificale en Avignon. Elle nous fait néanmoins savoir qu'il y avait aussi de l'intérêt pour le grec ailleurs qu'en Italie[17].

15. Cf. Pertusi, *op. cit.* (*supra*, n. 3), p. 189-199 et 238-257, qui donne quelques exemples.

16. Cf. *Anthologia Palatina* 16.29 ; cf. Ricci, *op. cit.* (*supra*, n. 6).

17. Cf. Weiss, *op. cit.* (*supra*, n. 1), p. 208-210, 216-218, 231 ; les deux premières références proviennent d'un article publié dans *La Parola del Passato* 32 (1953), p. 321-342.

Ce que nous avons dit jusqu'ici au sujet de l'enseignement du grec, même si les acteurs en ont été des gens respectables, montre un échec complet dans l'établissement d'une tradition continue. Il n'y eut que des tentatives isolées comme il y en avait déjà eu au Moyen Âge. En 1397, tout allait changer.

Chapitre 2

Chrysoloras
Les méthodes d'enseignement

Une impulsion pour un nouveau départ se produisit vers 1390-1391, quand Manuel Chrysoloras, un diplomate byzantin, au cours de sa première visite à Venise, donna des leçons de grec à un certain Roberto Rossi, qui en fit part à Coluccio Salutati, le chancelier de Florence. Salutati fit alors le nécessaire pour que Jacopo Angeli da Scarperia se rende à Constantinople avec comme instruction d'apprendre le grec avec Chrysoloras et, si possible, de le faire venir à Florence et d'acheter des livres[1]. Le chancelier précisa le genre de livres dont il souhaitait faire l'acquisition. En premier lieu, ceux des historiens. Ensuite, bien que Salutati ne fût pas lui-même poète, venaient ceux des poètes et des auteurs des légendes qui les avaient inspirés. Pour lire les poètes, il fallait aussi des traités de métrique. Pour finir, il mentionnait l'œuvre complète de Platon et les dictionnaires. Ces derniers, comme les traités de métrique, montrent qu'il prévoyait les besoins et les difficultés de l'enseignement. On aimerait savoir si Platon était désiré pour

1. Cf. R. J. Loenertz, *La Correspondance de Manuel Calecas* (Studi e Testi 152), Cité du Vatican, 1950, p. 64-65 et 70, et cf. en général R. Weiss, *Miscellanea in onore di Roberto Cessi*, I, Rome, 1958, p. 349-356.

équilibrer l'enseignement d'Aristote ou seulement comme une autorité en matière de philosophie politique. Que la première raison soit la bonne, on peut le déduire des nombreuses traductions déjà faites à l'instigation de Leonardo Bruni (1370-1444), l'historien de Florence, qui devait aussi être chancelier de la ville en 1427.

L'acquisition de tous ces livres avait pour but de constituer une bibliothèque publique ou universitaire puisque, pour lui-même, Salutati ne demandait que Plutarque, Homère et un livre de mythologie. Son intérêt pour Plutarque a déjà été mentionné (*supra*, p. 25) et le livre de mythologie montre qu'il partageait les intérêts de Boccace. L'Homère devait être *grossis litteris et in pergameno*, la mention du parchemin indique que ce devait être un exemplaire de luxe, l'écriture en lettres capitales laisse penser que Salutati prévoyait qu'une des principales difficultés dans l'enseignement du grec serait la nature protée de la minuscule grecque, et qu'il pensait la surmonter par l'acquisition du texte écrit dans l'écriture onciale. Ce qu'il n'avait pas prévu est que ce genre de livre était devenu très rare et qu'il était alors impossible de trouver un scribe voulant bien copier dans cette écriture archaïque[2].

L'arrivée de Chrysoloras exigeait que les textes soient mis à la disposition des élèves. Le noble et riche florentin Palla Strozzi, qui avait déjà joué un rôle déterminant dans les négociations pour aboutir à la nomination de Chrysoloras, savait que rien n'était possible sans les livres, et il s'employa généreusement à faire venir de Grèce un grand nombre de livres. Vespasiano da Bisticci, dans sa courte biographie de Palla Strozzi, nous apprend que, parmi eux, se trouvait une « Cosmographie » illustrée, à savoir la *Géographie* de Ptolémée (actuel Urb. gr. 82), et Vespasiano précise que c'était l'exemplaire personnel de Chrysoloras, apporté par lui à Florence en 1397[3]. Les autres titres mentionnés par Vespasiano sont les *Vies* de Plutarque, Platon et la *Politique* d'Aristote (l'exemplaire même

2. Cf. *Lettre* 9.16, éd. F. Novati, vol. III, Florence, 1896, p. 131-132.

3. Cf. Vespasiano da Bisticci, *Vite*, éd. A. Greco, Florence, 1970-1976, vol. II, p. 140-141. L'information de Palla au sujet du manuscrit de Ptolémée se trouve dans A. Diller, *JWCI* 24 (1961), p. 316 (= *Studies in Greek manuscript tradition*, Amsterdam, 1983, p. 408). Pour le manuscrit Urb. gr. 82 et les autres

qui a prétendument servi de modèle pour la traduction de Bruni). Comme cette traduction de Bruni est l'une de ses dernières œuvres, on doit en déduire que les acquisitions de Palla se sont étalées sur un certain nombre d'années.

Il fallut du temps pour stabiliser à Florence l'emploi de Chrysoloras. Dans une lettre du 28 mars 1396, le Studio Florentin proposait à Chrysoloras un contrat de dix ans pour enseigner *grammaticam et litteras graecas* avec un salaire de 100 florins payable en deux fois. Il ne lui était pas permis de demander une rémunération pour son enseignement, mais il pouvait accepter des gratifications de ses élèves sans déduction de son salaire. La proposition était valide jusqu'au 1er janvier de cette année-là. En fait Chrysoloras arriva le 2 février, mais au lieu d'être pénalisé, il reçut un meilleur contrat qui portait son salaire à 150 florins pour une durée de cinq ans. L'année suivante, le salaire augmentait de nouveau et était porté à 250 florins[4]. On pense que ce changement avait pour but de neutraliser une proposition de Giangaleazzo Visconti qui aurait voulu attirer Chrysoloras à Pavie pour l'université de Milan, et cela semble vraisemblable puisque nous savons que Chrysoloras, en quittant Florence, alla à Pavie en 1400[5].

Bien que le séjour de Chrysoloras à Florence ait été plus court que prévu, Salutati et l'université avaient atteint leur but. En trois années, le diplomate byzantin avait réalisé ce que Pilato n'avait pu faire. Le secret de ce succès doit sans doute être recherché dans la simplification de la grammaire grecque traditionnelle de laquelle Chrysoloras avait éliminé les difficultés qui étaient imposées à Byzance aux jeunes élèves. Si l'on compare son manuel, intitulé *Erotemata*, avec le livre byzantin de Manuel Moschopoulos portant le même titre, on voit que le nombre des déclinaisons des noms est passé de cinquante-six à dix[6]. Bien que le grec soit une

manuscrits de la *Géographie*, cf. S. Gentile dans M. Cortesi et E. V. Maltese (éd.), *Dotti bizantini e libri greci nell'Italia del secolo XV*, Naples, 1992, p. 291-308.

4. Cf. A. Gherardi, *Statuti dell'università e dello studio fiorentino*, Florence, 1881, p. 365, 367-368, 370.

5. Cf. Loenertz, *op. cit.* (*supra*, n. 1), p. 66.

6. Cf. A. Pertusi, *IMU* 5 (1964), p. 343-344.

langue difficile, Chrysoloras avait réussi à le mettre à la portée d'un grand nombre de jeunes doués et intelligents. Une édition abrégée de ses *Erotemata* fut bientôt traduite en latin par Guarino, et son impression, dès *ca* 1471, prouve que cette édition abrégée du manuel était recherchée[7].

Le titre du manuel signifie « questions » et le livre était en grande partie composé sous la forme de questions et de réponses. Mais ce n'était pas pour imiter la méthode scolaire comme on pourrait le croire, autrement dit montrant comment le maître questionne les élèves. C'était le genre de questions qu'un lecteur pose à son livre, par exemple « combien y a-t-il de déclinaisons pour les noms ? », et le livre se présente selon un plan didactique et non pas comme un livre de lecture. Occasionnellement il y a une phrase, mais on ne trouve pas de texte continu à lire, et l'on peut se demander comment le maître, à partir de cette introduction élémentaire, amenait l'élève à la lecture de textes en prose ou en vers. S'agissant de Guarino, nous savons, à en croire son fils, qu'il jugeait utile de poser continuellement des questions à l'élève pour s'assurer qu'il maîtrisait la grammaire. On commençait par lire de la prose et ensuite on lisait de la poésie. Pour la poésie, Homère venait en tête, et après lui on passait à d'autres poètes épiques, à la tragédie et à la comédie. Pour les élèves les plus doués, la formation durait une année[8].

Les *Erotemata* n'apportent pas seulement la preuve des bons résultats obtenus par Chrysoloras avec ses étudiants à Florence, mais ils nous font aussi connaître les problèmes rencontrés par ceux qui voulaient apprendre le grec par eux-mêmes. Le livre était utile, mais il n'était qu'un instrument entre les mains des amateurs. Arrêtons-nous un instant pour considérer comment les humanistes s'y prenaient. Les documents conservés nous apprennent que la

7. Cf. R. Proctor, *The printing of Greek in the fifteenth century*, Oxford, 1900, p. 34-35.

8. On le sait par Battista Guarino, *De ordine docendi*, que je cite d'après l'édition de E. Garin, *Il pensiero pedagogico dell'Umanesimo*, Florence, 1958, p. 450-453. Le traité du fils de Guarino a été édité par C. W. Kallendorf, *Humanist educational treatises*, Harvard University Press, 2002.

pratique commune pour apprendre le grec était d'utiliser des éditions bilingues[9]. Le meilleur document est celui d'Alde Manuce dans sa lettre à Alberto Pio de Carpi, qui sert de préface au troisième volume de son édition d'Aristote, paru en 1497. Ce volume contient les traités sur les animaux qu'Alde recommande comme un bon texte pour l'étude du grec, non seulement parce qu'ils traitent de matières variées, mais aussi à cause de « l'élégance du style d'Aristote » (cette dernière remarque prouve que le goût littéraire d'Alde était moins développé que sa technique commerciale). Il invite donc Alberto Pio à comparer le grec d'Aristote à la traduction latine faite par Théodore Gaza. Ce procédé permettait d'apprécier les différences entre les deux langues. Vient alors cette affirmation instructive : « Crois-moi, il n'y a pas de meilleur livre dans lequel nos compatriotes puissent apprendre le grec que celui de Théodore. C'est de cette façon que Ermolao Barbaro, Pico, Girolamo Donati et Politien ont appris le grec ». Alde dit bien que la méthode des humanistes était de juxtaposer un texte grec et sa traduction latine, et que c'est précisément de la traduction des traités d'Aristote sur les animaux par Gaza qu'ils se sont servis. Bien que cet exemple date de la seconde moitié du xve siècle, cette pratique remonte bien avant, comme nous l'apprend le moine camaldule Ambrogio Traversari[10]. Dans une réponse à un correspondant qui sollicitait des conseils pour un jeune qui voulait apprendre le grec, il regrette de ne pas avoir sous la main un texte de Plutarque ou d'un autre auteur ou même de l'Écriture sainte en grec et en latin[11]. Il raconte comment lui-même s'est mis à l'étude de la langue grecque, en lisant un exemplaire grec du Psautier, texte qu'il savait par cœur par l'usage de la psalmodie liturgique. En le comparant au latin, petit à petit il comprenait le sens du grec. De la même façon, il lut les Évangiles, les Actes des Apôtres et les Épîtres de saint Paul. Il

9. R. Sabbadini, *Il metodo degli umanisti*, Florence, 1922, p. 18-20, signale ce fait, mais n'en tire pas toutes les conséquences.

10. Cf. *Lettre* VI du groupe publié par L. Bertalot, *Römische Quartalschrift* 29 (1915), p. 101-102.

11. Le mot employé est *expositio*, mais ce qui suit montre qu'il n'a pas dans l'esprit un commentaire.

remarque que ces versions « sont fidèles, précises et élégantes », appréciation qui aurait déchaîné le dédain de Lorenzo Valla. Ainsi Traversari était-il parvenu à lire des textes païens, mais il avouait que ce n'avait pas été sans difficulté. Toutefois, il préconisait cette méthode plutôt que de suivre un professeur, sauf si celui-ci était très bon, car son expérience de l'enseignement par un professeur avait été malheureuse[12].

Un autre résultat de l'enseignement de Chrysoloras fut l'apparition de nouvelles traductions latines de textes grecs, et ces versions avaient la prétention d'être dans un latin plus idiomatique, les traductions antérieures étaient en général considérées comme barbares, même si le traducteur était parvenu à bien comprendre l'original. La méthode de Chrysoloras est bien résumée par son élève Cencio de' Rustici, qui l'avait accompagné au concile de Constance et qui écrivait en 1416 : « Je voudrais dire un mot au sujet du traducteur : Manuel, qui était sans aucun doute un homme divin, avait l'habitude de dire qu'une traduction mot à mot est tout à fait inadéquate ; il disait que c'était non seulement absurde, mais que cela trahissait quelquefois le sens du grec. Il disait qu'il fallait traduire le sens, à condition de ne pas perdre le caractère idiomatique du grec. Si l'on faisait cela pour clarifier le sens, on risquait de transformer le traducteur en commentateur[13] ». Le contraste entre traducteur et commentateur avait un précédent médiéval, car Jean Scot Érigène l'avait dénoncé dans sa préface à sa traduction du Pseudo-Denys l'Aréopagite[14]. Tel était aussi l'avis de Bruni qui l'a exprimé dans ses préfaces et dans un écrit spécial[15]. Il le devait probablement à Chrysoloras, et l'on se souvient que Salutati avait dû refaire une traduction faite dans le style médiéval par Atumanus (cf. *supra*,

12. Sur le professeur en question, Démétrius Scaranus, cf. C. L. Stinger, *Humanism and the church fathers : Ambrogio Traversari (1386-1439) and Christian antiquity in the Italian Renaissance*, Albany, N. Y., 1977, p. 20. Je suis revenu sur la question de l'apprentissage de la langue dans C. Caruso et A. Laird (éd.), *Italy and the classical tradition*, Londres, 2009, p. 62-70.

13. Cf. L. Bertalot, *Quellen und Forschungen aus Italienischen Archiven und Bibliotheken* 21 (1929-1930), p. 210, cité par Sabbadini, *op. cit.* (*supra*, n. 9), p. 23.

14. Cf. Migne, *PL* 122, col. 1032.

15. Cf. Stinger, *op. cit.* (*supra*, n. 12), p. 102.

p. 25). On peut donc penser que tant Chrysoloras que Salutati ont influencé Bruni.

On peut aussi se demander si cette conviction ne vient pas d'un traité dû au plus célèbre de tous les traducteurs, saint Jérôme, qui dans sa lettre 57 pose les principes qui auraient pu mettre les humanistes sur la bonne voie[16]. Même si Bruni et son entourage connaissaient ce que disait saint Jérôme, ils ont choisi de l'ignorer, pour donner crédit au professeur qui leur avait enseigné l'art de traduire. En laissant de côté les questions théoriques, ce que la nouvelle méthode conseillait en pratique est bien formulé par ces remarques faites par Bruni alors qu'il traduisait le *Phédon* : « Je suis fidèle à Platon, j'essaie de le voir, je l'entends parler latin, c'est lui qui décide et je le laisse apprécier mon propre travail, je le traduis de la façon qui soit la plus plaisante pour lui. Pour cela, je garde toutes ses phrases sans dévier de leur sens, si la traduction mot à mot est possible sans absurdité, tant mieux, si ce n'est pas possible, je ne crains pas d'être coupable de lèse-majesté en m'écartant un peu des mots pour en rendre le sens et toujours éviter l'absurdité. C'est ce que Platon m'oblige lui-même à faire : puisqu'il est le plus élégant des écrivains en grec, il ne veut pas apparaître comme manquant totalement de bon goût en latin[17] ».

Chrysoloras était resté assez longtemps à Florence pour pouvoir y implanter tout le cursus des études pratiquées à Byzance. Mais, retournant à Constantinople, il fut suivi par Guarino qui y résida de 1403 à 1408. Évidemment, ce long séjour dans la capitale byzantine lui permit d'acquérir une bien meilleure connaissance de la langue grecque que celle qu'il aurait pu obtenir en Italie. Il semble même avoir reçu une formation complète dans le domaine de la rhétorique, ce qui lui procurait une compétence particulière pour les descriptions littéraires. Le récit d'une excursion qu'il fit au lac de Garde et la description des riches ornements d'un encrier

16. Cf. G. J. M. Bartelink, *Hieronymus, Liber de optimo genere interpretandi (ep. 57)*, Leyde, 1980, surtout p. 3-4.

17. *Épître* 1.6, éd. L. Mehus, Florence, 1741.

en apportent la preuve[18]. On se rend compte que ceux qui avaient appris le grec par eux-mêmes pouvaient maintenant offrir aux Italiens des textes grecs sous une forme compréhensible. Bruni le répète : après sept cents ans d'oubli, la connaissance de la langue grecque était retrouvée. Cet enthousiasme est un peu surprenant puisqu'il suppose que le grec aurait encore été bien connu jusque vers l'an 700 de notre ère, et Bruni aurait à peine exagéré s'il avait proclamé un intervalle d'un millénaire[19].

Signalons encore une dernière trace du passage de Chrysoloras en Italie : son portrait est conservé dans un célèbre dessin à la Conservation du Louvre[20]. Les caractères de ce portrait se retrouvent dans nombre de représentations d'Aristote au XVe siècle, et l'on devine que Chrysoloras a servi de modèle pour les artistes qui devaient représenter les traits du « maître de ceux qui savent[21] ».

Il n'est pas étonnant que l'un des derniers projets de Guarino ait été un acte de dévotion à l'égard de son professeur. En 1452 – on peut se demander pourquoi l'idée lui en est venue si tard – il décida de rassembler une petite collection de textes montrant la place que son maître avait tenue dans le monde de l'éducation. Elle commençait par une oraison funèbre prononcée par un noble vénitien, Andreas Julianus, le reste étant constitué par des lettres de Guarino et des gens de son entourage. Le titre *Chrysolorina* est un mot qu'il avait inventé sur le modèle des adjectifs latins *Manliana, Appiana, Decimiana* et *Luculliana*. Ces mots avaient été créés par les Romains pour désigner les fruits ou les arbres transplantés de l'Orient par des gourmets et des amateurs. Comme eux, Chrysoloras

18. Cf. M. Baxandall, *JWCI* 28 (1965), p. 191 ; cf. aussi du même auteur *Giotto and the Orators*, Oxford, 1971, p. 78-96.

19. Voir sa lettre à Antonio Loschi en 1424 et le passage de son *Histoire*, Muratori 19.920, cités par H. Baron, *Leonardo Bruni Aretino. Humanistisch-philosophische Schriften mit einer Chronologie seiner Werke und Briefe*, Leipzig-Berlin, 1928, p. 125-128.

20. N° 9849, publié par H. Omont, *REG* 4 (1891), p. 176-177, et ensuite en frontispice de G. Cammelli, *Manuele Crisolora*, Florence, 1941, et encore ailleurs.

21. Cf. L. Planiscig, *Rinascita* 4 (1941), p. 818-826.

avait introduit à Florence les belles-lettres et les beaux-arts comme des fruits venus de Byzance jusqu'en Italie[22].

22. R. Sabbadini, *La scuola e gli studi di Guarino Guarini Veronese*, Catane, 1896, p. 15-16, prétend qu'un exemplaire du *Chrysolorina*, actuellement perdu, était conservé au monastère des Camaldules et qu'un exemplaire incomplet connu est le Harley 2580. Ayant examiné ce manuscrit, je ne sais pas ce qu'il supposait y manquer, mais il faut signaler que le début et la fin de la collection ne sont pas indiqués. Le fait que l'on y trouve des additions laisse supposer que ce manuscrit pourrait descendre de l'exemplaire personnel de Guarino, dans lequel il aurait porté ces additions. L. Thorn-Wickert, *Manuel Chrysoloras*, Francfort, 2006, p. 126-128, ne discute pas l'hypothèse selon laquelle le manuscrit Harley 2580 pourrait contenir une première traduction de Chrysoloras. – Pour les adjectifs latins, seul le deuxième et le troisième sont attestés, les autres ne peuvent être que des produits d'inférence ou de confusion.

Chapitre 3

Bruni et les premiers traducteurs

La nature des textes choisis par les premiers traducteurs nous fait comprendre les raisons pour lesquelles on voulait apprendre le grec. Dans les instructions données par Salutati pour la recherche des livres à Constantinople, on remarque tout de suite une particularité : l'absence de livres de poésie. On disposait évidemment de l'Homère traduit par Pilato[1]. Nombre d'efforts, il est vrai, avaient été faits pour améliorer son pauvre latin, le premier daté d'avant 1398, suivi de beaucoup d'autres dans le cours du xve siècle. Le court extrait de *Iliade*, 9.222-605[2], traduit en prose par Bruni lui-même dans les dernières années de sa vie, est le plus intéressant pour nous. Il s'agit d'un épisode qui constitue la clef du poème, les efforts de l'ambassade envoyée à Achille par les Grecs, pour le persuader de revenir de sa colère et de reprendre le combat ; on peut facilement imaginer que ce thème se présentait aux étudiants comme un défi. Homère était un auteur unique par son exceptionnelle qualité. Pour analyser les motifs de la renaissance des études littéraires et de leur progrès, il faut rechercher s'il y aurait d'autres raisons

1. Cf. Pertusi, *Leonzio Pilato*, p. 147-158.

2. *Ibid.*, p. 522-524. Pour la date, cf. P. Thiermann, *RevHistTextes* 17 (1987, paru en 1989), p. 55-71.

pour les hommes de la génération influencée par Chrysoloras, pour leur faire comprendre que la poésie aurait dû être pour eux de première importance. Mais la liste des traductions effectuées montre clairement que Bruni et les hommes de sa génération n'avaient pas pour la littérature grecque les mêmes attentes que Pétrarque et Boccace. Pendant les trois premières décennies du siècle, on s'aperçoit que l'on ne s'est intéressé à aucun poète autre qu'Homère, et malgré la grande difficulté que présente l'étude de beaucoup de poètes grecs, on a du mal à croire qu'en profitant de la présence d'un bon professeur, les hommes de cette génération se seraient laissés décourager devant cette difficulté. La majorité des textes traduits relèvent de la philosophie, de la rhétorique et des biographies de Plutarque. Les sciences ne sont presque pas représentées, sauf la *Géographie* de Ptolémée dont la traduction avait été commencée par Chrysoloras lui-même et achevée par Angeli da Scarperia. On ne trouve pratiquement rien du reste de la littérature.

En regardant maintenant de plus près le choix des traductions, on se rend compte que le plus grand nombre ont été effectuées vers 1420. Le seul ouvrage qui traite d'un sujet normalement étudié au Moyen Âge est la traduction des *Premiers Analytiques* par Roberto Rossi. Dans sa préface, Rossi se demande pourquoi il a entrepris de traduire Aristote et non pas Platon ou Thucydide, puisqu'il en existe déjà une traduction. Il dit qu'il a déjà répondu ailleurs à cette question (quoi qu'il en soit, cet ouvrage est perdu), et dans cette même préface il note que la vieille version littérale est si difficilement compréhensible qu'elle doit être remplacée. Il pourra plus tard consacrer du temps à Platon et à Thucydide, et il semble affirmer qu'il en a déjà fait d'autres traductions[3].

On constate que les études de philosophie n'étaient pas très en faveur, de même la quantité de textes théologiques transmis par les traducteurs des deux premières décennies du XVe siècle n'a pas

3. Le texte est imprimé par A. Manetti, *Rinascimento* 2 (1951), p. 52-55. À la p. 52, n. 7, Manetti écrit que la préface est un document « che si inserisce nella polemica intorno agli antichi e moderni, viva nei primi anni del Quattrocento ». Pour ma part, je ne vois rien qui puisse justifier ce commentaire.

vraiment augmenté. La traduction d'une vie de saint Ambroise de Milan par Guarino ne peut pas y être incluse, parce qu'elle appartient à une période postérieure[4]. Une contribution tout à fait mineure est la traduction de la *Lettre d'Aristée* connue pour avoir été faite avant 1403[5]. Ce texte donnait une explication du nom « Septante », en nous apprenant que cette version grecque avait été l'œuvre de 70 ou 72 traducteurs travaillant en Égypte sur l'ordre du roi Ptolémée II au IIIe siècle avant Jésus-Christ.

L'une des premières incursions de Bruni dans le champ des études patristiques, la traduction du traité de saint Basile sur la valeur de la littérature grecque profane, sera d'une grande importance. Le plus ancien exemplaire conservé date de 1403 (Laur. 25 sin. 9). Cette traduction de Bruni a connu une énorme popularité : on en conserve encore plus de trois cents exemplaires, chiffre qui montre que cet ouvrage a été considéré comme une référence obligée pour une bonne éducation[6]. Saint Basile tenait une position tout à fait libérale en admettant la littérature païenne dans l'éducation chrétienne, la traitant comme une propédeutique à manier avec prudence. Les autorités de l'Église, qui n'avaient pas pour autant besoin de saint Basile, avaient avalisé cette position, et ainsi les auteurs classiques continuèrent à dominer l'éducation donnée à Byzance. Il en résultait que les élèves d'une école byzantine ordinaire ne lisaient pas beaucoup de littérature chrétienne, mis à part les Psaumes et quelques *Discours* de Grégoire de Nazianze. Ce déséquilibre étonnant entre les éléments chrétiens et païens de l'éducation persista jusqu'à la fin de l'époque byzantine, et l'on doit admettre que les Grecs réfugiés en Italie pour y enseigner tenaient pour acquis ce déséquilibre. Ils étaient des chrétiens sincères, et le programme qu'ils apportaient avec eux s'accordait bien aux

4. La mention se trouve dans la lettre 650 de l'*Epistolario*, éd. R. Sabbadini (Venise, 1914-1919), vol. II, p. 192-194, datée de 1434.

5. Cf. R. Weiss, *Medieval and humanist Greek*, Padoue, 1977, p. 244-245.

6. Cf. L. Schuchan, *Das Nachleben von Basilius Magnus 'ad adulescentes'*, Genève, 1973, en particulier p. 62-76 et 235-242. Le texte de Bruni est réimprimé par M. Naldini (éd.), San Basilio, *Discorso ai giovani*, Florence, 1984. Une copie autographe du texte grec de la main de Bruni est connue (Urb. gr. 33), mais E. Berti ne pense pas que ce soit le modèle de la traduction.

habitudes séculières de l'Italie. À Byzance, le petit protreptique de Basile pour ses neveux ne semble pas avoir été l'objet de discussion relative au programme éducatif et n'a pas beaucoup impressionné les critiques modernes, mais en Italie au temps de Bruni il fournissait une arme puissante à l'opposition issue des milieux moins libéraux. La controverse avait commencé lorsque Salutati fut opposé au camaldule Giovanni da San Miniato. La dispute continuait et, en 1406, le dominicain Giovanni Dominici déniait toute valeur à la littérature profane dans son *Lucula noctis*. Dans l'intervalle, Bruni avait apporté une réponse qui semble avoir satisfait les contemporains et les générations suivantes tant en Italie qu'ailleurs. Arrêtons-nous un instant pour considérer la qualité de la traduction et la compétence du traducteur, puisqu'il s'agit d'une de ses principales œuvres et qu'elle date du début de sa carrière.

La première impression confirme l'intention de Bruni : nous sommes en face d'un latin de bonne qualité qui transmet un message clair. Un test pour en vérifier l'exactitude est plutôt positif, bien que quelques aspects de la syntaxe lui ont échappé. Le résultat donne pourtant un sens correct. Il arrive que le traducteur se permette quelque liberté par souci d'élégance. D'autres fois, il veut aider le lecteur, par exemple lorsque l'auteur cite le présocratique Prodicos sous la forme « le sophiste de Céos » ; Bruni a raison d'ajouter son nom et d'omettre la qualification qu'il aurait pu traduire aussi bien. Quelquefois, il perd pied, comme par exemple au début du chapitre 2, où l'on trouve une phrase exprimant le sentiment typiquement chrétien du mépris du monde. Basile énumère la liste de quatre choses méprisables : « la célébrité de ses ancêtres, la force physique, la beauté, la taille ». Bruni traduit : *non itaque dignitatem, non amplitudinem maiorum, non corporis vires, non formam*. C'est lui-même qui ajoute le premier mot (*dignitatem*), un mot qui pouvait facilement venir à l'esprit d'un Romain, une nuance qui ne se trouve pas dans le grec. Plus importante est l'omission de deux phrases dans le grec qui dit que « nous ne tenons pas ces attributs pour choses vraiment désirables et nous ne les recherchons pas chez ceux qui les possèdent ». Bruni a réussi à donner le sens général du passage, mais il est dommage que cet élément significatif soit perdu, et l'on ne voit pas la difficulté qui a pu empêcher Bruni de traduire l'original. Un autre défaut du même genre s'observe dans le chapitre 5 où Basile demande : « Quand Hésiode a composé les vers que voici et que tout le monde cite, pouvait-il avoir dans l'esprit autre chose que d'encourager les jeunes gens aux belles actions ? » La référence est aux vers fameux des *Travaux et des Jours* (287 s.) dans lesquels Hésiode souligne les difficultés rencontrées sur le chemin de la vertu. Dans le grec, au lieu de la syntaxe normale, il y a une construction inhabituelle, et Bruni a omis la dernière phrase qui voulait encourager les jeunes gens, donnant l'impression qu'il a été incapable de surmonter ce qui n'était qu'un obstacle mineur. Plus loin dans le même chapitre, le mot « talent » devient en latin *talentum* qui, dans le latin classique, n'est utilisé que pour signifier une unité de monnaie ou un poids, alors que le sens requis ici est celui de « balance ». Au chapitre 8, on rencontre une confusion parce que Bruni n'a pas compris les adjectifs qualifiant les animaux comme sans raison ou comme navires sans ballast, le second mot est rare, mais le premier était clair dans le contexte. Malgré ces imperfections, Bruni pouvait être fier de ce qu'il avait fait.

Dans le domaine de l'histoire, contrairement à ce que nous pouvions attendre, nous découvrons que la soif de connaissance n'a pas été vraiment satisfaite en ces années par des traductions des œuvres complètes d'Hérodote ou de Thucydide ou des autres historiens. Guarino avait seulement donné la traduction d'une partie du livre I d'Hérodote (1-71) vers 1415, mais il semble qu'il n'a connu le texte complet qu'en 1427[7]. C'est par les *Vies* de Plutarque que les gens de la Renaissance ont eu accès à l'histoire ancienne et, à un moindre degré, à travers ses autres traités[8]. Une vingtaine de *Vies* avaient été traduites dès le début de cette période. Les exploits

7. Lettre 46 de l'*Epistolario*, vol. I, p. 100-101 ; cf. vol. III, p. 46. Le texte a été imprimé à partir du manuscrit Ravenne, Classense 203, par R. Truffi, *SIFC* 10 (1902), p. 73-94.

8. Sur l'utilisation des historiens grecs dans les propres écrits historiques de Bruni, cf. E. B. Fryde, *Humanism and Renaissance Historiography*, Londres, 1983, p. 26 et 34. À mon avis, il se trompe quand il dit que l'influence de Plutarque a été faible (*ibid.*, p. 24). Sur les manuscrits grecs de Plutarque à l'usage des humanistes, cf. M. Manfredini, *Annali della Scuola Normale di Pisa* 17 (1987), p. 1001-1043.

des grands hommes de l'Antiquité mettaient à la disposition d'un public habitué à considérer Tite-Live comme le plus grand des historiens des exemples de toutes les vertus. Dante l'appelait *Livio che non erra*. La préface de son *Histoire romaine* annonce son intention de parcourir une galerie de modèles à imiter ou à éviter. On peut se demander si Plutarque stimulait des réflexions concernant la psychologie humaine. Son sujet était de décrire les changements de caractère de ses personnages et la formation de nouveaux types de comportements en démasquant ce qui était caché sous le voile des apparences. Ce genre de préoccupation se rencontre dans les biographies de Sertorius (chap. 10), de Sulla (chap. 30) et de Périclès (chap. 38.2)[9]. La Vie de Sertorius avait été traduite par Bruni vers 1420, et l'on doit admettre que sa préface ne fait aucune allusion à une discussion de caractère psychologique par Plutarque ; son objectif principal était de défendre, dans des termes très généraux, la supériorité des Anciens contre les attaques de ceux qui prétendaient que les Modernes les dépassaient sous la plupart et même sous tous les rapports[10]. Un intérêt pour les questions de morale se découvre plutôt dans les traductions des traités de Plutarque *Sur l'éducation des enfants* et des deux traités d'Isocrate, *À Nicoclès* et *À Demonicus*, qui traitent de la bonne conduite. Ces trois textes ont tous été traduits en latin par Guarino et aussitôt mis à la disposition des professeurs qui se faisaient un devoir de les présenter comme des préliminaires.

On a plus de mal à comprendre ce qui a poussé Guarino à s'attaquer à un autre ouvrage, l'*Éloge d'Hélène* par Isocrate. La dédicace à un noble Vénitien (conservée dans le manuscrit Oxford, Bywater 38) n'en donne pas la raison. L'intention d'Isocrate était de proposer un exercice de rhétorique, malgré le titre, il avait autant

9. Cf. D. A. Russell, *Greece and Rome* 13 (1966), p. 144-145. La discussion de ce problème compliqué est traitée plus complètement par C. Gill, *CQ* 33 (1983), p. 469-487, en particulier p. 478-479. Il cite *Aratus* 51.3 avec les passages du *Sulla* et du *Sertorius*. *Aratus* n'a pas été traduit par Bruni.

10. Cf. H. Baron, *Leonardo Bruni Aretino. Humanistisch-philosophische Schriften mit einer Chronologie seiner Werke und Briefe*, Leipzig-Berlin, 1928, p. 123-125, où le texte est publié.

à dire du héros athénien Thésée que d'Hélène, et il s'ouvre sur une longue polémique d'Isocrate contre ses rivaux dans le monde de l'intelligentzia athénienne. On ne voit donc pas comment ce spécimen anodin du genre rhétorique pouvait susciter de l'intérêt au début du xve siècle.

On comprend mieux l'intérêt pour les traductions des *Discours* de Démosthène et de son rival Eschine. Bruni lui-même devait s'attaquer aux trois *Discours* d'Eschine et à plusieurs autres de son rival, y compris le *De corona*. Il n'est pas difficile de croire que la rhétorique avait son importance à Florence. Bruni, qui avait utilisé Plutarque pour composer une nouvelle biographie de Cicéron, savait pertinemment que le plus grand des orateurs romains s'était cru habilité à consacrer du temps à traduire les deux plus célèbres discours de Démosthène et d'Eschine, dans lesquels les deux orateurs prenaient des positions opposées dans le conflit entre Athènes et Philippe de Macédoine. Le *De corona* était considéré comme le chef-d'œuvre de Démosthène, le parfait modèle pour un humaniste aspirant à démontrer que la langue latine était, elle aussi, un moyen parfait pour l'expression du grand style. Dans le même siècle, la traduction de Bruni fut suivie de cinq autres[11]. La plus connue est celle de Valla qui, dans sa préface, fit un grand éloge de Bruni. Bien que Valla ne fût pas homme à éviter les controverses ou à taire les défauts des autres, il affirme que toutes les traductions de Bruni sont très bonnes et que, dans celle du *De corona*, il s'est surpassé en égalant la puissance et la splendeur du style de Démosthène à tel point que l'on n'avait nulle raison de regretter la perte de la traduction de Cicéron.

L'activité des traducteurs s'est portée par ailleurs sur le domaine des belles-lettres. Lucien (*ca* 120-*ca* 180) est l'auteur qui a le plus retenu leur attention. Il est nécessaire d'expliquer ce choix : à Byzance, de tous temps, il a été l'auteur le plus apprécié, malgré

11. Pour la traduction de Bruni, voir l'édition et l'importante introduction de M. A. Lanzillotta, *Leonardo Bruni traduttore di Demostene : la Pro Ctesiphonte*, Gênes, 1986. Sur les autres traductions, cf. J. Monfasani, *George of Trebizond*, Leyde, 1976, p. 61-68. Un spécimen de la traduction de Valla a été publié par J. Vahlen, *SB Wien* 62 (1869), p. 138 s.

ses positions philosophiques qui souvent lui attiraient, de la part des gens pieux, des épithètes malveillantes[12]. Il trouvait cependant grâce à leurs yeux par la satire qu'il faisait des divinités de la religion païenne, et c'est par ce côté satirique qu'il plaisait à ses nouveaux lecteurs italiens. À Byzance, il devait sa popularité au style de sa prose, bien qu'il appartînt à la Seconde Sophistique. Son imitation du style classique était suffisamment bonne pour en faire un modèle pour les mandarins archaïsants qui remplissaient les rangs de l'administration impériale. Pour la même raison, les Grecs réfugiés en Italie l'utilisaient pour enseigner la langue ; les plus intelligents avaient observé que sa langue était facile pour les débutants et que sa manière d'habiller des matières ennuyeuses et sans intérêt pouvait ne pas être entièrement perdue dans la traduction latine. Cet espoir se révéla exact et, bien que les environ quatre-vingt dialogues ou essais n'aient pas tous été traduits en latin, Lucien devint vite le plus lu des auteurs grecs, ce qui encouragea Alberti et les autres à montrer leur talent de cette manière[13].

Les premiers textes de Lucien qui attirèrent l'attention étaient *Charon*, *Timon* et *Calumnia*. La première de ces traductions est anonyme, la deuxième est due à un certain Bertoldo, duquel on ne sait rien, la troisième est l'œuvre de Guarino. Dans la première, Charon est délivré de ses obligations comme nocher du monde souterrain, il monte au ciel où il rencontre Hermès et se renseigne sur la vie humaine. Charon dit que, d'après ce qu'il a observé, les mortels semblent quitter le monde avec regret. Le dialogue est une composition un peu facile sur le thème de la vanité des désirs humains. Un examen sérieux de la traduction montre qu'elle a été faite sur un manuscrit grec copié par un Italien (Urb. gr. 121), lui-même copié sur l'exemplaire appartenant à Chrysoloras (Vat.

12. On trouvera des détails dans N. G. Wilson, *Scholars of Byzantium*, Londres, 1983, p. 12 et 132.

13. Pour un bref exposé de l'influence de Lucien à cette date, cf. C. Robinson, *Lucian*, Londres, 1979, p. 81-95. Un exposé plus complet se trouve dans la belle monographie de E. Mattioli, *Luciano e l'umanesimo*, Naples, 1980 ; pour les premières versions cf. p. 41-47. Voir l'édition de E. Berti, *Luciano di Samosata, Caronte, Timone : le prime traduzioni*, Florence, 2006.

gr. 87), vers 1400 (une des copies de la traduction latine date de 1403)[14]. *Timon* est un dialogue entre deux misanthropes notoires de l'Athènes du ve siècle et Zeus, Hermès, la Richesse, la Pauvreté, et d'autres personnages analogues. La cible est de nouveau les diverses formes d'injustice dans la société[15]. Ces deux morceaux rejoignent des sujets habituels des prédicateurs. Le troisième traité aussi joue un air connu, son titre complet est le suivant : « Qu'il ne faut pas croire facilement la calomnie ». Il raconte l'histoire du peintre Apelle qui a échappé de justesse à ce travers quand le roi Ptolémée, ayant cru à l'affirmation mensongère d'un rival, était sur le point de le punir pour l'accusation de complicité dans une révolte de la ville de Tyr. Cet ouvrage avait eu l'honneur d'être traduit en syriaque au VIe siècle et allait maintenant exercer son influence d'une autre manière, puisque la traduction de Guarino inspirera les peintres contemporains, le plus célèbre devait être Botticelli dans son tableau maintenant aux Offices[16].

Parmi les textes offerts au public italien à ce moment-là, le plus étrange est un court éloge du dieu Dionysus par Aelius Aristide. Nous avons de nouveau affaire à un auteur de la Seconde Sophistique, suscitant autant les faveurs des Byzantins que Lucien, mais pas pour les mêmes raisons. Il n'avait pas les mêmes dons de satiriste, mais était considéré comme l'égal de Lucien pour le style (sujet sur lequel on ne serait pas d'accord aujourd'hui). On aimait chez lui, d'une part, les écrits dans lesquels il répondait aux attaques de Platon contre les sophistes, d'autre part ses éloges de l'Empire romain et d'autres œuvres concernant l'Athènes de l'âge classique. Le Moyen Âge avait ignoré ses *Discours sacrés*, sorte de compte rendu autobiographique de sa maladie psychosomatique,

14. Cf. E. Berti, *RivFil* 113 (1985), p. 416-443, suivi de ses articles dans *Studi classici e orientali* 37 (1987), p. 303-351, et *Rinascimento* 27 (1987), p. 3-73. L'exemplaire de 1403 est le Laur. 25 sin. 9. Le latin avec la version de Rinuccio qui l'avait vite remplacé est imprimé par P. Hemeryck, *Mélanges de l'École française de Rome* 84 (1972), p. 129-200.

15. La date de cette traduction est aussi *ca* 1400 ; cf. E. P. Goldschmidt, *JWCI* 14 (1951), p. 7-20.

16. Cf. D. Cast, *The calumny of Apelles*, Yale University Press, 1981.

et en 1416 les gens instruits n'étaient pas préparés à cette lecture[17]. À la place, on leur offrait un petit texte sans importance et qui ne pouvait pas avoir beaucoup d'influence. Le traducteur était Cencio de' Rustici, et l'occasion, une visite à la ville de Constance pendant le concile du même nom en compagnie de Chrysoloras. La préface expose les idées de Chrysoloras contre les traductions littérales pour justifier le choix de ce texte : « Quand tout le monde se donne à la folie dionysiaque d'une manière plutôt barbare, rien n'est plus nécessaire qu'un éloge de Dionysus en latin[18] ». On pensera plutôt que c'est par ennui ou pour se détendre qu'il a emprunté à son maître un livre de chevet et qu'il a choisi, entre diverses compositions rhétoriques, celle qui l'avait séduit à ce moment-là.

La mention d'Aristide a besoin d'une digression pour montrer l'importance occasionnelle prise par un auteur grec, même lorsque son texte n'est pas de première qualité et n'avait jamais encore été traduit. Les hellénisants de cette époque n'auraient rien connu d'Aristide, si Chrysoloras ne l'avait pas fait connaître. Bruni a connu le *Panathenaicus* et l'a utilisé comme une source de sa *Laudatio Florentinae urbis*. Le sophiste fait l'éloge d'Athènes comme la mère de la culture grecque et le modèle de la résistance au danger d'invasion par un tyran étranger. De ce fait deux thèmes d'actualité lui étaient fournis dans la Florence de *ca* 1403, lorsqu'elle devait résister aux ambitions de Milan[19].

Venons-en pour finir aux textes philosophiques. Bruni a fait beaucoup pour la diffusion et la compréhension d'Aristote. Sa

17. Les auteurs modernes les ont en général ignorés ; mais cf. A. J. Festugière, *Personal religion among the Greeks*, Berkeley-Los Angeles, 1960, p. 85-104.

18. Cf. L. Bertalot, *Quellen und Forschungen aus italienischen Archiven und Bibliotheken* 21 (1929-30).

19. Dans une lettre écrite longtemps après (*Ep.* 8.4), Bruni admet ce qu'il doit et déclare qu'il s'agit d'un jeu d'esprit dans une œuvre de jeunesse. Sur la *Laudatio*, cf. H. Baron, *From Petrarch to Leonardo Bruni*, Chicago, 1968, p. 153-168, et le texte p. 232-263 (qui est aussi imprimé par V. Zaccaria, *Studi medievali* 8 (1967), p. 529-554). Par inadvertance, il date le discours d'Aristide de *ca* 100 avant J.-C. au lieu de *ca* 160 après J.-C. J. E. Seigel, *Past and Present* 34 (1966), p. 24, n. 52, peut induire en erreur quand il dit que Bruni suit Aristide de très près ; il n'est pas juste de dire que la dépendance est étroite.

version de la *Politique* datant de 1438 est l'une de ses dernières œuvres. Dans la période que nous considérons, il avait traduit l'*Éthique à Nicomaque* en 1416 et le traité inauthentique l'*Économique* en 1420-1421. Le nombre des exemplaires conservés de ce dernier traité s'élève à 223 et, bien que ce chiffre soit inférieur à celui des traductions de saint Basile, il prouve néanmoins que ces traductions aristotéliciennes avaient trouvé un large public[20].

Nous savons par d'autres témoignages ce que Bruni pensait d'Aristote. Il trouvait la *Politique* pleine de merveilleux exemples historiques qui préconisaient que le philosophe savait tout dans ce domaine. Cet éloge date de la fin de sa vie, mais nous avons un document qui date des années de sa maturité et apporte un témoignage sur ses opinions. Il s'agit d'une courte biographie du philosophe composée en 1429[21]. Elle montre que Bruni avait le plus grand respect pour Aristote, comme celui qui avait mis en ordre les savoirs. Platon, en accord avec Aristote sur l'essentiel, était vu comme moins systématique mais doué d'une éloquence exceptionnelle. Aristote était un maître pour l'enseignement des hommes de tous les âges, tandis que Platon ne convenait qu'à des hommes adultes. Bruni dit qu'Aristote est un écrivain qui soigne son style de toutes les façons et si beaucoup de savants mettaient en doute cette opinion, c'est parce qu'ils ne connaissaient Aristote qu'à travers de pauvres traductions. Pour lui, Aristote est un écrivain accompli et il s'appuie sur Cicéron comme sur une autorité qui soutient cette position en citant de nombreux passages dans diverses œuvres. Mais Bruni est abusé, car il ne sait pas que, quand Cicéron rend hommage à Aristote pour son style, il considère les œuvres exotériques très répandues à l'époque hellénistique, tandis que les contemporains de Bruni ne pouvaient lire que les grands traités moins bien écrits et destinés à un public de spécialistes, et bien que certains passages soient composés dans le style de la prose

20. Cf. J. Soudek, *Studies in medieval and Renaissance history* 5 (1968), p. 51-136.

21. Éd. H. Baron, *Leonardo Bruni Aretino. Humanistisch-philosophische Schriften mit einer Chronologie seiner Werke und Briefe*, Leipzig-Berlin, 1928, p. 41-49, et I. Düring, *Aristotle in the ancient biographical tradition*, Göteborg, 1957, p. 168-178. Cf. aussi Fryde, *op. cit.* (*supra*, n. 8), p. 14.

d'art, il est curieux que Bruni, qui connaissait la beauté des écrits de Platon, n'ait pas senti la différence que présentent les traités conservés d'Aristote[22].

Cette courte biographie d'Aristote montre que Bruni refusait d'être partisan dans ses positions philosophiques. On sent cependant qu'il prépare le terrain pour le débat qui va devenir fondamental à la Renaissance en donnant la priorité à Platon. Le Moyen Âge avait connu le *Timée* dans la traduction du IVe siècle par Chalcidius, le *Phédon* et le *Ménon* dans celle d'Henri Aristippe faite *ca* 1160. Bruni commença à s'intéresser au *Phédon* vers 1403. On peut présumer qu'il voulait remplacer ce qu'il considérait comme une pauvre version médiévale[23]. Plus tard, il traduisit le *Gorgias* (1409) et le *Criton* (avant 1423), dont il fit ensuite une deuxième édition révisée. Il ajouta encore quatre dialogues. Il est important de constater que l'énumération des manuscrits de ces deux traductions du *Criton* en donne quinze de la première et trente de la seconde[24]. Si l'on ajoute ces chiffres aux autres productions de traductions platoniciennes de cette époque, on constate que le retour au platonisme, même significatif, était tout de même loin de renverser la position dominante d'Aristote.

La préface du *Phédon*[25] est adressée au pape Innocent VII pour l'assurer que la position de Platon sur l'immortalité de l'âme et sur d'autres questions était compatible avec la doctrine chrétienne. Ce n'est pas tout à fait exact et l'on peut se demander si le pape se

22. Seigel, *op. cit.* (*supra*, n. 19), p. 26-27, s'efforce de montrer que les traductions d'Aristote par Bruni ont été faites par-dessus tout en raison de son enthousiasme pour la rhétorique, et que l'humanisme civique ne jouerait qu'un rôle secondaire. Cette hypothèse est discutable pour deux raisons : elle ne tient pas compte de l'objet de la rhétorique et elle ne donne pas assez de poids aux affirmations contenues dans les préfaces de Bruni sur les qualités d'Aristote et des autres auteurs, qui pouvaient les recommander aux lecteurs du XVe siècle. La *Laudatio* de Bruni se prêterait davantage à cette opinion, voir ce qui a été dit *supra*, n. 19.

23. Cf. E. Berti, *Il Critone latino di Leonardo Bruni e di Rinuccio Aretino*, Florence, 1983, p. 7. La transcription autographe du grec par Bruni est maintenant à Genève (Bodmer 136).

24. Cf. E. Carosini *ap.* Berti, *op. cit.* (*supra*, n. 23), p. 151-153 et 185-188.

25. Cf. Baron, *op. cit.* (*supra*, n. 21), p. 3-4.

souvenait qu'il s'agissait de la tendance platonicienne d'un père de l'Église ancienne, Origène, qui l'avait fait condamner comme hérétique. Les doctrines platoniciennes avaient aussi occasionné des difficultés énormes aux Byzantins du XIe siècle et les autorités ecclésiastiques avaient jeté l'anathème sur les partisans de la théorie des formes, mais à cette époque, en Italie, personne n'était au courant. Bruni mettait aussi au crédit de Platon qu'il était le plus pénétrant et le plus sage de tous les Anciens. Il n'avait aucune difficulté à admettre que Platon ait pu apprendre quelque chose du prophète Jérémie pendant son séjour en Égypte ou qu'il ait pu connaître la Septante (il avait pourtant raison de refuser ce dernier point pour des raisons chronologiques). Ces données étaient admises de l'apologétique chrétienne et Bruni avait pu les trouver dans le traité de saint Basile qu'il avait traduit.

Ce retour à Platon était marqué par un autre fait important. Il existait une traduction latine de la *République* attribuée à Chrysoloras et Uberto Decembrio. Ils s'étaient partagé le travail de la façon suivante : le maître annonçait le sens littéral des mots et le disciple traduisait d'une manière idiomatique. Chrysoloras n'avait peut-être pas une maîtrise du latin suffisante pour donner une traduction de la qualité qu'il souhaitait atteindre, et il n'est pas certain que son disciple possédait les dons nécessaires pour y parvenir. Guarino, dont l'information n'est pas vraiment crédible, dit que Decembrio ne connaissait du grec que les lettres et les signes diacritiques, si bien que son rôle consistait uniquement à mettre par écrit ce que lui dictait son maître. On doit rejeter cette information malveillante. La traduction avait été faite entre 1400 et 1403 lorsque Chrysoloras résidait à Milan et à Pavie[26]. Il avait dû expliquer à ses élèves florentins l'importance de Platon, et s'il était prêt à mettre à leur disposition la *République*, c'est qu'il avait, moins que les Byzantins, le souci des conséquences que les idées exprimées dans cette lecture

26. Cf. G. Cammelli, *Manuele Crisolora*, Florence, 1941, p. 122-125 ; D. Bottoni dans R. Avesani *et al.* (éd.), *Vestigia : Studi in onore di Giuseppe Billanovich*, Rome, 1984, p. 75-91 ; J. Hankins dans *Supplementum Festivum : Studies in honor of P. O. Kristeller*, Binghamton, N. Y., 1987, p. 149-188 (j'ai introduit deux légères corrections dans la traduction du latin très obscur de Guarino).

pouvaient entraîner et qu'il donnait la préférence au plaisir de la qualité littéraire. Les intellectuels orthodoxes se sentaient obligés de suivre les conseils de l'Église grecque et de limiter leur enthousiasme au style de Platon[27]. Les doctrines politiques de Platon excitaient néanmoins la curiosité des Italiens, et le prologue d'Uberto laisse penser que l'autorité de Platon pouvait être invoquée contre les libertés républicaines.

Bruni n'était pas de cet avis. Quelques années plus tard, il reçut une lettre d'un correspondant qui était tombé sur un passage de la *République*, dont la traduction lui avait semblé mauvaise, et il voulait savoir si Bruni n'en ferait pas lui-même une traduction nouvelle. La réponse fut qu'il l'aurait faite depuis longtemps si le texte lui avait plu, mais il contenait beaucoup trop d'idées qui ne pouvaient plaire à la pensée moderne, et leur divulgation nuirait à la réputation de Platon[28]. Les mêmes réserves sur les doctrines de Platon se trouvent déjà dans la biographie d'Aristote. En plus de la doctrine de la préexistence de l'âme humaine, Bruni mentionne la communauté des femmes et des enfants[29].

Pour apprécier l'œuvre de Bruni comme traducteur, il faut encore examiner son traité sur l'art de traduire. Les qualités stylistiques de l'original peuvent être suffisamment transmises pour que le lecteur de la traduction puisse s'en faire une idée. Bruni cite des passages de sa propre traduction du *Phèdre* pour démontrer les beautés de la prose platonicienne. En particulier, il fait remarquer les métaphores, les antithèses, l'équilibre des idées dans la phrase, les contrastes entre des phrases brèves et des phrases longues. Le lecteur sans préjudice peut facilement admettre qu'il y a du vrai dans ce qu'il dit, mais il trouvera un peu exagéré d'appliquer à Aristote les mêmes compliments enthousiastes, à propos de citations tirées de l'*Éthique à Nicomaque* et de la *Politique*. Ses compliments sont moins

27. Pour d'autres détails, cf. Wilson, *op. cit.* (*supra*, n. 12), p. 13 et 153-154.

28. Cf. *Epistulae* 9, 4, éd. L. Mehus, Florence, 1741, vol. II, p. 148.

29. Cf. Baron, *op. cit.* (*supra*, n. 21), p. 45. Fryde, *op. cit.* (*supra*, n. 8), remarque qu'il y a dans ce passage des variantes intéressantes dans les manuscrits, les uns font dire à Bruni que la doctrine de Platon est *despicabilius*, les autres *inexplicabilius*.

justifiés quand il remarque sur un passage : « Ni Démosthène ni Cicéron n'auraient mieux fait ». Il s'agit du célèbre passage sur la meilleure forme de bonheur (*EN* X 8.7-8 = 1178 b 3-32), élégamment exprimé dans le grec, sur lequel Bruni attirait l'attention avec raison. Moins correct est de prétendre que ce passage était typique du style d'Aristote, il faisait preuve d'une admiration extravagante que nous avons déjà mentionnée (cf. *supra*, p. 47). Cela n'enlève naturellement rien à son idée que la qualité du style d'un écrivain peut être transmise d'une langue dans une autre[30].

Que Bruni ait porté la qualité d'une traduction très au-dessus du niveau atteint par aucun de ses prédécesseurs médiévaux ne veut pas dire qu'il fut lui-même à l'abri de toute critique. En particulier, sa traduction de l'expression grecque abstraite τὸ ἀγαθόν, un adjectif au neutre précédé de l'article (littéralement « le bien »), a suscité beaucoup de discussions. L'absence de l'article défini dans la langue latine a toujours été une source de difficultés pour les traducteurs. Dans ce cas, la solution de Bruni était d'utiliser l'expression *summum bonum*, « le bien suprême ». Les critiques avaient remarqué la difficulté et montraient que, dans certains contextes, cette solution semblait étrange[31]. Plus tard, d'autres solutions variées ont été proposées. Selon le cardinal Bessarion, Argyropoulos, le réfugié byzantin professeur à Florence, avait proposé *bonum ipsum*, « le bien même »[32]. Une solution plus intelligente est rapportée par Donato Acciaiuoli, un élève du savant florentin Manetti : en commentant la *Politique* d'Aristote, il a montré que l'expression grecque devait être traduite parfois *summum bonum* parfois seulement *bonum*[33]. Ce problème est aussi traité dans la correspondance de Filelfo, avec

30. Les passages en question du *De interpretatione recta* sont imprimés dans Baron, *op. cit.* (*supra*, n. 21), p. 81-83 et 88-90. D'autres passages sont cités pour différentes raisons par M. Baxandall, *Giotto and the Orators*, Oxford, 1971, p. 23-24.

31. Cela se produit dans les lettres de Bruni et dans un traité de l'évêque Alfonso de Cartagena, cf. A. Birkenmajer, *Beiträge zur Geschichte der Philosophie im Mittelalter* 20 (5) (1922), p. 147 et 155-210.

32. Cf. Bessarion, *In calumniatorem Platonis* 3.19.6, éd. L. Mohler, Paderborn, 1927, p. 316-317.

33. Cf. Baron, *op. cit.* (*supra*, n. 21), p. 77 (note).

moins de succès[34]. Que Bruni n'ait pas réussi à donner complète satisfaction à ses critiques ne diminue en rien ses mérites[35].

34. Cf. V. Fera dans *Francesco Filelfo nel quinto centenario della morte*, Padoue, 1986, p. 93, n. 14.

35. Pour une discussion des défauts de ses traductions du *Phédon* et d'autres dialogues, voir les spécimens donnés par J. Hankins, *Plato in the Italian Renaissance*, Leyde, 1990, p. 388-400. La manière dont Bruni jugeait ses prédécesseurs a été exposée par E. Franceschini dans *Medioevo e umanesimo : studi in onore di Bruno Nardi*, Florence, 1955, p. 299-319. Une chose amusante se trouve dans deux lettres, *Ep.* 4.22 datée de 1423 adressée à Démétrius (Scaranus ?) et 7.4 datée de 1436 et adressée à Pizzolpasso (éd. Mehus, vol. I, p. 137-140 et vol. II, p. 81-90) : *equidem si in picturam Giotti quis faecem proiceret, pati non possem ; quid ergo existimas mihi accidere cum Aristotelis libros omni pictura elegantiores tanta traductionis faece coinquinari videam ? an non commoveri ? an non turbari ?* (Pour sûr si quelqu'un jetait de la boue sur une peinture de Giotto, je trouverais cela insupportable ; que pensez-vous que j'éprouve quand je vois les livres d'Aristote, bien plus beaux qu'une peinture, abîmés par une telle quantité de traductions ignobles ? Dois-je ne pas broncher ? ne pas être troublé ?). Sur le *Phèdre* de Bruni, cf. P. Viti dans V. Pera et A. Guida (éd.), *Vetustatis indagator : scritti offerti a Filippo Di Benedetto*, Messine, 1999, p. 81-88.

Chapitre 4

Consolidation

(I) PREMIER COUP D'ŒIL À VENISE

Lorsque Chrysoloras partit pour Pavie en 1400, on aurait pu s'attendre à ce qu'il fonde, là aussi, un centre capable de rivaliser avec Florence. Mais, bien qu'il séjournât en Lombardie aussi longtemps qu'il l'avait fait en Toscane, il semble qu'il ait dû partager son temps entre les affaires diplomatiques et les charges d'enseignement, et c'est sans aucun doute la raison pour laquelle son séjour ne laissa pas plus de trace. Remarquons que, plus tard, sa visite à Rome en 1411-1413 n'eut pas davantage d'effet et probablement pour la même raison[1]. Pour suivre les traces du progrès des études grecques, nous devons nous tourner vers Venise. C'était le port où arrivaient d'habitude les voyageurs venant de Constantinople, et bien que les affaires commerciales primassent sur les considérations culturelles dans la ville elle-même, l'université de Padoue, qui avait été absorbée par la République de Venise en 1405, était l'une des plus importantes de l'Italie. Bien que les soi-disant préhumanistes de Padoue n'aient pas réussi à faire du grec une matière régulière

1. Voir une discussion détaillée dans G. Cammelli, *Manuele Crisolora*, Florence, 1941, p. 107-122 et 153-159.

d'enseignement et que le projet conçu par Pétrarque de fonder une bibliothèque publique à Venise ait échoué, il y a des signes d'un intérêt certain pour le grec dans les deux premières décennies du xve siècle, peut-être un effet secondaire, produit par l'activité des comptoirs commerciaux établis dans la Méditerranée orientale. À ce moment-là, les acteurs principaux de cette histoire furent Guarino, qui était venu de Florence à Venise pour un séjour de cinq ans en 1414, et Francesco Barbaro (1390-1454) qui étudia le grec avec lui. Le nouveau professeur avait l'avantage d'avoir séjourné à Constantinople pendant quatre ans et avait passé tout ce temps en s'employant comme secrétaire au service du gouverneur du comptoir vénitien et en apprenant le grec avec Chrysoloras et son neveu. Il avait acquis suffisamment de grec pour commencer sa longue carrière en traduisant la *Vie d'Alexandre* par Plutarque et deux traités de Lucien. Un volume contenant les *Erotemata* de Chrysoloras et les trois comédies d'Aristophane étudiées en classe (qu'il avait acheté en 1406) existe toujours (Pal. gr. 116). On ne sait pas s'il avait réuni une grande bibliothèque. Dès son retour à Venise, Guarino commença à enseigner. Suivit une période de quatre années à Florence, puis il revint à Venise dans les années 1414-1419, années dans lesquelles il obtint de bons résultats malgré une forte opposition aux études non traditionnelles. Seul un petit nombre d'intellectuels de l'aristocratie vénitienne avait d'intérêt pour ces études [2].

Son élève le plus remarquable dans ces années-là était Barbaro. Lui aussi traduisit Plutarque, en produisant en 1416 les traductions des *Vies d'Aristide* et de *Caton*, tandis qu'un autre élève, Leonardo Giustinian, s'occupait de deux autres *Vies*, celles de *Cimon* et de *Lucullus*. Ces traductions ne sembleraient pas suffire au lecteur moderne, mais elles atteignaient leur but, écrites en bon latin et comblant les attentes de Guarino[3]. L'esprit dans lequel le travail avait été accompli est révélé par un passage d'une lettre de Barbaro,

2. Sur le jeune Guarino, cf. A. Pertusi, « L'umanesimo greco dalla fine del secolo xiv agli inizi del secolo xvi », *Storia della cultura veneta dal primo Quattrocento al Concilio di Trento* 3/1, Vicence, 1980, p. 193-200.

3. Cf. Pertusi, *ibid.*, p. 207-209.

récemment publiée, datée de novembre 1416. Parlant de son ami Giustinian, il dit : « Sans porter préjudice à ses devoirs de citoyen, il voulait aussi utiliser ses heures de loisir au profit de notre cité, qu'il servait comme fonctionnaire. Pendant son séjour à Chioggia pour raison de santé, il traduisit les *Vies* de *Cimon* et de *Lucullus*, personnages de première grandeur, du grec de Plutarque dans un latin si bon qu'il est difficile de choisir si c'était le sujet ou la beauté du style qui donnait le plus de plaisir. Pour ce travail, il mérite les remerciements les plus chaleureux, non seulement de ceux qui se donnent aux études littéraires, mais aussi de tous nos concitoyens, s'ils veulent bien le traiter comme ils le doivent. Grâce à son labeur, les biographies de ces grands hommes, Cimon et Lucullus, offrent au public des images vivantes à imiter. Et s'ils examinent les détails comme le font les peintres, ils peuvent les transposer dans leurs propres vies et, s'ils imitent ces modèles littéraires, ils admettront qu'ils y trouvent de quoi vivre une belle et noble vie et rendre de grands services à l'État[4] ».

Cette citation pourrait nous faire croire que l'humanisme civique n'était pas un monopole des Florentins puisque la valeur attachée aux biographies de Plutarque était la même pour Barbaro et pour Bruni. Toutefois, une légère différence par rapport à Bruni doit être signalée en ce qui concerne la part de l'héritage grec désirée par Barbaro. Dans une lettre de 1418 adressée à Camillo da Ferrara, qui peut être identifié comme le premier professeur dans l'école du Rialto de 1408 à 1414, Barbaro écrit : « Si vous pouvez trouver pour moi des livres grecs, je paierai celui que vous me désignerez ; je désire en priorité des textes sacrés[5] ».

Si la bibliothèque privée de Barbaro ne peut être reconstituée complètement et si la section grecque n'était évidemment pas très grande, il faut cependant signaler le fait, peut-être dû à une simple

4. Cf. C. Griggio, dans *Miscellanea di studi in onore di Vittore Branca*, Florence, 1983, vol. III, p. 158-159. Des idées analogues se trouvent dans les préfaces aux traductions par deux élèves de Guarino, cf. P. Gothein, *Francesco Barbaro : Früh-Humanismus und Staatskunst in Venedig*, Berlin, 1932, p. 54-58, qui en traite brièvement.

5. Cf. Griggio, *op. cit.* (*supra*, n. 4), p. 173-174.

coïncidence, qu'il fut l'heureux possesseur de deux manuscrits qui ont une grande importance pour les éditeurs modernes, un Platon actuellement à Vienne (Suppl. gr. 39)[6] et un Lucien actuellement à Rome (Pal. gr. 273), ce dernier lui avait été donné par Jean Symeonakis de Candie, ce qui prouve que les rapports de la Crète avec les Vénitiens ne se limitaient pas à des affaires commerciales[7].

Barbaro s'efforça également d'employer des Grecs pour la copie des manuscrits. Nous savons qu'il était en relation avec Georges de Trébizonde vers 1416 quand celui-ci arriva à Venise, encore jeune homme[8], et qu'une copie de Platon (Laur. 85.7) a été faite en 1420 par un autre des premiers immigrés, Girard de Patras, à partir de l'exemplaire de Barbaro[9]. Ni Georges ni Girard ne restèrent longtemps à Venise. Barbaro était-il un patron difficile ou n'y avait-il pas assez de travail pour les retenir ? Pour eux, Venise ne fut qu'un premier pas vers des horizons plus prometteurs.

À propos de Barbaro, sa tentative pour consulter les passages en grec contenus dans les *Pandectes* florentines reste ce qu'il fit de plus remarquable. Ce fut pourtant un échec, puisque Niccolò Niccoli n'a pu surmonter l'opposition superstitieuse des Florentins qui ne voulaient pas laisser voir leur relique[10]. Cet épisode garde une grande signification lorsque l'on étudie les motivations des savants et l'étendue de leurs intérêts. Malheureusement, la carrière ultérieure de Barbaro fut entièrement consacrée au service de Venise comme diplomate et gouverneur des cités dans l'orbite de Venise et il n'eut plus le temps de perfectionner sa connaissance du grec.

Il convient maintenant de signaler l'activité d'un autre membre de la famille Barbaro, Ermolao (1410-1471), le neveu de Francesco, qui devint évêque de Vérone en 1453. Il fut probablement le copiste d'un manuscrit contenant les trois premiers traités du corpus d'Isocrate

6. Cf. A. Diller, *IMU* 6 (1963), p. 253-262.

7. Cf. S. G. Mercati, *Collectanea Byzantina*, Bari, 1970, vol. II, p. 25 (reprise d'un article publié dans *Miscellanea G. Mercati*, vol. III).

8. Cf. J. Monfasani, *Collectanea Trapezuntiana*, Binghamton, N. Y., 1984, p. 397.

9. Cf. E. R. Dodds, *Plato : Gorgias*, Oxford, 1959, p. 44-45.

10. Pour les détails, cf. F. Di Benedetto, *IMU* 12 (1969), p. 11, n. 2

(Casanatense 483), où il se présente comme diacre et protonotaire de Venise. On aimerait croire que c'est lui qui est représenté dans le portrait d'un Italien tenant dans ses mains un livre dans lequel sont écrits les premiers mots de l'un de ces traités[11]. Même si l'on refuse cette hypothèse, le manuscrit et le portrait n'en attestent pas moins l'influence d'un auteur de la Renaissance dont on a perdu le souvenir.

(II) 1423, UNE ANNÉE SIGNIFICATIVE : AURISPA

L'année 1423 doit être considérée comme un tournant dans le développement des études grecques. Un événement rempli de conséquences importantes fut la nomination de Vittorino da Feltre à Mantoue, où son école jouira bientôt d'une grande célébrité au point de persuader d'autres humanistes d'envoyer leurs fils étudier à Mantoue. On peut douter que sous la direction de Vittorino le niveau de l'enseignement ait été très élevé, mais la réputation de l'école fut durable. Grâce aux descriptions données par diverses sources plus ou moins contemporaines et grâce à l'identification de divers manuscrits copiés par des scribes professionnels qui y étaient employés, on peut se faire une idée précise du programme suivi. Vittorino da Feltre fera l'objet du prochain chapitre.

Un autre événement important de l'année 1423 fut le retour de l'humaniste sicilien Giovanni Aurispa (1376-1459) de son second voyage en Grèce. Il rapportait une énorme collection de manuscrits. Le nombre 238, que l'on cite ordinairement, ne concerne que les volumes contenant des textes païens, ceux qui avaient pour lui le plus d'intérêt, mais on sait qu'il avait aussi réuni des ouvrages de patristique grecque, c'est pourquoi le nombre total de ses acquisitions doit être bien plus grand que ce que l'on annonce d'habitude[12].

11. Le lieu de conservation est inconnu. J'avais identifié le texte sur une photographie, mais j'ai négligé de noter le lieu de conservation qui semblait à ce moment-là sans importance. Toutes mes recherches ont été vaines.

12. Pour ces estimations, cf. W. Spoerri, *Museum Helveticum* 37 (1980), p. 17-19.

Naturellement, il devait y avoir des doubles, mais comparée au nombre de manuscrits grecs alors en possession de savants italiens avant 1423, sa collection est particulièrement remarquable. Certains textes devaient être difficiles à trouver et, par comparaison, on remarque que Guarino, après quatre années de résidence dans la capitale byzantine, n'avait pu rassembler qu'une poignée de livres grecs[13]. Quand il prit possession de sa chaire à Florence aux alentours de 1410, Guarino fut certainement très heureux de découvrir qu'Antonio Corbinelli (1376-1425), le personnage officiel qui avait arrangé sa nomination, était lui-même un collectionneur passionné. La section grecque de sa bibliothèque atteignait alors le nombre considérable de 79 volumes dont 69 contenaient des textes d'auteurs païens. Ces livres furent transférés à la Badia de Florence et l'on regrette de ne pas pouvoir suivre l'accroissement de cette bibliothèque, car c'était la meilleure de son genre dans le premier quart du xve siècle[14] et, avec l'apport dû à Aurispa, le stock de livres grecs s'en trouva considérablement augmenté.

Un fait curieux, mais néanmoins avéré, est que presque toutes les acquisitions de livres grecs furent faites en Grèce, alors qu'il y avait beaucoup de monastères grecs équipés de bonnes bibliothèques en Italie du Sud et en Sicile, lesquels étaient restés bilingues pendant le Moyen Âge. Parmi les gens informés de l'Italie du Nord, certains connaissaient cette particularité linguistique, et de fait ils firent rapidement venir un professeur de Calabre. Cette expérience avait peut-être dissuadé de poursuivre dans ce sens. Quoi qu'il en soit, les grandes bibliothèques des soi-disant monastères basiliens (ils ne formaient pas vraiment un ordre) restèrent inemployées jusque vers le milieu du siècle. Il est vrai que la plupart n'auraient pu fournir que

13. I. Thomson, *Renaissance Quarterly* 29 (1976), p. 169-178, a apporté des raisons pour croire que la liste de 54 volumes évaluant le contenu de la bibliothèque de Guarino est au mieux la liste de ce qu'il possédait à la fin de sa vie et probablement n'a aucun rapport avec lui.

14. Cf. R. Blum, *La biblioteca della Badia Fiorentina e i codici di Antonio Corbinelli* (Studi e Testi 155), Cité du Vatican, 1951, en particulier p. 88, 97 s. ; A. Molho dans *Dizionario biografico degli Italiani* 28 (1983), p. 745-747, qui signale qu'un nouvel inventaire de la bibliothèque sera publié par S. Hough à partir d'un document inconnu jusqu'ici de l'Archivio di Stato à Florence.

des textes bibliques ou patristiques, mais il y avait des exceptions et le cardinal Bessarion est réputé pour avoir acquis divers manuscrits de Saint-Nicolas de Casole à Otrante. Le monastère grec le plus proche de Rome était celui de Grottaferrata, situé à un peu plus de seize kilomètres, et en 1426, Francesco Barbaro y avait fait une visite avec Leonardo Bruni. Le fait est brièvement rapporté dans une lettre de Barbaro à Guarino[15]. Ils avaient trouvé « des manuscrits grecs importants par leur nombre et leur qualité, tous de contenu théologique, et si parfaitement écrits qu'ils auraient mérité de figurer dans la bibliothèque d'un Varron ou d'un Ptolémée plutôt que dans les coffres où ils se trouvaient ». Si Traversari avait été avec eux, il aurait certainement observé que l'absence de littérature profane ne permettait pas de considérer cette bibliothèque comme indigne de mention. Mais Barbaro n'avait fait que regretter l'état de désolation des locaux sans y faire aucune acquisition. L'espoir d'augmenter par ce moyen le compte des textes classiques s'est avéré nul.

À la Renaissance les livres passaient fréquemment de main en main en perdant leurs ex-libris en chemin, et les collectionneurs faisaient rarement l'inventaire de leurs richesses, si bien qu'il n'est pas possible de reconstituer la collection d'Aurispa[16]. De toute façon, on ne peut lui dénier le crédit d'avoir découvert et fait venir en Italie les manuscrits les plus importants des meilleurs auteurs. Examinons quelques cas. Voici une paire de volumes présumés contenir le commentaire d'Aristarque sur l'*Iliade*. Or il est absolument certain que l'œuvre du plus grand critique hellénistique d'Homère n'avait pas été transmise aux Byzantins et Aurispa a donc fait une erreur pardonnable. Il a pu être trompé par les références à Aristarque des scholies marginales dans les deux manuscrits qui ont appartenu ensuite au cardinal Bessarion et qui sont actuellement conservés à la Biblioteca Marciana de Venise (Marc. gr. 453 et 454). Peut-être a-t-il été impressionné par les magnifiques volumes écrits sur parchemin qui contiennent les commentaires sur l'*Iliade* par Eustathe de Thessalonique, archevêque du XIIe siècle, qui sont

15. Lettre 382, éd. Sabbadini, vol. I, p. 549-550 ; cf. aussi vol. III, p. 208.
16. Cf. A. Franceschini, *Giovanni Aurispa e la sua biblioteca*, Padoue, 1976.

autographes (Laur. 59.2 et 59.3)[17]. Une autre erreur plus grave et plus difficile à expliquer attribue le poème intitulé *Katharmoi* au philosophe présocratique Empédocle. Puisqu'il est impossible de croire qu'Aurispa ait possédé un exemplaire de ce poème, on se perd en conjectures pour cette erreur, et l'on ne veut pas non plus supposer qu'il ait menti[18].

Il est possible que la réputation d'Aurispa en tant que collectionneur de livres l'ait aidé à obtenir la chaire de grec à Florence, qu'il a tenue trois ans (1425-1427). En passant, on peut noter que, quelques années auparavant, il a enseigné à Lorenzo Valla les premiers éléments du grec. On pourrait croire qu'il pouvait en tirer une certaine fierté, mais quand on aura, dans un chapitre ultérieur, examiné la connaissance en grec de Valla, il faudra déchanter. D'une manière générale, Aurispa n'aura été ni un bon professeur ni un grand savant. Il a tout sacrifié à la mode qui était de traduire Lucien, avec la traduction du *Toxaris* et du douzième *Dialogue des morts*. À la fin de ce dernier texte, il a cru bon de le modifier. Dans l'original, Lucien imagine un concours entre Alexandre, Hannibal et Scipion. Minos, juge des enfers, donne le premier prix à Alexandre. Dans la version d'Aurispa, la palme revient à Scipion. Il assure que cette modification résulte d'une correction due à un sophiste du IVe siècle, Libanius, qui a enseigné presque toute sa vie à Antioche. Il est certain qu'il se trompe, car Libanius était un partisan fanatique de la culture grecque contre l'envahissement venant de Rome. La raison de cette modification n'est donc pas claire, mais elle eut pour conséquence que Poggio Bracciolini, dans une discussion avec Guarino, soutint la fausse version et fut réfuté par son adversaire. Le sujet de cette discussion traitait des mérites relatifs de Scipion

17. Franceschini, *op. cit.* (*supra*, n. 16), p. 61-62, accepte la thèse de Comparetti et autres que ce sont bien les manuscrits de la Marciana ; une thèse alternative chez A. Diller, *CP* (1960), p. 35-36.

18. Cela semble être accepté par E. Bigi dans son article sur Aurispa dans le *Dizionario biografico degli Italiani* 4 (1962), p. 593-595. Cela vient de la lettre 7 d'Aurispa, cf. R. Sabbadini, *Giovanni Aurispa : Carteggio* (Fonti per la Storia d'Italia 70), Rome, 1931. Franceschini, *op. cit.* (*supra*, n. 16), p. 48, n'ajoute rien.

et de César, en tant que représentants des idéaux républicain et monarchique, sujet qui était de première importance en Italie[19].

Pour revenir à l'année 1423, il y a une autre raison pour considérer cette date comme significative. L'une des plus importantes traductions de Bruni, celle du *Criton* de Platon, existe en deux états, le premier ne peut être postérieur à 1423, tandis que la révision date des années 1423-1427. Ce petit dialogue avait une grande importance pour les humanistes parce qu'il mettait en scène Socrate en train de discourir sur les devoirs du citoyen. Ce n'était pas l'habitude de Bruni de réviser ses ouvrages, et on est en droit de penser que c'est une meilleure maîtrise de la langue qui l'a induit à le faire pour cet ouvrage-là.

Regardons les choses de plus près. La version révisée se lit mieux que la première. Dans la première version, trois mots grecs étaient translittérés et non traduits, ce sont *dogma, politia* et *coribantes*. À tout prendre, ces trois mots pouvaient être compris par un Italien connaissant ses classiques latins, mais sans aucun doute Bruni a bien fait de les éliminer de sa traduction. Dans sa révision, il résolut une autre difficulté sur la signification idiomatique d'un verbe qui signifie normalement « estimer à sa valeur », mais qui, dans un contexte judiciaire, se rapporte à une procédure légale plutôt idéaliste par laquelle un avocat pouvait proposer une sanction qu'il jugeait appropriée au cas qu'il défendait (τιμᾶσθαι). Une question se pose quand les deux versions ne parviennent ni l'une ni l'autre à traduire l'original. On trouve là une référence à la coutume athénienne de la δοκιμασία (51 D 3) qui constituait une procédure pour l'admission d'un jeune homme à la plénitude des droits de citoyen. Bruni saute le mot grec, comme aussi le traducteur beaucoup plus célèbre, Marsile Ficin, qui emprunte d'ailleurs des détails à Bruni. Cette pratique athénienne devait rester longtemps mystérieuse ; plus tard, le cardinal Bessarion, dont on pouvait s'attendre qu'il connût ce genre de problème, l'a résolu en modifiant le texte. Cet épisode met en valeur une vérité relative à l'art de la traduction au xve siècle : les meilleurs traducteurs pouvaient être

19. Cf. E. Mattioli, *Luciano e l'umanesimo*, Naples, 1980, p. 49 et 56 ; sur le dernier point, il cite une observation savante d'E. Garin.

mis en difficulté par des problèmes qui nous semblent tout à fait simples, parce qu'ils n'avaient aucun livre qui pouvait leur donner les informations nécessaires sur l'histoire générale de la civilisation de l'Antiquité classique. Cependant, il ne faut pas rester sur cette impression négative, car Bruni était capable d'améliorer le texte dans les exemplaires qu'il avait sous la main : c'est à lui que l'on doit de petites conjectures adoptées par les éditeurs modernes et faussement attribuées à un savant du XIXe siècle, Buttmann[20].

La courte préface à la seconde version contient un passage intéressant qui révèle les raisons pour lesquelles ce dialogue mérite d'être lu. Il dit de Socrate :

> Sed praesertim in ea parte admirabilis est, in qua de officio civis erga patriam disserit. Ibi enim tamquam ex intimo philosophiae sacrario pretiosissima quaedam promuntur ad cognitionem disciplinamque nostram.

> « Il est admirable surtout dans cette partie du dialogue dans laquelle il parle des devoirs du citoyen à l'égard de sa patrie. Là en effet, des paroles très précieuses sont prononcées comme du plus intime sanctuaire de la philosophie pour notre information et notre éducation ».

Ces mots peuvent être pris comme la devise de l'humanisme civique.

(III) LA SECONDE PARTIE DE LA CARRIÈRE DE BRUNI

Il est nécessaire de donner ici un bref résumé de l'activité de Bruni dans le champ des études grecques après l'année 1423. En 1427, il reçut la même distinction que Salutati avec la nomination de chancelier de Florence, mais cette nouvelle position n'eut que peu d'effet sur son activité littéraire. Ses œuvres tardives comprennent la révision de sa traduction de l'*Apologie*, la version d'une partie du

20. La correction est πείσας pour πεῖσαι à 48 E 4. Pour ces détails, cf. E. Berti, *Il Critone latino di Leonardo Bruni e di Rinuccio Aretino*, Florence, 1983.

Phèdre (pour lequel il suivait la tradition selon laquelle il s'agissait du premier dialogue de Platon)[21], d'une partie du *Banquet* et des *Lettres* (il doutait de l'authenticité de certaines d'entre elles). La traduction du *Phèdre* était dédiée à Antonio Loschi, connu comme poète et homme politique, et Bruni avait choisi la partie du dialogue dans laquelle Platon traite de la nature de la poésie.

Dans la dédicace des *Lettres* à Cosme de Médicis, Bruni expose son opinion sur ces textes qui posaient des problèmes. Il pense que la première lettre et la cinquième ne sont pas de Platon, mais doivent être attribuées à Dion, le tyran de Syracuse qui avait succédé à Denys Ier et ne gouvernait pas la cité conformément aux principes platoniciens. Bruni éliminait aussi la treizième lettre pour des raisons stylistiques. D'autres humanistes allaient encore plus loin dans leur scepticisme, et Pier Candido Decembrio donnait pour inauthentique toute la collection. Bruni dit qu'il préfère les *Lettres* à toutes les autres œuvres de Platon parce qu'il lui semble avoir une conversation avec l'auteur en personne, tandis que dans les dialogues le lecteur se trouve face à une conversation entre des personnages qui ne reflètent pas les positions de l'auteur, et les personnages se comportent comme des acteurs qui manient l'ironie et la fiction. Les *Lettres*, au contraire, montrent directement les qualités de leur auteur, que Bruni énumère complaisamment pour justifier son idée que Platon est un auteur que l'on doit désirer prendre comme modèle de bonne conduite. Il va jusqu'à dire qu'il a plus appris des *Lettres* que de tous les autres livres[22].

21. Cf. H. Baron, *Leonardo Bruni Aretino. Humanistisch-philosophische Schriften mit einer Chronologie seiner Werke und Briefe*, Leipzig-Berlin, 1928, p. 127-128.

22. Les textes sont donnés par Baron, *op. cit.* (*supra*, n. 21), p. 135-138. Edgard Wind, *Heidnische Mysterien in der Renaissance*, Francfort, 1981, p. 13, n. 7, dit le jugement de Bruni « extraordinarily prosaic », mais il cite très peu le texte et selon le résumé que j'en ai fait il semble trop dur. La traduction de Bruni d'une partie de la *Lettre VII* de Platon a été soigneusement examinée par E. Berti dans M. Cortesi et E. V. Maltese (éd.), *Dotti bizantini e libri greci nell'Italia del secolo XV*, Naples, 1992, p. 67-116. Son examen approfondi montre que dans plusieurs passages importants, Bruni n'a pas été capable de rendre justice à l'original. La raison de son échec tient d'une part aux corruptions du texte du manuscrit (S) qu'il utilisait (son exemplaire personnel n'a pas été

Il faut mentionner les *Commentaria rerum Graecarum*, un ouvrage consacré à l'histoire grecque à la période classique qui pouvait fournir un sujet de méditation à l'usage des hommes d'État. Sa biographie d'Aristote a déjà été signalée (cf. *supra*, p. 47-48) et, dans les dernières années 30, Bruni a encore bien servi Aristote en donnant une traduction de la *Politique*. Dans certains passages, il a amélioré le texte grec transmis par les manuscrits[23]. L'œuvre avait été entreprise à la demande du duc Humfrey of Gloucester, qui avait apprécié la qualité de la traduction de l'*Éthique* et qui alla jusqu'à inviter Bruni à venir en Angleterre. Il était naïf de penser qu'un homme qui avait la position et les responsabilités de Bruni pût accepter une telle invitation, mais cet épisode montre que la célébrité de Bruni avait atteint les limites du monde occidental. La traduction fut achevée en 1437, et un exemplaire de présentation fut envoyé au duc l'année suivante. Un autre exemplaire commandé par Bruni fut imprimé en même temps et envoyé avec une lettre au célèbre Flavio Biondo, lui demandant d'en faire hommage au pape Eugène IV[24].

Bruni réaffirme son opinion sur le style d'Aristote qu'il trouve soigné et élégant. Il affirme que la *Politique* doit être estimée pour sa doctrine et son incroyable richesse d'informations. Il devait penser aux allusions intéressantes, mais tellement incomplètes, à l'histoire des cités-États que même les savants modernes, malgré les énormes progrès réalisés dans ce domaine, désespèrent d'exploiter. On a donc du mal à prendre au sérieux cette prétention de Bruni et l'on fera

identifié) et d'autre part à son incapacité à traiter la complexité syntaxique et philologique de passages d'une difficulté supérieure à la moyenne.

23. Cf. W. L. Newman, *The Politics of Aristotle*, vol. III, Oxford, 1902, p. XXII.

24. Je suis l'avis de E. B. Fryde, *Humanism and Renaissance historiography*, Londres, 1983, p. 14, et j'ai lu cette lettre dans le MS Balliol College 310, fol. 120ᵛ-122ʳ. Les mêmes choses sont dites dans la préface éditée par Baron, *op. cit.* (*supra*, n. 21), p. 73-74. Sur l'invitation du duc Humfrey, cf. R. Weiss, *Humanism in England during the fifteenth century*², Oxford, 1957, p. 47-49. Les détails sur les manuscrits de présentation sont complexes et ont été interprétés pour prouver que le duc Humfrey avait manqué de générosité ; des études récentes ont montré que Bruni avait une attitude compliquée, mais pas malhonnête, cf. L. Gualdo Rosa, *Rinascimento* 23 (1983), p. 113-124.

mieux de considérer les parties de la théorie politique d'Aristote qui avaient frappé le traducteur florentin. La désapprobation par Aristote des constitutions dites extrêmes, dans lesquelles le pouvoir revient ou bien à un seul chef, ou bien, au contraire, à tout le corps social, peut bien avoir attiré son attention. Ce qu'il ne manquait de recommander à l'élite intellectuelle était la doctrine fondamentale d'Aristote d'une cité-État gouvernée par un nombre limité de citoyens qui tous pouvaient consacrer leur temps à régler les besoins de la communauté.

Voilà qui nous amène à une digression. Bien que la dramaturgie grecque semble n'avoir eu aucun attrait pour les Florentins de ce temps, on connaît une traduction d'environ un quart du *Plutus* d'Aristophane. La traduction des premiers vers est due plutôt à Giovanni Tortelli qu'à Bruni. La date de cet exercice n'est pas connue, mais ce doit être autour de 1439, puisque le manuscrit dans lequel il se trouve (Ferrare, Antonelli 545) contient d'autres pièces relatives au concile de Florence. La raison pour laquelle ces deux humanistes ont porté leur attention sur cette pièce de théâtre et ont choisi un spécimen d'une comédie plutôt que d'une tragédie n'est pas évidente. Le *Plutus* était la première pièce dans la sélection d'Aristophane étudiée dans les écoles byzantines et c'était aussi la plus facile du point de vue de la langue. Tortelli et Bruni devaient le savoir et c'est ce qui motiva leur choix. Ils ont cependant été vite découragés, et le peu qu'ils ont traduit n'est pas sans erreurs. On ne doit pas être surpris si les pratiques sexuelles décrites dans les vers 152-160 ont été éliminées par les traducteurs et s'ils ont supprimé le vers 171 contenant une référence à une assemblée athénienne qui ne pouvait pas intéresser un lecteur florentin. Ce ne sont que des détails, mais il y a des fautes plus graves. Bruni n'a pas vu les sens différents de deux noms communs qui ne diffèrent que par l'accentuation : l'un est un adverbe qui signifie non pas « maladroit » mais « simplement » ou « de fait », l'autre un adjectif qui normalement veut dire « méchant », mais avec un accent différent signifie « malheureux ». Il n'a pas reconnu non plus le futur du verbe « pleurer », parce qu'il a peut-être été trompé par la voix moyenne de ce temps, qui n'est pourtant pas rare dans les verbes grecs. Pire encore, il a pris un optatif futur pour un temps du passé[25]. Nous devons admettre que la poésie grecque était encore hors de la portée des savants compétents[26].

On connaît aussi une production tardive de Bruni qui révèle un emploi inattendu de sa connaissance du grec. En 1441, il a composé une histoire de la guerre des Goths, période sinistre au milieu du VIe siècle dans laquelle l'Italie a connu un état désespéré à cause de l'invasion des Goths et des efforts des Byzantins pour reconquérir le territoire perdu. La population de Rome avait été réduite alors à moins d'un millier. Bruni veut bien admettre qu'il aurait préféré écrire au sujet d'une période plus heureuse, mais pense qu'il faut connaître aussi cette période parce que tout citoyen sérieux doit s'intéresser à l'origine et au développement de son pays. Il ajoute qu'aujourd'hui l'Italie est devenue un pays florissant et célèbre à l'étranger parce qu'elle est cultivée et civilisée, et qu'elle est la patrie des arts pour lesquels elle n'a pas d'égal. Pour cette histoire, Bruni ne disposait d'aucune source latine et il devait utiliser les historiens byzantins Procope et Agathias. Ils étaient contemporains des événements qu'ils racontaient, et Procope avait participé activement aux campagnes de la guerre. Bruni a tiré un bon parti de ce matériel, et la qualité du résultat fit qu'on l'accusa de faire passer une traduction pour une œuvre personnelle. Évidemment il n'avait pas d'autre choix que de suivre ses sources, mais la critique injustifiée qu'il reçut engagea plus tard l'humaniste romain Cristoforo Persona à produire des traductions de ces deux textes[27].

25. Les mots en question sont : 109 ἀτέχνως/ἀτεχνῶς, 220 πονηρός/πόνηρος, 174 κλαύσεται, 90 βαδιοίμην. Je choisis ces exemples de A. C. Cassio, *Giornale italiano di filologia* 24 (1972), p. 477-482 ; la traduction est éditée par M. et E. Cecchini, Florence, 1965.

26. L'intérêt de Bruni pour Aristophane avait été partiellement anticipé par Rinuccio da Castiglione dans sa *Fabula Penia*, éd. W. Ludwig, *Die Fabula Penia des Rinucius Aretinus*, Munich, 1975, à partir du MS Balliol College 131. Ce petit essai date de son séjour en Crète en 1415-1416, il exploite la première moitié du *Plutus* et montre un usage limité de Théocrite.

27. Cette histoire est racontée par A. Zeno, *Dissertazioni Vossiane*, Venise, 1752, vol. II, p. 142.

Bien du temps devait s'écouler avant que l'on reconnaisse la civilisation byzantine comme digne du même intérêt que la Grèce classique. Plus significatifs de la manière dont fut reçu le récit de Procope furent le plaisir et la surprise de Bruni quand, en 1442, le roi Alphonse d'Aragon conquit Naples par le même stratagème que celui que Procope raconte de Bélisaire qui avait réussi à trouver une entrée de la ville par les égouts[28]. L'histoire est un perpétuel recommencement, mais on peut penser qu'un parallèle tiré de la littérature classique aurait été mieux reçu.

(IV) TRAVERSARI

La figure de Bruni et le concept d'humanisme civique ont occupé une place importante dans la culture florentine. C'est la raison pour laquelle l'on pourrait être tenté de négliger une autre personnalité importante venant d'un milieu culturel tout à fait différent, Ambrogio Traversari (1386-1439)[29]. Parce qu'il était moine et même le supérieur de l'ordre des Camaldules en 1431, Traversari aurait pu formuler de sérieuses réserves au sujet des études classiques, et il est vrai qu'il a consacré l'essentiel de ses travaux à la littérature patristique. On lui doit une quinzaine d'ouvrages, quelques-uns produits avant l'année 1423, que nous avons prise comme la date critique dans l'histoire qui nous intéresse. De toutes ces traductions nous n'avons jusqu'à présent aucune étude sérieuse. Les premiers résultats de ses travaux ont paru en 1417-1419. C'était un traité de saint Jean Chrysostome (*ca* 350-407), le plus fécond et le plus populaire des écrivains patristiques à Byzance, dirigé contre les critiques de la vocation monastique, et l'*Échelle*

28. *Epistulae* 9.13 (vol. II, p. 165-166).

29. Informations récentes dans C. L. Stinger, *Humanism and the church fathers : Ambrogio Traversari (1386-1439) and Christian antiquity in the Italian Renaissance*, Albany, N. Y., 1977, et dans le volume du congrès *Ambrogio Traversari nel VI centenario della nascita*, Florence, 1988, en particulier les articles de M. Gigante sur Diogène Laërce, p. 397-459 ; de G. Fioravanti sur le *Théophraste* d'Énée de Gaza, p. 461-472 ; de A. Fyrigos sur Jean Moschus, p. 473-481 ; et de P. Vito sur Athanase, *Adversus gentiles*, p. 483-509.

du paradis, un traité ascétique par un auteur du VIIe siècle, Jean Climaque (« l'échelle »), un ermite du mont Sinaï devenu abbé du monastère de Sainte-Catherine. C'étaient deux textes très populaires à Byzance. L'intérêt que pouvait leur porter un tel traducteur est évident, mais l'influence que ces traductions ont pu exercer n'est pas évidente. En revanche, le texte qui a beaucoup circulé est la traduction des écrits du Pseudo-Denys l'Aréopagite qu'il avait commencée en 1430-1431. Ces écrits de théologie mystique attribués au disciple athénien de saint Paul ont été l'une des falsifications les plus réussies que l'on ait jamais faites. Ils avaient déjà été traduits deux fois d'une manière très imparfaite au IXe siècle grâce au don d'un manuscrit fait au roi de France saint Louis par l'empereur de Constantinople. La traduction de Traversari ramenait ces écrits à l'intention du public cultivé sous une forme plus compréhensible. Lorenzo Valla allait bientôt dénoncer leur authenticité.

Les études de Traversari sur la patristique eurent des applications pratiques. Il était capable de se servir de passages tirés des Pères grecs pour soutenir un argument comme il le fit au concile de Bâle en 1434, où il cita Athanase et Chrysostome pour démontrer que c'était la coutume dans l'Église primitive d'en appeler à Rome dans les controverses avec les hérétiques ou autres opposants[30]. Au concile de Florence, il a joué un rôle important, et une de ses lettres nous apprend qu'il devait faire seul tout le travail de traduction, un énorme travail plein de responsabilité. Le texte le plus important dans le débat entre les deux parties était le traité de saint Basile, *Contre Eunome*, qui contenait sur la question du *Filioque* des passages acceptables pour l'Église romaine. Il existe aussi un autre passage dans Épiphane, un auteur moins connu et moins respectable. En raison de sa compétence, c'est Traversari qui prépara un premier brouillon en grec du décret annonçant l'union des deux Églises[31].

Traversari n'était pas seulement un personnage éminent dans le monde ecclésiastique. Il avait une bonne culture classique, et

30. Cf. Stinger, *op. cit.* (*supra*, n. 29), p. 190-192.

31. Cf. J. Gill, *The Council of Florence*, Cambridge, 1959, p. 118 sur la lettre du 10 août 1438 (n° 528 = 13.34), p. 165 sur la traduction de Basile (lettre n° 849 = 24.6), p. 195 sur Épiphane et p. 287 sur le brouillon du décret.

l'ouvrage par lequel il se rendit célèbre est sa traduction de *La vie des philosophes* par Diogène Laërce. Un exemplaire de présentation fut fait pour Cosme de Médicis en 1433 (Laur. 65.21), et beaucoup d'autres contemporains célèbres possédaient leur exemplaire. Le cardinal Bessarion avait le sien (Marc. lat. 246) ; le besoin qu'il en avait n'est pas évident : l'ouvrage de Diogène n'est qu'une vulgaire compilation, et Traversari pouvait voir ses faiblesses. Il se posait aussi la question de savoir si traduire un tel ouvrage sur les philosophes païens était conforme à sa vocation[32]. Chez Diogène cependant on trouvait une grande quantité d'informations, et Traversari alla jusqu'au bout de la tâche. Ce travail lui demanda de gros efforts et, pour la philosophie épicurienne au livre X, il fut obligé de recourir à l'aide de Carlo Marsuppini, un humaniste qui avait lui-même produit en 1429 une traduction du curieux jeu d'esprit pseudo-homérique, la *Batrachomyomachia*, et qui tenait une chaire à l'université de Florence depuis 1431. Traversari avait deux manuscrits du texte grec de Diogène et il écrivit à un ami pour en demander un troisième dans l'espoir qu'il serait moins corrompu[33]. L'exposé sur l'épicurisme, qui contient de longues citations des *Lettres* d'Épicure, est peut-être ce qu'il y a de meilleur dans le livre de Diogène, non seulement pour les savants modernes, mais aussi pour les humanistes du Quattrocento auxquels il donnait une quantité d'informations sur une école philosophique que Cicéron avait ridiculisée et mal comprise dans le *De finibus* 1-2. Il aurait intéressé un homme comme Lorenzo Valla qui venait de publier son *De voluptate* en 1431.

32. *Epistulae*, éd. L. Mehus, Florence, 1759, n° 343 = 9.20 ; Stinger, *op. cit.* (*supra*, n. 29), p. 73-76.

33. *Epistulae* n° 232 = 6.23, n° 286 = 8.17. Cf. aussi A. Sottili dans R. Avesani *et al.* (éd.), *Vestigia : studi in onore di Giuseppe Billanovich*, Rome, 1984, p. 699-745, qui a identifié l'autographe de Traversari dans le MS Strozzi 64 et remarque qu'il comble quelques omissions de la version imprimée. Il pense que les améliorations sont dues au progrès de la connaissance de la langue par Traversari, mais une autre explication possible est que Filelfo avait tenu sa promesse d'aider pour certains passages de Diogène, voir la lettre n° 886 = 24.43, dans laquelle Filelfo s'excuse du retard (mai 1433).

Traversari eut quelques disciples. Il avait organisé un cours de grec dans son monastère à Florence en 1425 et il demanda à Francesco Barbaro un Psautier grec pour aider ses élèves (cela rappelle ce qu'il disait de sa méthode pour enseigner la langue[34]). Ses relations avec Bruni étaient mauvaises. Ils entretenaient entre eux de chaudes controverses, et Traversari n'avait pas beaucoup de considération pour les traductions de son rival. Il commente la version partielle du *Phèdre* de Platon par ces mots : *Phaedri deforme fragmentum*[35].

34. *Epistulae* n° 211 = 6.2.

35. *Epistulae* n° 277-278 = 8.8 et 8.9. Cf. J. Hankins, *Plato in the Italian Renaissance*, Leyde, 1990, p. 59-60.

Chapitre 5

Vittorino da Feltre

L'école établie par le prince de Mantoue et dirigée par Vittorino da Feltre (1378-1446) a été longtemps considérée comme une pierre milliaire dans l'histoire de l'éducation. Elle a compté jusqu'à quarante élèves, l'une de nos sources porte même ce chiffre à soixante-dix[1]. Ils n'étaient pas tous des fils de riches, quelques-uns étaient subventionnés par Vittorino lui-même. L'école combinait une bonne éducation classique avec un enseignement des beaux-arts comme la musique, le chant, le dessin et même la culture physique quotidienne. Il est bien vrai que Vittorino continuait dans une large mesure la tradition du *trivium* et du *quadrivium* – c'est du moins ce

1. Les principales sources d'information sur Vittorino sont les mémoires de Sassolo da Prato, Platina, Francesco da Castiglione et Prendilacqua. Ces textes et d'autres ont été rassemblés par E. Garin, *Il pensiero pedagogico dell'Umanesimo*, Florence, 1958, p. 504-718, et je cite cette édition. Malgré les modestes réserves de Garin, ce volume donne de tous ces textes une meilleure version. Après une première rédaction de ce chapitre, j'ai lu la monographie récente de G. Müller, *Mensch und Bildung im italienischen Renaissance-Humanismus : Vittorino da Feltre und die humanistischen Erziehungsdenker*, Baden-Baden, 1984. On consultera aussi N. Gianetto (éd.), *Vittorino da Feltre e la sua scuola : umanesimo, pedagogia, arti*, Florence, 1981. Le chiffre de quarante vient de Sassolo (Garin, p. 516), celui de soixante-dix de Prendilacqua (Garin, p. 602), qui étaient tous les deux des produits de l'école.

qui ressort du témoignage de Sassolo da Prato – pourtant l'esprit du programme n'était rien moins que médiéval. Le chef de l'école lui-même n'a laissé aucun document sur ses intentions, mais on peut les deviner à travers ce que rapportent ses élèves et les livres de sa bibliothèque qui ont survécu. Ce tableau s'est trouvé enrichi par la découverte récente d'une liste de livres envoyée par Vittorino en 1445 à son élève Gian Pietro da Lucca à Vérone, dans laquelle on ne compte pas moins de vingt-cinq textes grecs[2].

L'enseignement était principalement consacré à la littérature classique. Pisanello a sculpté un médaillon où Vittorino reçoit la titulature de *mathematicus et omnis humanitatis pater*, mais l'école ne montre aucun signe d'intérêt pour les mathématiques ni pour aucune autre branche des sciences naturelles. Le premier mot de cette inscription pourrait être une allusion au fait que Vittorino, après que l'éminent mathématicien de ce temps, Biagio Pelacani, eut refusé de lui apprendre les mathématiques, réussit à assimiler par lui-même tout Euclide, ce qui était considéré comme une prouesse. On raconte aussi que le fils du marquis de Mantoue, Gianlucido, avait fait une grande impression sur Traversari en 1435 en démontrant, figures à l'appui, deux propositions tirées d'Euclide. Rien ne parle cependant d'un enseignement spécial des mathématiques dans l'école. Si l'on en croit Sassolo, lui-même un produit de l'école, Vittorino avait inscrit à son programme Virgile, Homère, Cicéron et Démosthène[3]. Le maître et les élèves auraient probablement été particulièrement heureux s'ils avaient pu prévoir que ce programme allait rester le même pendant un demi-millénaire dans un grand centre d'études supérieures. Jusqu'au début de la Seconde guerre mondiale, en effet, ces quatre auteurs constituaient un élément-clé dans le programme des études classiques à l'université d'Oxford. Mais les élèves de l'école de Mantoue auraient été moins heureux d'apprendre que dans l'argot des étudiants oxoniens, on appelait ces quatre auteurs « the four beasts (les quatre bêtes) ».

La caractéristique de cette école est la place réservée à l'étude des auteurs grecs dans la langue originale. Vittorino n'avait pas appris

2. M. Cortesi, *IMU* 23 (1980), p. 77-114.
3. Sassolo, éd. Garin, p. 524.

le grec dans son jeune âge ; il dut attendre le passage de Guarino de Florence à Venise en 1414. On nous dit qu'il apprit les deux langues classiques dans l'idée qu'elles étaient complémentaires[4]. On peut croire cependant qu'il n'avait pas assez confiance dans sa connaissance du grec pour se lancer dans des sujets supérieurs. Aurispa qualifie sa connaissance de « moyenne », mais c'est probablement injuste[5]. Quoi qu'il en soit, il y avait dans son école des Grecs de naissance qui pouvaient enseigner le grec. Selon une source contemporaine, il y en avait trois ou quatre[6]. Ils travaillaient comme copistes et en échange on leur apprenait le latin. Un grand nombre de manuscrits ont été copiés par deux d'entre eux bien identifiés : Pierre le Crétois et Girard de Patras. D'autres personnalités célèbres ont fréquenté cette école. En 1431, Georges de Trébizonde en était, et plus tard Vittorino eut la chance d'embaucher Théodore Gaza qui, après son arrivée en Italie, séjourna brièvement à Pavie puis à Mantoue où sa présence est attestée en 1444 et où il a peut-être séjourné jusqu'à la mort de Vittorino[7]. Ses plus célèbres traductions datent de la fin de sa carrière, mais sa traduction du manuel de rhétorique attribué à Denys d'Halicarnasse date de cette époque. Bien que ce ne soit pas un ouvrage significatif, on peut penser que Gaza a mis à profit son séjour à Mantoue pour y préparer son livre de grammaire qui est l'autre raison de sa célébrité.

Le récit d'un témoin oculaire de l'école et de sa bibliothèque est donné par Ambrogio Traversari qui y fit une visite en 1433[8]. Il rapporte que quelques élèves savaient suffisamment le grec pour entreprendre la traduction de la *Vie de Camille* par Plutarque, des *Fables* d'Ésope et de quelques écrits de saint Jean Chrysostome. Son catalogue des livres grecs de la bibliothèque commence par le *De Trinitate* de saint Augustin, les *Lois*, les *Lettres* et la *République* de

4. Platina, éd. Garin, p. 680.

5. Traversari, *Epist.* 24.53.

6. Castiglione, éd. Garin, p. 546.

7. Sur les mouvements de Gaza dans les années antérieures aux années 1440, cf. R. Sabbadini, *Giovanni Aurispa : Carteggio* (Fonti per la Storia d'Italia 70), Rome, 1931, p. 168-169.

8. *Epist.* 8.49-51.

Platon et des œuvres de saint Jean Chrysostome. Le *De Trinitate* de saint Augustin doit être la version grecque faite par le savant byzantin Maxime Planude vers 1300, et il est difficile d'imaginer l'intérêt que des Occidentaux pouvaient trouver dans ce livre. Vittorino l'avait sans doute acquis plus par hasard que délibérément. Mais Traversari était avant tout intéressé par les études théologiques et patristiques, et cette traduction était pour lui la preuve que l'Église grecque ne pouvait pas plaider l'ignorance des écrits des Pères latins de l'Église. Puisque la réunion des Églises grecque et romaine était d'actualité, Traversari ne pouvait qu'être attentif à ces considérations. Il nous dit qu'il compta environ trente volumes dont quelques raretés, et il mentionne quelques titres. Un volume contenait les auteurs anciens de musique, Ptolémée, Aristide Quintilien et Bacchius[9]. En examinant le deuxième de ces auteurs, il constata la bonne qualité de son style. Il y avait également un manuscrit avec quatre discours de l'empereur Julien. Le pieux Traversari aurait pu condamner l'œuvre de l'Apostat, mais il se contenta de remarquer sa prolixité. Le même manuscrit contenait une *Vie d'Homère* attribuée à Hérodote ; prenant cette attribution pour argent comptant, il l'emporta et se mit à la lire. Il trouva encore un livre par Jean le Consul sur divers sujets, il est difficile de comprendre ce qu'il veut dire, car on ne voit pas à quel texte peut correspondre sa description[10]. Il continue son rapport en notant qu'il y avait plusieurs textes d'Aristote, tous existant à Florence, affirmation sur laquelle nous allons revenir. En plus, il se souvient avoir vu des lexiques, des grammaires, un Hérodote, un

9. Ces traités n'ont peut-être eu aucune influence sur l'enseignement de la musique dans l'école ; l'écrivain important Jean de Namur (*ca* 1415-1473), qui a passé quelque temps à Mantoue et fait un éloge appuyé de Vittorino, cite Boèce, mais pas les auteurs grecs, cf. C. H. de Coussemaker, *Scriptorum de musica medii aevi nova series*, Paris, 1864-1876, vol. IV, p. 345a, et plus généralement C. V. Palisca, *Humanism in Italian Renaissance musical thought*, Yale, 1985.

10. Jean le Consul est peut-être Jean Italos, philosophe byzantin du XIe siècle qui porte le titre d'*hypatos* (consul) *et professeur des philosophes* dans le titre d'une de ses œuvres conservée à Venise, Marc. gr. 265 (516), reproduit dans le catalogue édité par G. Fiaccadori et P. Eleuteri, *I greci in Occidente*, Venise, 1996, p. 79.

Thucydide[11], un Arrien, plusieurs poètes et les *Vies* de Plutarque. Vittorino lui permit de faire établir des copies de Julien, de la *Vie d'Homère* et de Bacchius pour Niccolò Niccoli.

L'insistance sur le grec caractérise Vittorino par rapport à la plupart des autres maîtres de la Renaissance. Le contraste entre sa pratique et les écrits théoriques de l'époque est notable. Ni Vergerio ni Bruni ne mentionnaient spécifiquement le grec dans leurs manuels, et Enea Silvio Piccolomini ne le mentionne que pour regretter qu'aucune possibilité d'étudier le grec ne se trouve en Allemagne ou en Hongrie[12]. Cette remarque n'est pas innocente, puisqu'il l'adressait à Ladislas, roi de Bohême et de Hongrie. Évidemment, il était entendu que les textes grecs ne se lisaient qu'en traduction latine, mais à Mantoue, il en allait autrement. Un seul cas semble prouver le contraire, l'affirmation selon laquelle Paolo da Sarzana avait quitté l'école pour apprendre le grec avec Filelfo à Florence[13], ce qui laisse croire qu'il a manqué durant cette période d'un professeur dépassant le niveau élémentaire. En temps ordinaire le sujet était prioritaire, et nous avons des informations sur le choix des auteurs étudiés. Si l'on doit croire Platina, Homère n'était pas le seul poète. Hésiode fournissait d'utiles préceptes par une lecture didactique des *Travaux et des Jours*. Théocrite était considéré comme le meilleur du genre, et il n'y a pas lieu de s'étonner que l'on admirât le modèle des *Églogues* de Virgile. Ce n'était pas un texte facile, ainsi que celui de Pindare qui est cité dans le même contexte. C'était une lecture pour Vittorino, mais peut-être pas pour ses élèves. Arrive ensuite le théâtre grec : on appréciait Aristophane pour la pureté de sa langue et parce qu'il pouvait offrir une matière pour former le caractère de son lecteur par les critiques des immoralités de ses comédies. Vittorino avait omis ou atténué les passages qui lui avaient parus obscènes ou de

11. Identifié par Cortesi, *op. cit.* (*supra*, n. 2), comme Utrecht gr. 13. L'examen prouve que c'est presque certainement le travail de deux élèves de l'école et non pas de copistes professionnels.

12. Cette observation importante a été faite par W. H. Woodward, *Vittorino da Feltre and other humanist educators*, Cambridge, 1897, p. 224.

13. Guarino, *Epist.* 3.142.

mauvais goût[14]. Les trois tragiques sont dans la liste. Eschyle était très difficile sauf peut-être le *Prométhée enchaîné*, mais parce qu'il correspondait au programme en usage dans les écoles de Crète ou de Constantinople, il était la première pièce à lire et peut-être la seule, c'est pourquoi il faut accepter cette donnée. La lecture des tragiques n'est pas mentionnée en Italie à cette date, car ils étaient hors de la capacité des meilleurs élèves, et il faut ajouter que parmi les nombreux manuscrits copiés par des scribes grecs résidant à Mantoue qui peuvent encore être identifiés, à une exception près mais douteuse, aucune tragédie ne se trouve parmi eux[15].

Le résultat fourni par une découverte récente vaut mieux que l'argument du silence. Nous savons aujourd'hui que Giovanni Tortelli, auteur d'un traité d'orthographe, a été quelque temps étudiant à Mantoue[16]. Il est allé ensuite à Constantinople où il a étudié dans les années 1435-1437. Dans son *De orthographia*, on trouve une référence à Sophocle qui témoigne qu'il a étudié le texte de cet auteur sous la conduite d'Isidore, le prélat grec, futur cardinal de Russie. Les notes de Tortelli, explications élémentaires sur l'*Ajax* et l'*Électre* de Sophocle avec d'autres notes sur le *Plutus* et les *Nuées* d'Aristophane – dans ces deux cas, il s'agit des deux premières œuvres prescrites par le programme des études à Byzance – prouvent que, à Mantoue, ce n'étaient pas tous les élèves qui étaient initiés à l'étude de la tragédie grecque[17]. La manière de parler de Tortelli indique qu'il n'avait étudié aucun poète grec à Mantoue, ce qui semble improbable à moins qu'il n'ait dû quitter l'école plus tôt que prévu, mais il faut peut-être interpréter son latin comme signifiant que Sophocle est le premier des poètes grecs par sa valeur littéraire et non pas le premier dont il ait fait la connaissance[18].

14. Platina, éd. Garin, p. 680.

15. L'exception est Vatopedi 671, copié par Girard ; sa localisation actuelle peut indiquer qu'il a été copié avant que le scribe quitte la Grèce.

16. Cf. M. Regoliosi, *IMU* 12 (1969), p. 134 et la planche XIV qui reproduit le MS Ferrara, Antonelli 545.

17. Les notes sont dans MS Bâle F-VIII-3 ; cf. M. Cortesi, *IMU* 22 (1979), p. 449-483 et les planches VI et VII.

18. *Hunc primum ex poetis graecis didici a viro clarissimo Isidoro graeco iam nunc sanctae Romanae ecclesiae cardinali Tussiensi cognominato.*

L'exemplaire d'Hésiode en usage dans l'école peut être celui copié par Pierre le Crétois et conservé à Florence (Laur. Acquisti e Doni 60)[19]. Il s'agit peut-être de l'un des livres vus par Traversari en 1433. S'il avait donné plus de détails, son témoignage en aurait plus de valeur. Quoi qu'il en soit, il ne faut pas se leurrer en attribuant tous les manuscrits copiés par Pierre à la bibliothèque de l'école, comme aussi ceux copiés par Girard. Parmi les autres textes copiés par Pierre, on trouve les poètes post-classiques Denys le Périégète (Ambr. M 85 sup.), Nicandre (Marc. gr. 477) et Oppien (Vienne, Phil. gr. 135). Denys pouvait être utile aux élèves byzantins pour l'étude de la géographie, les deux autres n'étaient pas totalement inconnus à Byzance, mais ils étaient trop ignorés pour entrer dans un programme scolaire à Mantoue. Des deux œuvres d'Oppien sur la chasse et sur la pêche, la première pouvait intéresser les nobles appartenant à une cour princière du xve siècle. Nicandre était beaucoup plus difficile. On ne peut pas dire la même chose d'un des autres textes copiés par Pierre, les *Argonautica* d'Apollonius de Rhodes (Wolfenbüttel 10.2 Aug. 4°). Parmi les œuvres en prose copiées par lui, il y a un Julien conservé à Paris (Paris. gr. 3020) qui doit être celui vu par Traversari. Il contient les discours, qui devaient choquer les sentiments orthodoxes bien plus que sa correspondance, qui était souvent lue à Byzance sans provoquer d'indignation. La copie de Xénophon par Pierre a été donnée en cadeau par Vittorino à Sassolo au moment de son départ (Laur. 55.21)[20]. À l'exception des *Hellenica,* on se trouve devant une collection complète des écrits de Xénophon. On suppose que le chef de l'école ne pouvait accepter de s'en séparer que parce qu'il s'agissait d'un double, et de fait la même collection des écrits de Xénophon se retrouve parmi les manuscrits copiés par le collègue de Pierre, Girard (Pérouse B 34).

19. E. Gamillscheg, *JÖB* 24 (1975), p. 137-145, traite de ce scribe et donne la liste des manuscrits qui lui sont attribués.

20. Voir les planches 6 et 7 dans Gamillscheg, *op. cit.* (*supra*, n. 19), pour la note de donation, autographe du maître, et la page donnant le colophon non daté.

Le reste du travail de Pierre comprend un Ésope (Ambr. A 59 sup.), le *De interpretatione* d'Aristote (Barocci 216) et le volume déjà mentionné (cf. *supra*, p. 74) sur les traités de musique théorique (Naples III C 1)[21]. Ce dernier démontre l'intérêt pour cette partie du *quadrivium* dans l'école. Nous trouvons enfin deux ouvrages d'un caractère plus pratique. Le premier est ce livre appelé *Suidas* ou la *Souda*, un dictionnaire ou une encyclopédie qui, malgré sa longueur, a souvent été copié à Byzance à l'usage des étudiants en textes anciens (Laur. 55.1)[22]. Le second est la réunion de textes des grammairiens byzantins utiles pour l'étude de la langue, le principal étant les *Erotemata* de Manuel Moschopoulos, important savant de la période byzantine tardive (Canon. gr. 14)[23].

Les traces de l'autre copiste grec associé à l'école, Girard de Patras, peuvent être suivies en Italie à partir de 1420. On ne sait pas combien de temps il passa à Mantoue entre cette date et 1443 quand nous entendons parler de lui pour la dernière fois. Nous avons vu (cf. *supra*, p. 56) qu'au début de sa carrière il a travaillé pour Francesco Barbaro. Plus tard, on découvre qu'il a réalisé un travail pour Lorenzo Valla, puisqu'une copie de la *Poétique* d'Aristote avec un autre petit texte connu, comme le *Donatus* grec (Vat. gr. 1388, fol. 51-93), se trouve dans un dossier portant le nom de Valla sur la couverture. On peut aussi le mettre en rapport avec Guarino puisque les mots *Gerardus librarius tuus* se rencontrent dans une longue polémique de Georges de Trébizonde contre Guarino. Puisque cette querelle date de 1437, Girard (c'est toujours ainsi qu'il épelle son nom) avait quitté Mantoue à cette

21. J. B. Mittarellius, *Bibliotheca codicum manuscriptorum monasterii S. Michaelis Venetiarum prope Murianum*, Venise, 1779, p. 973-974, mais le manuscrit vu par Traversari était celui maintenant conservé sous la cote Marc. gr. VI.10.

22. Ce manuscrit de 1430 est daté généralement de 1422, l'année avant la nomination de Vittorino, ce qui n'a pas empêché les savants de l'attribuer à l'école. G. Pesenti a vu la difficulté (*Athenaeum* 3 (1925), p. 5) et proposé la date de 1432. Mais cela ne permet pas de concilier toutes les données fournies par le colophon. Il faut supposer que le *lambda* (= 30) dans la date grecque 6930 (= AD 1422) a été écrit par erreur par le scribe quand le nombre 1430 lui a traversé l'esprit

23. Ne figure pas dans la liste de Gamillscheg, *op. cit.* (*supra*, n. 19), mais se trouve dans *RGK* I.

date, si l'hypothèse est correcte[24]. On voit que ses contacts ont été très larges, c'est pourquoi il ne faut localiser à Mantoue que les œuvres pour lesquelles nous avons des certitudes positives. Cette précaution nécessaire est regrettable, car nous avons plus d'une vingtaine de manuscrits copiés de sa main[25].

L'un d'eux a certainement été commandé par l'école puisque le colophon mentionne Mantoue, ce sont les *Vies* de Plutarque (Laur. 69.1, daté *ca* 1430). Beaucoup d'autres ont pu être copiés pour Vittorino puisqu'ils correspondent à ce que nous savons de ses intérêts, et il est significatif qu'il n'y ait parmi eux aucun texte biblique ni théologique. Il existe deux manuscrits d'Homère (Holkham gr. 116 et Pérouse E 48), un d'Isocrate, auteur mentionné dans la vie de Platina et dans la liste de 1445 (Canon. gr. 87), un d'Hérodote (Ambr. A 253 inf.) et un de la grammaire de Moschopoulos (Vienne, Phil. gr. 263).

Pas moins de huit volumes contiennent les œuvres d'Aristote[26]. Ils prouvent l'intérêt de Vittorino, déjà connu par d'autres sources : une lettre de Filelfo, datée de 1430, mentionne le prêt des ouvrages « dialectiques » d'Aristote[27], et un exemplaire de la *Rhétorique* (Paris. suppl. gr. 1285) qui a été la propriété de Filelfo, porte l'ex-libris de Vittorino (il passa ensuite entre les mains de Francesco Barbaro). Parmi les copies de Girard, il y en a trois qui curieusement contiennent la *Poétique*. On admet généralement que ce texte n'a circulé en Italie que beaucoup plus tard[28]. On aimerait savoir si l'une de ces trois copies pouvait être parmi les livres examinés par Traversari, qui déclare que la bibliothèque de Mantoue n'ajoutait rien à la connaissance d'Aristote. Les copies de Girard, si elles ont

24. Texte dans J. Monfasani, *Collectanea Trapezuntiana*, Binghamton, N. Y., 1984, p. 405, 411.

25. Une première liste a été dressée par N. G. Wilson, *RevHistTextes* 4 (1974), p. 139-142.

26. La *Poétique* se trouve dans les manuscrits Estensis gr. 100 (II D 1), Vat. gr. 1388 et 1904. Les autres volumes sont maintenant Laur. 72.18, British Library, Add. 14080, Paris gr. 2024, Pal. gr. 148 et Vat. gr. 2183.

27. A. Calderini, *SIFC* 20 (1913), p. 268-269.

28. R. Sabbadini, *Il metodo degli umanisti*, Florence, 1922, p. 73-74 ; A. Perosa, *Mostra del Poliziano*, Florence, 1955, p. 73.

été faites en Italie, apportent un témoignage de l'intérêt porté à ce texte bien meilleur que sa présence dans un lot de manuscrits rapportés de Grèce par Aurispa ou par quelqu'un d'autre. Nous avons maintenant un argument pour envisager que ce texte a commencé à exercer une certaine influence dans le deuxième quart du siècle, mais la difficulté que présente le style précis et elliptique d'Aristote et le manque de preuve pour l'étude des tragiques à cette date, et plus encore la difficulté de la langue elle-même, invitent à la plus grande prudence pour affirmer que cette influence avait déjà commencé. On doit toutefois remarquer qu'un auteur récent a cru trouver des échos de la *Poétique* dans le *De pictura* de Leon Battista Alberti composé en 1435[29].

Nous devons encore parler d'un autre livre, bien que celui-ci nous entraîne probablement hors du cercle culturel de Mantoue. Il s'agit d'un recueil maintenant conservé à Leyde (Vulcanianus 93) qui contient les *Fables* d'Ésope très utilisées dans les écoles, mais on ne peut pas en dire autant des autres textes. Le plus connu est le *Roman d'Alexandre* du Pseudo-Callisthène, traduit en plusieurs langues. Les autres le sont moins. Celui intitulé *Stephanites et Ichnelates* est une traduction de l'arabe faite au XIe siècle d'une fable mettant en scène une dispute entre des chacals et des lions. L'*Iliade* de Constantin Hermoniakos, production byzantine tardive de *ca* 1330, présente la saga troyenne en vers octosyllabiques dans une langue simple. En Italie, on ne peut penser à aucun amateur qui commande un si étrange mélange de textes, et l'on se demande s'il ne vaudrait pas mieux le renvoyer aux années du séjour de Girard en Grèce.

La liste de 1445 nous permet de faire quelques additions au tableau de cette belle bibliothèque. Parmi les poètes non mentionnés ni par Traversari ni par les autres sources, on connaît deux écrivains hellénistiques caractéristiques du monde intellectuel byzantin : Aratus, dont le poème didactique sur l'astronomie a été en usage pour l'enseignement des premiers éléments de cette discipline par plusieurs générations, et Lycophron dont l'*Alexandra* n'est rien d'autre qu'un tissu d'énigmes absolument inintelligibles aux Italiens de ce temps-là. Parmi les écrivains en prose, il n'est pas

29. S. Lang, *Quaderni di teatro* 4 (1981), p. 25-26.

étonnant de trouver Eschine, le rival de Démosthène si apprécié de Vittorino. On trouve aussi quelques écrivains attiques de l'Empire romain, populaires à Byzance : Aristide, le platonicien Maxime de Tyr et le néoplatonicien chrétien Synésius de Cyrène. Dans l'inventaire, deux entrées sont étonnantes et obscures, à savoir « Polybe sur les barbarismes et les solécismes », un texte très rare sur des particularités grammaticales connu seulement par deux exemplaires dont aucun n'a pu appartenir à l'école de Mantoue, et « quelques lettres de Denys ». La science est représentée par la *Géographie* de Ptolémée, mais on ne sait pas si c'était l'original grec ou la version latine de Jacopo Angeli da Scarperia.

La bibliothèque de l'école impressionne, mais on ne peut pas pour autant dire qu'elle offrait tous les auteurs principaux ni que l'on pouvait aisément combler tous les vides. On le voit par une lettre de Gian Francesco Gonzaga écrite en 1444[30]. S'adressant à Guarino, le duc dit qu'il a longtemps désiré un exemplaire grec des *Antiquités juives* et de la *Guerre des Juifs* par Josèphe, et d'autres écrits polémiques contre les ennemis des Juifs. Il ajoute qu'un de ses amis est sur le point de partir pour Constantinople et qu'il lui a demandé de chercher un manuscrit. Voilà quels étaient les problèmes de l'un des hommes les plus privilégiés de l'Italie.

Pour finir, que devons-nous penser de l'école de Mantoue ? Du côté négatif, nous sommes obligés de constater qu'elle n'a produit aucune œuvre significative relative aux principes de l'éducation ni aucune œuvre scientifique. Les écrits de Théodore Gaza qui datent de sa période de Mantoue ne font pas exception. On doit encore remarquer que l'école n'a pas duré plus d'une année après la mort de Vittorino et n'a conduit à aucune fondation académique ou universitaire. On se demande pourquoi le marquis n'a pas poursuivi une entreprise qui augmentait son prestige. La réponse est que la qualité du professeur était tellement exceptionnelle qu'aucun successeur ne pouvait être digne de prendre sa place. On peut encore invoquer une troisième considération selon le proverbe « l'imitation est la forme la plus sincère de la flatterie ». Si l'école de Mantoue n'a pas reçu ce compliment suprême, c'est

30. Parmi celles publiées par A. Luzio, *GSLI* 36 (1888), p. 329-341.

un fait qui nous dit quelque chose, sinon des valeurs, au moins des ressources des princes de la Renaissance.

Quant aux résultats positifs, ils sont clairs. Cette école de Mantoue a enseigné toute une génération d'intellectuels et de politiques capables de jouer leur rôle à côté des intellectuels. Doit-on croire que Vittorino avait l'idée de réaliser le rêve de Platon, celui d'une société où les rois seraient philosophes et les philosophes deviendraient rois ? Le cas de l'élève, Federico da Montefeltro, démentirait l'adage *post hoc ergo propter hoc*. Il faudrait examiner à nouveau la liste des élèves. La source qui semble la plus fiable dit que Valla fut du nombre, ce qui ne correspond pas à ce que l'on sait de ses jeunes années. Il avait déjà seize ans au moment de la fondation de l'école, on peut donc mettre en doute la valeur de cette source[31]. Mais il n'y a aucune raison de mettre en doute le succès de cette école d'où sortirent d'excellents humanistes comme Niccolò Perotti.

Un autre résultat aussi important fut d'introduire le grec dans le programme d'une école. En faisant appel à des professeurs grecs, il était inévitable que l'influence des méthodes byzantines et le choix des textes étudiés soient prépondérants. Dans quelle mesure l'élément grec a-t-il changé le caractère de l'éducation ? Il n'y avait aucune nécessité de changer le but général de l'éducation puisque les arts du *trivium* et du *quadrivium* étaient les mêmes à Byzance et dans la culture occidentale. Le traité de Plutarque sur l'éducation a été sûrement lu par Vittorino ; et bien que nous n'ayons plus son exemplaire du texte grec, il a pu le lire aussi bien dans la traduction latine de Guarino faite en 1411. Cette lecture de Plutarque peut lui avoir suggéré de suivre de vieilles habitudes classiques que les Byzantins, malgré leur passion pour l'imitation de l'antique, n'avaient jamais prises au sérieux. L'étude de la musique, par exemple, est devenue une pratique de cet art et non plus une étude purement théorique, même si l'on trouve dans la bibliothèque les textes concernant la théorie, parvenus par accident ou par déférence pour la culture byzantine. L'éducation physique aussi était conforme à l'ancienne pratique athénienne. Platina rapporte que, dans cette matière comme dans toutes les

31. Platina, éd. Garin, p. 692.

autres, les Athéniens étaient les maîtres de Vittorino[32]. Il a su utiliser ce que les Byzantins lui offraient sans se limiter à l'étroite vision qu'ils lui donnaient de la Grèce classique. Chez les Byzantins, l'accent était mis sur l'étude des textes pour acquérir l'art d'écrire dans le style des auteurs de l'Antiquité. Les Italiens avaient de meilleures raisons, philosophiques, théologiques et scientifiques, pour apprendre le grec. La majorité des intellectuels byzantins et italiens avaient pour principe que les textes littéraires devaient servir de propédeutique. Les sept arts libéraux conduisaient à de plus hautes ambitions. Vittorino décida d'appliquer ce principe aux deux langues classiques, et il dépassa les autres maîtres en méditant sur la manière dont les Grecs concevaient l'éducation et en la mettant en pratique.

32. Platina, éd. Garin, p. 678.

Chapitre 6

Guarino

Guarino (1374-1460) a joui d'une grande réputation comme professeur durant sa longue carrière dont les trente dernières années se passèrent à Ferrare[1]. Il était l'aîné de Vittorino, et les deux hommes étaient en excellents termes. Ils avaient beaucoup en commun, en particulier deux choses essentielles : entretenir de bonnes relations entre maître et disciples et donner de l'importance au grec. De plus, Guarino est connu pour l'intérêt qu'il portait aux beaux-arts et à l'éducation physique. Étant l'aîné, c'est probablement lui qui était la source de ces idées, et sa traduction du traité sur l'éducation attribué à Plutarque a pu inspirer son jeune collègue. Par ailleurs, Guarino n'avait, semble-t-il, développé son intérêt pour l'éducation que tardivement et il n'était peut-être pas tout à fait convaincu quant à l'importance de l'héritage grec. Au total, on

1. La source essentielle est toujours les deux études de R. Sabbadini, *Vita di Guarino Veronese*, Gênes, 1891, et *La Scuola e gli studi di Guarino Guarini Veronese*, Catane, 1896. Son édition des lettres est aussi fondamentale : *Epistolario*, Venise, 1915-1919. Cf. aussi A. Pertusi, « L'umanesimo greco dalla fine del secolo XIV agli inizi del secolo XVI », *Storia della cultura veneta dal primo Quattrocento al Concilio di Trento* 3/1, Vicence, 1980 ; R. Avesani, *Verona e il suo territorio* IV.2, Vérone, 1984, p. 31-36. Mais beaucoup reste à faire sur Guarino et cette partie de mon livre est encore plus provisoire que le reste.

peut dire que malgré sa réputation il eut, dans ses bonnes années, un plus petit nombre de bons élèves et n'a pas fait autant pour la promotion des études grecques. Cette situation se justifie par le fait que Guarino avait plus de distractions que Vittorino, puisqu'il était occupé par des affaires diplomatiques et administratives, que son enseignement était souvent interrompu par des épidémies de peste et qu'il avait la charge d'une famille nombreuse. Pourtant, il joua un rôle capital. Il a été le premier humaniste à séjourner quelque temps dans la capitale byzantine pour apprendre la langue qu'il parlait très bien. Ses premiers engagements à Venise (1408-1419) et à Florence (1410-1414) témoignent de sa bonne réputation, et en 1422 il est invité à passer de Vérone à Mantoue. Il déclina cette invitation pour laisser le champ libre à Vittorino. On peut attribuer à ses talents de professeur la faveur rencontrée par sa révision des *Erotemata* de son maître Chrysoloras. On pourrait le louer encore davantage s'il était certain qu'il ait compilé un dictionnaire grec en 1440, parce que le besoin s'en faisait grandement sentir et que les lexiques en usage chez les Byzantins étaient un substitut inévitable, mais non complètement suffisant[2].

Sur l'enseignement de Guarino et les leçons qu'il donnait à ses disciples, nous ne savons que peu de chose ; il devait commenter les textes qu'il lisait avec ses élèves, et quelques-uns de ses ouvrages sur des auteurs latins nous sont parvenus. On gagnerait beaucoup en les étudiant pour apprécier la maîtrise qu'il avait des langues classiques[3].

Guarino jouissait d'une grande réputation à l'extérieur de l'Italie, et l'on venait d'aussi loin que de l'Angleterre pour s'asseoir à ses pieds. Voici trois exemples[4] : William Grey, évêque d'Ely, était à Ferrare en 1445-1446, mais ne semble pas avoir appris le

2. Son lexique étant attesté dans une liste de ses livres, le scepticisme semble déplacé. Mais il est curieux qu'aucune trace d'un manuscrit conservé n'ait été retrouvée, voir aussi ce qui est dit *supra*, chap. 4, n. 13.

3. M. F. Lo Monaco me dit qu'il y a des références à Sophocle dans les notes sur la *Rhetorica ad Herennium* de Cicéron et dans les *Tusculanes*.

4. R. Weiss, *Humanism in England during the fifteenth century*[2], Oxford, 1957, p. 84-127, mentionne ces trois exemples, pour les notes de Free, cf. p. 108, n. 1.

grec ; Robert Flemmyng, neveu du fondateur du Lincoln College à Oxford, lui-même doyen de Lincoln depuis 1452, était à Ferrare entre 1446 et 1451 et y apprit du grec ; et John Free, lui aussi, apprit le grec en 1455-1458 et resta en Italie pour le reste de sa courte carrière. Un carnet de notes donne une idée des leçons auxquelles il assista. C'est un carnet autographe qui semble contenir des notes de cours sur Virgile, Horace et Térence, on y rencontre souvent des mots grecs.

Les notes prises aux leçons sur les *Géorgiques* de Virgile donnent une information sur la compétence de Guarino dans cette langue qu'il recommandait tellement aux autres d'étudier. Dans son commentaire sur I.43-44, il donne une étymologie du mot grec pour désigner Borée, le vent du nord ; son explication est en grec, μετὰ βοῆς ῥέει qu'il traduit : « il arrive avec force ». Le mot βοή signifie en fait « cri, commotion », et Guarino semble faire confusion avec βία. *Errare humanum est*, ce n'est peut-être qu'une distraction, mais cela fait mauvaise impression, et il ne faut pas l'attribuer à Guarino s'il y a une autre explication possible. Les notes sont de la main de Free, mais il n'est pas dit qu'elles aient été prises à un cours de Guarino, car même si les notes ont été évidemment consignées à l'école, il n'est pas certain que Guarino ait été le seul enseignant. On sait que, à la fin de sa vie, ses fils et d'autres ont assumé diverses tâches dans l'école et l'on préférerait leur attribuer cette erreur[5].

Plus révélatrice est la combinaison d'une maîtrise approximative de la langue avec l'incapacité d'établir la fiabilité des sources qui conduit à des interprétations douteuses et à des distorsions de concepts grecs. Le 5 novembre 1447, Guarino écrit à Leonello d'Este au sujet de l'intention de commanditer une suite de peintures

5. Des extraits des notes sur les *Géorgiques* sont imprimés dans A. T. Grafton et L. Jardine, *From humanism to the humanities*, Londres, 1986, p. 14-15, tirés du MS Bodley 587, fol. 137r. Ils ne disent rien de l'erreur ; si mon interprétation est correcte, elle a des conséquences sur leur argument. Sur le personnel enseignant dans l'école de Ferrare, voir l'ouvrage de G. Voigt (dans sa version italienne par G. Zippel), *Il risorgimento dell'antichità classica ovvero il primo secolo dell'umanesimo*, Florence, 1888 (réimpression 1968), vol. I, p. 555.

représentant les Muses. Il explique qu'il faut les mettre en rapport avec divers types d'intelligence œuvrant dans les arts. Il cite le verbe rare μῶσθαι comme signifiant « chercher » et en fait dériver le mot « Muse » comme signifiant « chercheur ». On ne peut l'accuser de donner une fausse étymologie à une époque où les vrais principes de la linguistique étaient encore à découvrir, et il ne faisait que répéter une explication avancée par Platon dans le *Cratyle* (406 A) ; mais la manière dont il parle de quelques-unes des Muses est très étrange. Il n'y a aucune extravagance à considérer Érato comme la patronne des mariages, mais comment peut-il attribuer à Thalie l'invention de l'agriculture et décrire Polhymnie dans les mêmes termes ? Cette notion excentrique de Thalie se trouve dans la note d'un commentateur ancien d'Apollonius de Rhodes, *Argonautica* 3.1, et le seul texte qui puisse être invoqué comme source pour la remarque concernant Thalie et Polhymnie est byzantin et date du XIIe siècle. Jean Tzetzès (*ca* 1110-*ca* 1180), qui commente d'une manière verbeuse et incorrecte les auteurs classiques, donne cette description des Muses dans ses annotations sur le premier vers des *Travaux et des Jours* d'Hésiode. On peut donc imaginer que Guarino lisait Hésiode dans un exemplaire contenant les notes de Tzetzès dans les marges. On peut s'interroger si Guarino se devait d'accepter toutes les informations fournies par son modèle. Un critique averti aurait été sur ses gardes compte tenu des fantaisies byzantines, et l'on doit reconnaître qu'à la fin de sa lettre, Guarino admet que d'autres auteurs donnent d'autres interprétations et attribuent aux Muses d'autres qualifications[6].

Un autre ouvrage aussi instructif est les *Commentarioli*, une petite collection de brèves notes dont chacune est constituée d'un seul paragraphe allant de quelques lignes à une page et concernant divers sujets. On a d'abord trouvé une version contenant 27 notes (Bologne, Bibl. municipale 16.b.III.3), mais une version plus longue

6. La lettre de Guarino est citée et discutée par M. Baxandall, *Giotto and the Orators*, Oxford, 1971, p. 89-90 et 158-160. La source byzantine n'avait pas été reconnue, elle est imprimée dans l'édition par T. Gaisford des *Poetae graeci minores*, vol. III, Oxford, 1820, p. 23-24.

comptant 84 notes est connue depuis soixante ans et n'a jamais été sérieusement étudiée[7].

On peut se demander si de quelque façon Guarino annoncerait les *Miscellanea* de Politien, mais un examen rapide montre qu'il n'en est rien. Le contenu ressemble plutôt à un catalogue dans lequel un bon nombre des entrées dérivent de la connaissance que l'auteur avait de Plutarque (les références ne sont pas données). L'*incipit* de l'une d'entre elles attire l'attention ; on lit : « legebam Sophoclis tragoediam quae de Aiace furente composita Aias mastigophoros inscribitur ». Cette preuve que Guarino ait connu l'*Ajax*, qui vient en premier dans le programme byzantin concernant Sophocle, est bienvenue, car on ne connaît pas d'Italien capable de lire un texte aussi difficile avant la fin du xve siècle. Guarino souligne le précepte sévère d'Ajax à Tecmessa « le silence est le plus bel ornement des femmes », disant que c'est le plus beau de toute la pièce, et ajoute un petit sermon sur la vertu du silence citant, pour finir, l'anecdote probablement apocryphe de Leaena, l'amie des tyrannicides athéniens Harmodius et Aristogeiton. On raconte que, sous la torture, elle préféra se couper la langue plutôt que de révéler une information et que les Athéniens l'ont honorée par une statue représentant une lionne sans langue (ce qui traduit le sens de son nom). Plusieurs auteurs classiques rapportent cette histoire, si bien que l'on ne peut dire si cette information lui est venue de Plutarque, mais il est plus important de remarquer que Guarino ne dit rien du plaisir qu'il a pu éprouver à la lecture du texte et du drame de Sophocle.

On appréciait beaucoup la capacité de Guarino de restaurer le grec dans les auteurs latins comme Aulu-Gelle ou le commentaire de Servius sur Virgile. Plus difficiles à estimer sont les restaurations qu'il a pu effectuer dans les auteurs grecs. La raison en est que l'on ne peut identifier que peu de livres venant de sa bibliothèque.

7. Cf. E. Lobel, *Bodleian Quarterly Record* 5 (1926), p. 43-46 sur le MS Bywater 38. Il a appartenu à Francesco Barbaro et est en partie un autographe de Guarino, cf. A. C. de la Mare dans F. Krafft et D. Wuttke (éd.), *Das Verhältnis der Humanisten zum Buch*, Boppard, 1977, p. 106, n. 70, et C. Griggio, *Lettere italiane* 37 (1985), p. 347.

L'Aristophane acquis pendant son séjour en Grèce a déjà (cf. *supra*, p. 54) été mentionné (Pal. gr. 116). Un Aristote contenant un choix de traités, y compris la *Physique* et le *De anima*, a été annoté dans les marges par Guarino ; copié en 1445, il ne peut avoir été que l'une de ses premières acquisitions (Vienne, Phil. gr. 75). Qu'il ait lu des poètes grecs autres que Homère et Sophocle, le fait qu'il possédait un Hésiode et le poème tardif sur la géographie par Denys le Périégète (Paris gr. 2772) le prouve suffisamment. On connaît un autre exemplaire des *Travaux et des Jours* d'Hésiode annoté par lui (Vat. gr. 1507). Il a possédé deux ou trois exemplaires de Xénophon dont les contenus ne sont pas identiques (Wolfenbüttel, 71.19 Aug. 2° et 56.22 Aug. 8°)[8]. Son exemplaire de Lucien est conservé (Wolfenbüttel, 86.7 Aug. 2°). Mais ce n'est qu'une petite partie de sa bibliothèque, et l'on peut supposer qu'il possédait des exemplaires de tous les textes formant la collection standard des études byzantines.

Il subit l'influence des auteurs grecs qu'il avait lus, et ses compositions littéraires observent les règles données par le traité de rhétorique attribué à Denys d'Halicarnasse (il avait été traduit en latin par Gaza pendant son séjour à Mantoue, et Gaza avait rejoint Guarino à Ferrare en 1446-1449). On retrouve la même dépendance des modèles classiques dans un morceau d'historiographie qui doit beaucoup aux attaques de Lucien dans son *De historia conscribenda* sur les mauvais historiens des guerres parthes.

Un écrit sur Platon exploite la biographie de Diogène Laërce. Mais Guarino ne prétend pas être un vrai disciple de Platon. Il possédait et a annoté un exemplaire de la traduction courante

8. Le troisième manuscrit de Xénophon pourrait être le Laur. 55.21, copié par Pierre le Crétois, le scribe qui travaillait à Mantoue ; dans le catalogue de la Laurentienne, A. M. Bandini (vol. II, p. 286) signale la main de Guarino dans les marges, mais cela devra être vérifié ; le livre pourrait être venu entre les mains de Guarino après la mort de Vittorino, et même peut-être avant. L'identification de l'écriture grecque de Guarino est incertaine, cf. D. Harlfinger, *Griechische Handschriften und Aldinen*, Wolfenbüttel, 1978, p. 51, qui signale ce problème et donne trois spécimens de son ex-libris. Sur sa bibliothèque, cf. encore A. Diller, *JWCI* 24 (1961), p. 313-321 (= *Studies in Greek Manuscript Tradition*, Amsterdam, 1983, p. 405-413).

de la *République* (Reg. lat. 1131), mais sa lecture est réduite aux livres II-V, si bien qu'il n'a pas eu à prendre partie dans la discussion des questions morales et métaphysiques, et ses annotations ne manifestent pas une approche de Platon d'ordre philosophique. On a fait l'hypothèse qu'il n'a effleuré ce texte que pour aider son ami Francesco Barbaro quand il composait son *De re uxoria*. Si cela s'avère exact, cela implique un vrai paradoxe, car les idées de Platon sur le mariage et les femmes ne pouvaient paraître que très étranges aux penseurs du xve siècle[9].

S'il faut croire ce qu'il dit à l'occasion de la pénible controverse qu'il eut avec son élève Georges de Trébizonde, Guarino prétend être l'un des premiers humanistes à lire Pindare. En 1437, Trébizonde dit que quand ils se sont connus à Venise en 1417-1418, Guarino lisait Pindare (le mot qu'il emploie signifie « donnait un cours sur Pindare ») et qu'il l'avait interrogé sur le poète et sur sa métrique. Trébizonde dit que pendant deux jours il avait exposé à son maître ce qu'il faut savoir sur tous les divers mètres de Pindare. À cette date, prétendre avoir la maîtrise des odes du poète thébain était un exploit où peu se seraient risqués. Il n'est donc pas certain que, selon cette histoire, Guarino ait été le seul, puisque Antonio Corbinelli possédait un Pindare dans sa bibliothèque, mais peut-être ne l'avait-il jamais lu[10].

Traduire était ce qui comptait le plus pour Guarino, et il estimait justement que c'était le meilleur moyen de faire connaître la pensée des Grecs au public, bien qu'il préconisât l'étude de la langue elle-même. Plusieurs traductions remontent à son séjour à Constantinople ; l'*Alexandre* de Plutarque et *Calumnia* et *Musca* de

9. Cf. J. Hankins dans *Supplementum festivum : Studies in honor of P. O. Kristeller*, Binghamton, N. Y., 1987, p. 162-176. L'idée que, en traduisant les deux épigrammes de Platon (*Anth. Pal.* VII 669-670), Guarino les aurait corrigées en changeant le sexe de leur destinataire ne me paraît pas correcte.

10. Le texte est donné par J. Monfasani, *Collectanea Trapezuntiana*, Binghamton, N. Y., 1984, p. 398 ; auparavant il fallait le chercher dans l'édition de l'*Epistolario* par Sabbadini (vol. III, p. 343, lettre 707) où on le trouve sous une forme incomplète. Pour les manuscrits de Corbinelli, cf. R. Blum, *La biblioteca della Badia Fiorentina e i codici di Antonio Corbinelli* (Studi e Testi 155), Cité du Vatican, 1951, p. 102 sur Laur. Conv. Soppr. 8 et 94.

Lucien, ce dernier morceau étant une pièce brève, en faveur chez les anciens rhétoriciens parce qu'elle faisait l'éloge d'une chose généralement considérée comme détestable, exercice qui permettait de juger l'intelligence des élèves. Guarino avait de vastes horizons, il a traduit non seulement Ésope, plusieurs parties d'Hérodote, des passages d'Homère, mais aussi quelques auteurs patristiques. Il se consacra surtout à Plutarque, et en fin de carrière, il avait traduit au moins treize des biographies et plusieurs *Moralia*, y compris l'important traité sur l'éducation maintenant réputé apocryphe, mais ayant exercé une grande influence. Les *Vies* de *Sulla* et de *Lysandre* ont été dédiées à Leonello d'Este, son élève et futur prince de Ferrare, comme cadeau de mariage en 1435. Quatre ans plus tôt, Guarino avait étudié avec le même élève le *Ad Nicoclem* d'Isocrate, l'un des deux traités qui servaient d'introduction sur les relations entre le prince et ses sujets et de ce fait bien choisi (le *Nicocles* existait dans une traduction de Guarino lui-même, mais l'idée que les deux traités eussent été traduits par Guarino doit être abandonnée)[11].

On a récemment découvert une lettre de Guarino, datée de 1458 ou 1459, laissant penser que ses traductions de Plutarque étaient plus nombreuses qu'on le supposait. En réponse à une demande de Pierre de Médicis, il cite les *Vies d'Agésilas*, *Alcibiade* et *Démétrius*. La première est citée d'une façon qui laisse croire que la traduction est de Guarino lui-même, pour les deux autres la même chose est implicite. Mais cette lettre révèle un fait curieux : à Ferrare, Guarino n'avait pas de manuscrit à sa disposition et il a dû demander à Vérone un exemplaire de l'*Agésilas*. Devant un tel aveu, on doit chercher à interpréter la lettre pour lui trouver un autre sens. Finalement les trois *Vies* mentionnées se trouvent ensemble dans l'exemplaire destiné à la bibliothèque des Médicis (Laur. 65.26 et 65.27), mais les traductions ne sont pas de Guarino ; ce sont de nouvelles traductions par Donato Acciaiuoli et Alamanno Rinuccini. Nous devons réexaminer les mots de Guarino « cum reposci mea videatur opera ». Le terme *opera* est

11. T. Kaeppeli, *Studi romagnoli* 2 (1951), p. 57-65, a montré que la version de *l'Ad Nicoclem* a été faite par Carlo Marsuppini et dédiée à Galeotto Roberto Malatesta de Rimini, prince de la cité de 1429 à 1432 ; Marsuppini était à Rimini en 1430, avec les autres officiels florentins qui fuyaient la peste.

au féminin singulier et non pas au neutre pluriel, et désigne une « collaboration » et non pas des « écrits », et l'on comprend que ce que l'on demande à Guarino, ce n'est que son aide pour rassembler la meilleure collection de ces traductions. Guarino était le doyen des traducteurs de Plutarque et en avait traduit beaucoup, et si on lui demandait d'en faire plus encore, il pouvait invoquer l'excuse de son âge et de ses autres travaux[12].

Vers la fin de sa vie, Guarino avait entrepris un travail plus difficile et différent de ses autres travaux, une traduction de la *Géographie* de Strabon. C'était une commande du pape Nicolas V, commencée en 1453 ; à la mort du pape, deux ans plus tard, Guarino en était au livre X et il voulait continuer le travail en trouvant un autre patron qu'il trouva effectivement en la personne de l'éminent vénitien Jacopo Antonio Marcello. Dans le texte de Strabon il y avait des lacunes, et le travail était loin d'être facile. Il se trouve que l'autographe de Guarino est conservé (Canonici class. lat. 301), et en l'examinant on constate qu'il n'a pas toujours trouvé du premier coup l'équivalent d'un mot grec et a laissé le mot écrit en grec jusqu'à ce qu'il trouve la solution du problème. Il y a des *marginalia* intéressants. Strabon mentionne brièvement Vérone, la ville natale du traducteur, et l'orgueil national lui inspire une longue note écrite dans la marge avec la mention, destinée aux futurs copistes, de ne pas l'intégrer dans le texte. Un autre type d'annotation mérite d'être mentionné. Strabon a remarqué que la terre est sphérique (fol. 12ʳ, 27ᵛ, 42ʳ = 1.1.20, 1.4.1 et 2.5.2) et qu'il y a eu une navigation autour de l'Afrique (fol. 38ᵛ = 2.3.4) (il y a dans Hérodote 4.42 une allusion moins scientifique à ce fait, qui a pu motiver la curiosité de Guarino), si bien qu'au début du livre III il s'est permis d'écrire *circumnavigari terram ab ortu et ab occasu*[13].

12. La lettre a été publiée par A. Campana, *IMU* 5 (1962), p. 171-178. J'avance avec beaucoup d'hésitation la solution alternative que je propose pour le problème qu'il a signalé. Pour les traductions disponibles au xvᵉ siècle, cf. V. R. Giustiniani, *Rinascimento* 1 (1961), p. 3-62.

13. Sur la traduction de Strabon et les manuscrits utilisés (Eton College 141, Moscou gr. 506 et Vat. gr. 174), cf. A. Diller, *The textual tradition of Strabo's Geography*, Amsterdam, 1975, p. 126-129.

Chapitre 7

Filelfo

Un autre personnage d'importance est l'italien Francesco Filelfo (1398-1481). Sa carrière comme professeur a commencé plus d'une décennie avant le concile de Florence et a duré jusqu'à la seconde moitié du siècle. Il avait passé sept ans à Constantinople (1420-1427) et s'était marié avec une femme appartenant à la famille de Chrysoloras. Sa maîtrise du grec parlé devait dépasser celle de ses contemporains, ce qui ne veut pas dire que sa connaissance du grec classique ait été sans défaut. Dans son abondante correspondance, on compte 110 lettres écrites en grec[1], et ses autres écrits contiennent des fragments composés en vers grecs. Ces pièces dédicacées à plusieurs contemporains célèbres sont composées en distiques élégiaques ou plus souvent dans le mètre moins ordinaire de la strophe sapphique. Les destinataires s'appellent Théodore Gaza, Jean Argyropoulos, Andronicus Callistus, le cardinal Bessarion et le sultan Mahomet le Conquérant. Sur ce point, les humanistes de

1. É. Legrand, *Cent-dix lettres grecques de François Filelfo*, Paris, 1892. La lettre n° 56 adressée à Bessarion apporte la preuve que, quelquefois, il s'est servi du grec pour garder au contenu son caractère confidentiel. Dans ce même volume, Legrand a imprimé des pièces de vers mentionnées plus loin (un autographe est conservé = Laur. 58.15). Pour plus de détails, cf. D. Robin, *Renaissance Quarterly* 37 (1984), p. 173-206.

sa génération ne pouvaient pas rivaliser avec lui, le premier Italien qui pourra le faire sera Politien qui composera des épigrammes dans le style de l'*Anthologie grecque*.

Les lettres de Filelfo ne donnent pas de lui une image flatteuse. La plus célèbre raconte que son fils n'a rien appris d'utile à Constantinople. Il reconnaît que c'était une erreur de l'y avoir envoyé et rappelle ses propres expériences dans la capitale byzantine. Il raconte ses efforts infructueux pour trouver des exemplaires des anciens grammairiens Apollonius Dyscole et Hérodien. On peut lui faire crédit d'avoir cherché à lire les meilleurs livres que l'Antiquité ait produits sur le sujet, mais on reste étonné que les libraires locaux n'aient pas réussi à satisfaire ses désirs. La suite de sa lettre condamne tout ce que l'on pouvait apprendre dans les écoles, en ne leur attribuant aucune valeur. C'est un jugement sévère, mais pas tout à fait injuste, car l'on ne peut pas dire que la vie culturelle était à cette époque florissante à Byzance. Filelfo se plaint en particulier de n'avoir pu trouver aucun guide dans le domaine de la syntaxe, de la métrique et de l'accentuation. Même en admettant le modeste niveau de compétence de professeurs comme Georges Chrysococcès, à l'école duquel il étudia avec le jeune Bessarion, son appréciation totalement négative semble exagérée, et les mots qui suivent augmentent encore nos doutes : « Le dialecte éolique qu'Homère et Callimaque ont employé dans la plus grande partie de leurs œuvres est complètement inconnu ici ». Filelfo commet une grosse erreur puisque le dialecte éolique n'est pas la langue dans laquelle s'expriment Homère ou Callimaque, et il est difficile de concevoir qu'un élève ayant reçu une instruction élémentaire d'un maître byzantin puisse se tromper de la sorte. En conséquence on se doit d'hésiter avant de donner trop d'importance aux affirmations de Filelfo[2].

La plus grande partie de sa carrière se déroula à Milan, mais de cette période ne subsistent que très peu d'œuvres écrites, à part

2. La lettre est datée de 1441 et imprimée aux fol. 30^v-31^r de l'édition Venise 1502 des *Epistolae familiares* ; elle est citée pour une autre raison par M. Baxandall, *Giotto and the Orators*, Oxford, 1971, p. 64. — Il est possible que *Aeolica* soit une faute d'impression pour *Ionica*.

une introduction insipide sur la *Politique* d'Aristote[3]. Auparavant il avait été en poste à Bologne (1428), Florence (1429-1433), Sienne (1434-1438) et de nouveau à Bologne (1439). Après son long séjour à Milan, il s'établit à Rome après 1474 pour quelques années. Cette vie très mouvementée s'explique par son caractère difficile qui le confronta à des adversaires multiples[4]. À Florence, il fut attaqué et reçut un coup de poignard de quelqu'un qu'il imagina aux ordres des Médicis.

À Florence, en 1429, il donna des cours sur l'*Iliade*, Thucydide et Xénophon. Nous savons que, dès son arrivée, il enseigna l'*Iliade* et deux ans plus tard l'*Éthique à Nicomaque* d'Aristote. C'étaient deux textes essentiels, et l'on ne peut pas en dire autant d'Eschine, le grand rival de Démosthène, qu'il enseigna en 1431-1432, mais cette rivalité seule suffisait à susciter de l'intérêt, et Bruni avait déjà fait sa traduction[5]. Dans une lettre à Aurispa, il se flatte d'avoir chaque jour un auditoire de 400 personnes et même plus, des hommes importants et des aristocrates, dont le futur pape Pie II, Niccolò Niccoli et Carlo Marsuppini.

Sa première tentative dans l'art de traduire date de son retour en Italie. Il déclare avoir ressenti, après sept années d'absence à l'étranger, le besoin de retrouver l'usage de sa langue maternelle dans laquelle il n'avait pas eu l'occasion de lire ou de parler ; comme souvent, il semble que Filelfo exagère. Dans ses bagages, se trouvait une lettre de Bruni à Salutati où l'on pouvait lire cette remarque que les poètes inventent des noms et des actions, ce qui

3. Un manuscrit de la *Politique* avait été copié pour lui à Milan en 1445 par Demetrius Sguropoulos (Leyde, Scaligeranus 26).

4. D. Robin, *Renaissance Quarterly* 36 (1983), p. 202-224, a essayé de rétablir sa réputation. G. Resta, dans sa contribution au congrès tenu à Tolentino en 1981, *Francesco Filelfo nel quinto centenario della morte*, Padoue, 1986, a cherché généreusement à justifier la situation dans laquelle se trouvaient les humanistes, mais il est peut-être un peu trop charitable.

5. Selon H. Baron, *Leonardo Bruni Aretino. Humanistisch-philosophische Schriften mit einer Chronologie seiner Werke und Briefe*, Leipzig-Berlin, 1928, p. 162-163, la version de Démosthène, *Sur la couronne*, date de 1406-1407, et celle d'Eschine, *Contre Ctésiphon*, a été faite dans l'été 1412. Bruni avait aussi traduit l'*Éthique*.

l'inclinait à croire que beaucoup d'histoires des auteurs anciens n'étaient que des fictions et des déformations. Il avait observé qu'Hérodote donne de la guerre de Troie une image qu'il tenait de prêtres égyptiens, très différente de celle rapportée par Homère, et même si Hérodote était coupable d'inventions, on le tenait malgré tout pour le père de l'histoire. Le poète Stésichore, lui aussi, avait contredit Homère. Face à cette difficulté, Filelfo rappelait que Dion Chrysostome (*ca* 40-après 112) avait aussi abordé ce sujet. Auteur important de la Seconde Sophistique, Dion jouissait d'une certaine popularité dans les cercles littéraires byzantins, mais en 1427 il ne devait être connu que de rares Italiens, si même d'aucun. Filelfo choisit le *Discours XI, Sur la guerre de Troie* comme sujet d'un cours (on peut croire qu'il voyageait avec une assez bonne bibliothèque), et se prit au jeu en décidant d'en faire une traduction. Ce texte, qui a été considéré comme le plus sophistique des écrits de Dion, soutient qu'il ne faut pas prendre le récit d'Homère comme un fait historique et que la cité de Troie n'a jamais été conquise par les Grecs. Cette manière d'écrire l'histoire voulait certainement flatter les sentiments nostalgiques des habitants de la ville qui y habitaient à l'époque romaine. Si telle était l'intention de Dion, Filelfo n'en était pas conscient et il traitait ce tour de force purement rhétorique comme un argument contre l'idée qu'Homère pouvait être une source historique[6].

À son arrivée à Bologne pour l'inauguration de ses cours, il remarqua l'enthousiasme de ses élèves pour la rhétorique, et on lui demande de traduire en latin la *Rhetorica ad Alexandrum* attribuée à Aristote. Dans la préface de sa traduction[7], il observe : « Ce n'est pas parce que nous devons nous servir du grec à Athènes ou à Byzance que nous nous enthousiasmons pour le grec, mais parce que nous espérons, par là, progresser dans notre maîtrise du latin pour le parler ou pour l'écrire » (c'est ainsi que je comprends les mots *Latinam litteraturam atque eloquentiam*). Cette remarque dénonce les limites qu'impose la difficulté de la langue, et Filelfo admet que

6. La préface et la traduction de Filelfo ont été imprimées à Crémone en 1492.

7. Faite à partir du Laur. 60.18.

c'est seulement une longue et intense étude qui permet d'apprécier toute la beauté de la langue des orateurs, poètes et philosophes grecs, d'où vient la demande des traductions. Il ajoute qu'il serait mieux de se plonger dans la langue, mais son premier mouvement n'était pas d'approuver cette demande qui représentait pour lui une tâche difficile.

Dans une longue lettre de consolation adressée à un membre de la famille vénitienne Marcello à la mort d'un fils, Filelfo saisit l'occasion d'insérer des traductions de courts passages tirés des classiques grecs qui convenaient à cette circonstance. Parmi les auteurs qui croyaient à l'immortalité de l'âme, il cite Euripide, dans le premier discours de l'*Hécube* où le fantôme de Polydore introduit la pièce. Filelfo fait de son mieux pour donner aux vers iambiques grecs leur plus proche équivalent en latin, un mètre qu'il trouve dans la comédie et la tragédie romaines. Sa compétence en métrique grecque est loin d'être parfaite, mais ses contemporains n'étaient pas en position de le critiquer sur ce point. Le résultat est à peu près satisfaisant et, étant donné qu'il travaillait sous la contrainte du mètre, l'on peut donner un certain crédit à ses capacités. Sur un point seulement, il falsifie le sens sans nécessité. Au vers 9, les Thraciens au milieu desquels Polydore a vécu comme un réfugié sont appelés « amoureux de chevaux », que Filelfo a traduit par l'épithète désobligeante « féroce » (*ferocem*)[8].

Ses autres traductions sont deux traités médicaux d'Hippocrate, les *Vies* de *Lycurgue, Numa, Galba* et *Othon* de Plutarque, des passages de Lysias et de Xénophon, notamment la *Cyropédie*, traduction achevée en 1467. La lettre-dédicace au pape Paul II insiste sur les mérites de la forme monarchique du gouvernement, un sujet qui n'est pas sans rapport avec l'éducation du prince décrite par Xénophon. Il ne semble pas avoir eu connaissance d'une anticipation partielle de Valla, qui probablement n'avait pas été diffusée ; Filelfo critique une version par Poggio à qui il reproche d'avoir réduit à six livres l'original qui était en huit et manqué de rendre la beauté

8. Le texte peut être lu dans l'édition de ses discours et autres œuvres parue à Milan en 1483-1484, fol. g_5-g_6.

stylistique du texte grec. Ces deux réflexions trahissent un auteur semblable à un financier dont les actions ont perdu de leur valeur[9].

On se prend à douter que Filelfo puisse être classé parmi les meilleurs savants du Quattrocento. Si l'on devait accepter pour argent comptant les références à des auteurs grecs qui abondent dans son œuvre, on devrait admettre qu'il était exceptionnellement cultivé. Mais beaucoup de ces citations ou allusions sont trompeuses. Elles renvoient à des auteurs dont les œuvres sont perdues. Elles sont donc de seconde main, et Filelfo ne fait que citer des noms. Il faut dire que cette forme de vanité est assez ordinaire au commun des mortels ; quoi qu'il en soit, Filelfo devait admettre qu'il n'avait pas lu tous les auteurs qu'il possédait dans sa bibliothèque. Il avait sûrement lu Plutarque et se sert de la *Souda* comme d'un dictionnaire et d'une source d'information ; de plus, il est certain qu'il s'est servi du *Lexique* d'Harpocration, qui est un guide pour les termes techniques dans le domaine législatif en usage chez les orateurs attiques, qui ne devait pas être connu de tous les humanistes. On a des raisons de croire qu'il n'avait lu ni Eschyle, ni Apollonius de Rhodes, ni les *Hymnes* de Callimaque. Il ne connaissait d'Euripide que l'*Hécube* et les *Phéniciennes* dont il avait traduit de petits morceaux. Pour un homme qui avait séjourné si longtemps dans la capitale byzantine, on peut juger ce résultat plutôt décevant, et c'est une piètre consolation si l'on admet que, outre ces deux pièces qui sont la première et la troisième du programme byzantin, il connaissait aussi l'*Oreste* qui en est la deuxième[10].

Le nombre limité de ses lectures diminue le mérite que lui attribuent même ses critiques d'être infatigable dans sa recherche de manuscrits de textes inconnus. On ne voit pas qu'il ait lu chaque nouveau texte qu'il achetait, et bien qu'il ait rapporté de Grèce un bon nombre de manuscrits, son rôle ne peut être comparé à celui d'Aurispa ou des agents du cardinal Bessarion.

9. On peut lire le texte dans l'édition de 1474.

10. L'accusation d'ignorance a été portée par A. Calderini, *SIFC* 20 (1913), p. 204-424, et il est difficile de la réfuter, *pace* Resta, *op. cit.* (*supra*, n. 4), p. 50. Voir aussi les hypothèses de R. Bianchi, *ibid.*, p. 342, pour les leçons sur Cicéron données à Sienne.

Néanmoins, il faut lui être reconnaissant de ses efforts pour obtenir de meilleurs textes quand il le pouvait. Il envoya son fils auprès de Bessarion pour demander une copie de Sextus Empiricus, un auteur philosophique plutôt obscur et assez rare, dont il traduisit trois courts passages. Il voulait comparer son exemplaire à celui de Bessarion. Son exemplaire (Laur. 85.19) avait une lacune, et il fut déçu de ne pas pouvoir la combler. En revanche, il put fournir à Bessarion quelques corrections pour son exemplaire (Marc. gr. 262)[11]. Il eut le même problème en s'apercevant que son exemplaire d'un texte de Plutarque était défectueux[12].

Dans les écrits de Filelfo, on trouve plusieurs déclarations sur des questions de philosophie platonicienne et aristotélicienne. Elles ne témoignent pas cependant d'un long et profond intérêt dans ces matières. Comme les autres chercheurs, il avait compris que les différences entre ces deux systèmes étaient source de controverses et qu'il n'était pas prudent de passer de l'un à l'autre, compte tenu des patronages officiels offerts aux humanistes en fonction de leur position particulière. Pour cette raison ou à cause de son incompétence, nous voyons qu'il se tient sur la défensive en 1464[13]. Cette prudence n'a pas empêché une rupture avec Bessarion en 1469[14]. Même si l'on peut noter en sa faveur que dans son discours inaugural sur l'*Éthique à Nicomaque* d'Aristote, il refuse modestement toute compétence en philosophie, dans une lettre adressée en 1439 au futur patriarche Georges Scholarios, il affirme que soutenir les doctrines d'Aristote, c'est défendre la vraie foi[15]. Naturellement, sa traduction de la *Rhétorique à Alexandre* en 1428 est plus une contribution à l'étude de la rhétorique qu'un ouvrage de philosophie, mais il a aussi traduit l'*Euthyphron* et trois des *Lettres* de Platon. Dans deux lettres adressées à Andronicus Callistus en 1464, il s'informe de la formulation précise d'un passage du *De*

11. Dans une lettre du 23 janvier 1452, citée par C. Bianca, *ibid.*, p. 213, n. 20.

12. Lettre grecque n° 31 dans Legrand, *op. cit.* (*supra*, n. 1), p. 61-62.

13. C. Bianca, dans les Actes du congrès *Francesco Filelfo*, *op. cit.* (*supra*, n. 4), p. 215.

14. *Ibid.*, p. 242-244.

15. Lettre grecque n° 12 dans Legrand, *op. cit.* (*supra*, n. 1), p. 31.

philosophorum placitis du Pseudo-Plutarque pour éclairer la définition aristotélicienne du terme *idea*[16]. C'était évidemment un point crucial dans la comparaison de Platon et d'Aristote.

En 1473, Filelfo montra toute sa flexibilité morale et intellectuelle dans l'espoir d'obtenir de Florence la promesse d'un nouveau poste. Presque quarante ans s'étaient écoulés depuis son départ orageux, mais il n'était pas heureux à Milan et il était à la recherche d'un nouveau poste. Pour l'obtenir à Florence, il avait envoyé à Laurent de Médicis un écrit sur une notion fondamentale du platonisme, intitulé *De ideis*, dans l'espoir d'obtenir une réponse favorable de Ficin. Cet écrit est perdu, mais on peut en reconstituer l'essentiel à partir de deux autres écrits sur le même sujet. Il s'agit d'une discussion savante reposant sur de nombreuses sources, mais paradoxale, puisqu'il ne faisait aucune citation des dialogues de Platon, alors qu'il avait traduit l'*Euthyphron* et des *Lettres* et qu'il avait certainement lu d'autres dialogues. Il s'appuyait principalement sur saint Augustin et acceptait le fait que les Idées soient les archétypes éternels dans la pensée divine. Un autre aspect étrange de cet essai était que Platon n'était pas nommé comme l'inventeur du mot *idea*. Cela résulte du fait que Filelfo acceptait l'authenticité du traité *De anima mundi*, connu sous le nom de Timée de Locres, le principal acteur du *Timée* de Platon. On ne peut reprocher à Filelfo ni aux autres savants de ce temps de croire que Platon n'était pas le premier à faire usage de ce mot[17].

On a récemment mis en lumière un épisode qui montre l'intérêt de Filelfo pour l'Antiquité. Deux fois dans sa correspondance, il qualifie l'écriture grecque de lettres attiques, une expression qu'il a pu rencontrer dans plusieurs sources anciennes où son sens est clair. Elle désigne l'alphabet athénien légèrement différent de celui

16. Lettres grecques n° 62-63 dans Legrand, *op. cit.* (*supra*, n. 1), p. 110-112. Dans la lettre grecque n° 100, envoyée à Gaza en 1474, il discute la traduction du terme κατόρθωμα par Cicéron, disant que, en général, ce n'est pas un équivalent de ὀρθόν. Il contredit Cicéron sur le sens de ἐνδελέχεια dans *Tusculanes* 1.10 (V. Fera dans les Actes du congrès *Francesco Filelfo, op. cit.* [*supra*, n. 4], p. 129).

17. Sur le *De ideis*, cf. J. Kraye, *JWCI* 42 (1979), p. 236-249.

en usage en Ionie jusqu'à ce que les Athéniens l'adoptent à la fin du ve siècle avant J.-C. Ce n'est pas cependant la signification que lui donne Filelfo, qui semble penser à l'écriture en lettres capitales que l'on voit dans les inscriptions. Son correspondant, l'épigraphiste Cyriaque d'Ancône, avait dessiné des spécimens d'alphabet de cette espèce, et l'un de ces spécimens se trouve dans un livre venu entre les mains de Filelfo. Filelfo désirait posséder des livres écrits dans cette écriture, et on a pensé que l'exemplaire de l'*Iliade* et de la *Batrachomyomachia* copié pour lui par Théodore Gaza (Laur. 32.1) l'avait été pour satisfaire ce désir. Ce sont de grands caractères, et bien que le mot « épigraphiques » ne soit pas celui qui les décrirait le mieux, pourtant il y a assez de lettres majuscules pour laisser croire que le scribe a fait de son mieux pour satisfaire une demande difficile et inhabituelle[18].

Filelfo ne mérite pas d'être placé parmi les grandes figures du Quattrocento. Comme traducteur, il n'a pas été aussi prolifique que Bruni ou Guarino. Comme professeur, il n'a pas attiré une foule d'élèves et d'admirateurs comparable à la leur. Aucun monument d'érudition ni même une simple grammaire nouvelle ne figurent parmi ses écrits[19]. On a voulu lui attribuer un manuscrit autographe contenant un dictionnaire grec-latin qui devait rendre de grands services aux étudiants, mais la seule partie autographe du manuscrit est une feuille volante avec une lettre banale de Filelfo donnant à un ami ce dictionnaire à la composition duquel il n'avait pas du tout participé[20].

Il faut admettre toutefois qu'il était doué de connaissance et de jugement. Il savait assez de grec pour réfuter le plaidoyer de Cicéron selon lequel le latin avait un vocabulaire plus riche que le grec, et il pouvait faire des conjectures raisonnables pour combler

18. S. Rizzo dans C. Questa et R. Raffaelli (éd.), *Il libro e il testo*, Urbino, 1985, p. 231-238 et les planches 1-10.

19. Sur le manuscrit Wolfenbüttel 17.21.4 Aug. 4°, qui est lié à Filelfo, cf. M. Cortesi, dans les Actes du congrès *Francesco Filelfo, op. cit.* (*supra*, n. 4), p. 163-206.

20. Conventi Soppressi 181. Je dois ma connaissance de ce point au Prof. V. Fera.

les lacunes signalées par Cicéron[21]. Il savait faire appel à une histoire dans Hérodote (1.82) pour expliquer un passage dans les *Fastes* d'Ovide (2.663 s.). Mais son goût du parallélisme l'a conduit à ajuster le texte de l'auteur grec pour expliquer une phrase difficile dans le latin, et il a succombé à la tentation de dire qu'il y avait des manuscrits d'Hérodote qui contenaient le texte qu'il indiquait. Nous savons aujourd'hui que ce n'est pas vrai, et les éditeurs modernes résolvent la difficulté par une légère modification du latin. L'exemple de Filelfo, mises à part les prétentions douteuses relatives à la tradition manuscrite, souligne qu'un vrai savant doit au moins démontrer quelque intelligence sur la manière par laquelle un manuscrit peut être utilement corrigé[22].

21. Cf. V. Fera dans les Actes du Congrès *Francesco Filelfo*, *op. cit.* (*supra*, n. 4), p. 129, pour *ineptus* dans le *De oratore* 2.17 et pour la distinction *labor/dolor* dans les *Tusculanes* 2.35.

22. Cf. V. Fera, *ibid.*, p. 115-117.

Chapitre 8

Prélats grecs en Italie

(I) LE CONCILE DE FLORENCE (1439) ET SES CONSÉQUENCES

Dans le monde savant d'aujourd'hui, il est de bon ton d'avancer que colloques et congrès sont une perte de temps. Une opinion plus charitable soutient qu'ils sont utiles non pas pour le programme des communications, mais pour ce qui se passe parallèlement par les contacts entre savants. On peut faire la même observation pour les conciles à la Renaissance. Les découvertes que Poggio a pu faire entre les sessions du concile de Constance ne sont pas moins importantes que les décisions du concile. Si l'on applique la même idée au concile de Florence, l'union fragile entre les Églises grecque et romaine ne peut se comparer aux conséquences extraordinaires attribuées avec vraisemblance à la simple présence d'un membre de la délégation grecque. En disant cela, je ne pense pas à Bessarion, malgré le rôle remarquable qu'il a joué au concile, mais à Georges Gémiste Pléthon, son aîné, son ami et son ancien maître, qui pourrait revendiquer deux innovations importantes, bien qu'il ne soit pas possible d'établir ces revendications avec une entière certitude.

La première concerne la notion d'académie. Le plus souvent, une académie n'était rien d'autre que l'association privée de plusieurs amis partageant les mêmes idées, et ce fut l'une des inventions importantes du xve siècle en Italie. On enseignait le grec et le latin dans les écoles et les universités ; dans les académies, on poursuivait, en l'approfondissant, l'étude du monde ancien. Leur histoire n'a jamais été pleinement étudiée, mais le nom d'académie semble avoir été utilisé la première fois à Florence. Une société de savants se réunissait au monastère de Santo Spirito dès 1421, mais la première association qui se nomma elle-même académie fut celle d'Alamanno Rinuccini en 1454, la plus fameuse fut celle qui se réunissait dans la maison de Cosme de Médicis à Careggi où Ficin devait traduire Platon. Ficin lui-même, au début de sa préface à la traduction de Plotin, prétend que Cosme en eut l'idée en suivant les leçons données par Pléthon pendant le concile de Florence[1]. Il est étrange que ce projet n'ait été réalisé que longtemps après, et l'on peut remarquer que Cosme avait pu se familiariser avec la pensée de Platon grâce aux traductions de Bruni et d'autres. On doit admettre que l'idée a mûri lentement. Même si le récit de Ficin laisse sceptique[2], il faut examiner l'hypothèse selon laquelle le choix du nom « académie » aurait un antécédent byzantin[3]. Les paroles de Ficin ne nous dirigent pas dans cette direction, mais un humaniste du xvie siècle, Scipione Bargali, nous incline à penser que la notion d'académie pourrait venir de Byzance. Peut-il avoir raison ? Pléthon était le chef d'un groupe d'intellectuels à Mistra. Sa nature précise pose problème ; on incline à croire que Pléthon était païen en secret et donc qu'il était le chef d'une association dangereuse pour le christianisme. Une solution à ce difficile problème dépasse notre propos. Il suffit de

1. Les mots mêmes de Ficin sont *Pletonem de mysteriis Platonicis disputantem frequenter audiuit*. L'adverbe signifie habituellement « souvent », mais Ficin et ses lecteurs savaient assez de latin pour connaître l'autre sens qui est « en grand nombre ».

2. L'argument du scepticisme a été avancé par J. Hankins, *JWCI* 53 (1990), p. 144-162, qui propose que le mot « Académie » soit employé au sens figuratif pour désigner les œuvres de Platon ou une traduction latine. Il pose également la question de savoir si le manuscrit de Platon (Laur. 85.9), que Cosme donna à Ficin, lui venait de Pléthon.

3. Frances A. Yates, *Renaissance and Reform : the Italian Contribution* (*Collected Essays* II), Londres, 1984, p. 8-10. Sur les associations florentines, cf. A. Della Torre, *Storia dell'Accademia platonica di Firenze*, Florence, 1902, p. 354-364 (en particulier p. 359), et p. 538-541.

dire que les élèves d'un maître byzantin pouvaient être collectivement désignés du nom de « thiase », un mot qui à l'origine désignait une association de dévots d'une divinité païenne et qui a été étendu à d'autres associations. Il est aussi probable qu'un groupe voué à la culture des Anciens et loyal à un maître dont l'intérêt principal était le platonisme pouvait être dénommé une « académie ». L'influence byzantine est donc plausible, à condition toutefois d'admettre que lorsque Pléthon et ses admirateurs se nommaient ainsi, ils n'avaient pas l'idée d'une association avec des règles et un programme d'études supérieures. Cette idée a pu se développer progressivement dans les cercles florentins du xve siècle, et s'il en est ainsi, elle détermina un grand progrès vers le concept moderne d'académie. Une autre étape fut franchie par la *Neakademia* fondée par Alde Manuce à la fin du siècle. Les publications de cette académie allaient assurer une large diffusion des auteurs classiques et de quelques autres.

L'opinion moderne sur les colloques et autres réunions du même genre peut encore être invoquée pour soutenir une autre hypothèse mise en relation avec le concile de Florence. Cette fois encore, il s'agit de Pléthon. Premièrement, c'est lui qui a recommandé l'étude de Strabon pour compléter les connaissances géographiques fournies par Ptolémée. Deuxièmement, il est très probable qu'à Florence il avait rencontré Paolo dal Pozzo Toscanelli (1397-1482), qui plus tard communiqua avec Christophe Colomb, peut-être indirectement. Troisièmement, dans sa biographie, le fils de Colomb prétend que son père a été fortement influencé par deux passages de Strabon. C'est un fait indéniable que Pléthon avait rassemblé des extraits de Strabon et composé un écrit sur les erreurs qu'il y avait trouvées. Des manuscrits de Strabon avaient été apportés en Italie par Aurispa et Filelfo, mais il n'y a aucun signe que la *Géographie* ait exercé une influence avant le concile de Florence, et c'est plus tard seulement, en 1458, qu'elle fut connue par la traduction latine de Guarino. Conclusion : Pléthon et Guarino peuvent avoir fourni à Colomb les informations essentielles pour son entreprise[4].

4. M. V. Anastos, *Annuaire de l'Institut de philologie et d'histoire orientales et slaves* 12, Bruxelles, 1952, p. 1-18 (repris dans *Studies in Byzantine intellectual history*, Londres, 1979).

Le premier des deux passages de Strabon en question se trouve dans une critique du calcul par Ératosthène des dimensions de la terre (1.4.6). Strabon disait : « Si l'immensité de l'océan Atlantique ne nous en empêchait, nous pourrions naviguer de l'Ibéria jusqu'à l'Inde en suivant le même parallèle ». Le second fait partie d'une critique de Posidonius qui avait affirmé (2.3.6) : « Si l'on navigue de l'ouest poussé par le vent d'est, on atteindra l'Inde à une distance de 70 000 stades ».

Cette trop belle théorie doit être modifiée. Les extraits de Pléthon semblent être un ouvrage écrit à un âge très avancé, en 1447-1448, lorsque Cyriaque d'Ancône était allé le voir à Mistra. L'exemplaire de Strabon utilisé (Eton College 141 + Laur. 28.15) avait été acquis récemment par Cyriaque à Constantinople. Pléthon, lui, avait un autre manuscrit qui n'a pas été identifié. Ces observations cependant ne constituent pas un obstacle au fait que, en 1439, il avait déjà une connaissance de Strabon et l'avait recommandé à ses relations italiennes. Un manuscrit fut apporté en Italie en 1438 ou peu après (Marc. gr. XI.6), mais ce n'était pas l'exemplaire de Pléthon[5].

Au lieu de l'hypothèse précédente, on peut présenter d'autres alternatives. Si le texte de Strabon se trouvait à Florence en 1439, il pouvait avoir été apporté par Bessarion aussi bien que par Pléthon. Si Bessarion est celui qui a souligné l'importance de Strabon comme une source complémentaire en géographie, il peut l'avoir fait aussi bien plus tard, une fois devenu résident permanent en Italie. Si Paolo Toscanelli a été le canal de l'information, même s'il savait le grec, il n'a probablement fait usage de son savoir que lorsque la traduction latine de Guarino rendit le texte accessible à tous. La manière dont Strabon a été connu des Italiens et l'identité de celui qui l'a fait connaître n'ont pas été démontrées d'une façon certaine.

5. Une nouvelle lettre de Traversari découverte par G. Mercati, *Ultimi contributi alla storia degli umanisti, Fascicolo I, Traversariana* (Studi e Testi 90), Cité du Vatican, 1939, p. 24-26, montre que Bessarion avait laissé derrière lui à Modon *Strabonis duo maxima volumina.* La lettre doit être datée entre le 11 mars et le 7 avril. À la p. 25, n. 7, Mercati imprime le passage de Pléthon qui rapporte une information géographique reçue de Paul de Florence. Sur les manuscrits de Strabon, cf. A. Diller *The textual tradition of Strabon's Geography*, Amsterdam, 1975.

On peut ajouter une autre anecdote concernant Pléthon au concile de Florence, bien qu'elle n'ait aucun rapport avec notre sujet. En 1458, Georges de Trébizonde a publié une *Comparaison de Platon et d'Aristote*, dans laquelle il mentionne en passant qu'il a rencontré Pléthon au concile et qu'il a eu un entretien avec lui. Pléthon aurait prétendu que le monde entier allait bientôt pratiquer une même et unique religion. Lorsqu'on lui demanda si ce serait la religion chrétienne ou musulmane, il aurait répondu : « Ni l'une ni l'autre, mais la religion païenne ». Georges de Trébizonde commente qu'à partir de ce moment il a toujours haï et craint Pléthon comme un serpent venimeux. Les travaux modernes sur Georges de Trébizonde ont souligné la faiblesse de cette appréciation et l'ont qualifiée de préjudice, aussi doit-on rester sceptique ; même si Georges de Trébizonde a passé par Florence à l'époque du concile[6], il n'est pas sûr que les deux hommes se soient rencontrés. De plus, on n'entend parler d'aucune doctrine hérétique se répandant à ce moment, et malgré la condamnation de Pléthon, plusieurs années plus tard, par le patriarche grec Georges Scholarios, on doit remarquer que la loyauté du cardinal Bessarion envers son ancien maître n'a jamais été ébranlée.

(II) LE CARDINAL GREC

Pléthon retourna en Grèce après le concile pour y finir ses jours ; Bessarion suivit le reste de la délégation, sans y demeurer longtemps. Sa contribution aux débats de Florence avait été le facteur décisif en faveur de l'union des Églises grecque et romaine proclamée le 6 juillet 1439 par le cardinal Cesarini et par lui-même, et le pape avait montré qu'il appréciait ses services en lui offrant immédiatement une pension qui lui serait payée au prix fort s'il acceptait de devenir un membre de la curie romaine. Quelques mois plus tard, il était créé cardinal et à la fin de 1440 il était de retour à Florence. Depuis

6. Texte et discussion dans J. Monfasani, *Collectanea Trapezuntiana*, Binghamton, N. Y., 1984, p. 39-40. Sur les idées religieuses de Pléthon, cf. F. Pagani, *BZ* 102 (2009), p. 3-45.

lors, il demeura en Italie et, à partir de 1443, il fixa sa résidence à Rome, sauf pour une période où il fut gouverneur de Bologne en 1450-1455 et pour de brefs voyages en mission diplomatique dans l'Europe du Nord. Il mobilisa sans succès toute son énergie en faveur de deux causes : l'union des Églises, rendue inopérante à cause de la résistance opposée par la majorité de la population dans ce qui restait de l'Empire byzantin, et l'effort pour lever dans l'Europe occidentale un support militaire pour défendre Byzance contre les Turcs, une tâche de toute façon héroïque et vouée à l'échec compte tenu de l'attitude des Grecs. Mais son engagement dans les affaires ecclésiastiques et la politique internationale ne prenait pas tout son temps. Il donna de nombreuses preuves de son érudition et, une fois installé à Rome, beaucoup de son temps pour aider ses compatriotes et les Italiens. Le groupe qui se réunissait autour de lui se disait une académie. Bessarion avait une connaissance du latin bien meilleure que celle des intellectuels byzantins contemporains, et son ouverture d'esprit lui permettait de s'intéresser à la pensée et à la littérature occidentales. Lorenzo Valla avait raison de rendre hommage à sa maîtrise des deux cultures en l'appelant *inter Graecos latinissimus, inter Latinos graecissimus*[7].

Traduire un texte dans une langue qui n'est pas sa langue maternelle est un test d'habileté linguistique dont Bessarion fit preuve. Le sermon de saint Basile sur la nativité du Christ est un texte sans signification spéciale qu'il offrit au pape Eugène IV. Au cardinal Cesarini il dédia une traduction des *Memorabilia* de Xénophon. On se demande quel attrait pouvaient avoir ces petites histoires socratiques pour un prélat de haut niveau ; il semble que Bessarion pensait que les réflexions de Socrate sur des questions de

7. L'ouvrage moderne à la base de toutes les recherches sur Bessarion est L. Mohler, *Kardinal Bessarion als Theologe, Humanist und Staatsman*, 3 vol., Paderborn, 1924-1942. Voir aussi l'excellent article par L. Labowsky dans le *Dizionario biografico degli Italiani*. La description de Valla vient de la préface à son Thucydide. J. Monfasani, *Rinascimento* 21 (1981), p. 165-209, souligne que Perotti, en tant que son secrétaire, a rendu de grands services à Bessarion. C. Branca, *Rivista della storia della Chiesa in Italia* 38 (1984), p. 428-436, démontre que le nom de baptême de Bessarion était Basile et non pas Jean.

morale pouvaient encourager ses lecteurs à sentir que les actions vertueuses étaient à leur portée.

Plus importante était la traduction de la *Métaphysique* d'Aristote avec le texte de Théophraste connu sous le même titre. On constate que dans ce cas Bessarion a pris comme point de départ la traduction médiévale de Guillaume de Moerbeke en l'améliorant. Ainsi un texte important de la philosophie grecque devenait-il accessible sous une forme plus compréhensible qu'auparavant. Bessarion, enfin, montre qu'il sait utiliser l'art oratoire pour affronter les problèmes de son temps. À la fin de sa vie, pour tenter de provoquer une croisade contre les Turcs, il traduisit la *Première Olynthienne* de Démosthène. L'appel d'un homme d'État athénien à ses concitoyens pour faire face à leurs responsabilités et admettre la gravité de la menace était un message clair destiné à un chef politique capable de voir plus loin que le court terme et que son intérêt particulier. Bessarion avait ajouté à sa traduction un discours adressé à un large public comprenant les princes de l'Italie. Il faisait valoir la ressemblance extraordinaire des circonstances auxquelles devaient faire face les Athéniens de l'Antiquité et la communauté contemporaine des nations chrétiennes, et il exprimait l'espoir que le lecteur serait conquis par la voix de cette ancienne autorité qu'il décrivait comme un orateur sans rival et un excellent philosophe. Il ajoutait cette autre citation de Démosthène : « Ceux qui sont endormis ou paresseux ne peuvent pas prétendre supplier dieu ni même un ami ». Pourtant Bessarion connaissait assez d'histoire grecque pour savoir que les efforts de Démosthène n'avaient pas été couronnés de succès. Il prévoyait qu'un échec à ce moment-là aurait pour l'Italie des conséquences qu'il ne voulait pas imaginer ; peut-on imaginer que dans le fond de son cœur il nourrissait l'espoir que l'union des puissances occidentales pourrait arrêter les Turcs[8] ?

Les années d'études à Mistra avec Pléthon avaient doté Bessarion d'une connaissance du platonisme qui dépassait la moyenne, et en prenant sa part aux discussions et aux polémiques suscitées par le point de vue non conformiste de son maître, il avait l'occasion de manifester sa science et sa loyauté envers Pléthon. Suivre en détail

8. Texte dans *PG* 161, col. 669-676.

les controverses et examiner chaque contribution au débat seraient en dehors de notre propos, mais on doit au moins mentionner un ouvrage de Bessarion. En 1458, son peu fiable protégé, Georges de Trébizonde, avait publié des *Comparationes Aristotelis et Platonis*. Il n'était pas le premier à aborder ce thème puisque Pléthon lui-même, pendant son séjour à Florence, avait écrit sur la différence entre ces deux philosophes. Son ouvrage était en grec et n'avait pas été traduit. En écrivant en latin, Georges de Trébizonde portait le sujet à la connaissance du public cultivé, mais son écrit était une attaque en règle contre le platonisme conduisant à l'hérésie et à l'immoralité. Bessarion ne pouvait laisser passer ces accusations et il répliqua avec ce qui devait devenir son livre le plus célèbre, *In calumniatorem Platonis*. Il y eut des rédactions successives, et le livre fut publié en grec et en latin (cette dernière version parut du vivant de Bessarion et fut tirée à mille exemplaires). Une longue discussion de Platon était divisée en quatre parties et accompagnée de deux appendices dont l'un critiquait Georges de Trébizonde pour son incompétence dans sa traduction des *Lois* de Platon, publiée quelques années auparavant.

Bessarion avait l'intention de réfuter son adversaire, toutefois il avait rédigé son texte de manière à éviter toute polémique. Il donnait un exposé de toute la doctrine de Platon qui fut bien accueilli par les lecteurs. Il n'y avait pas eu jusqu'alors d'introduction générale à ce sujet, et l'on peut porter au crédit de Bessarion d'en avoir assuré une large diffusion. Il n'était pas exagéré de dire (2.3.2) que les doctrines de Platon étaient encore ignorées des Latins, en partie à cause du manque de traductions, en partie aussi parce que les traductions étaient trop mauvaises. Cela nous force à croire que Bruni et les autres n'avaient pas réussi à atteindre le grand public.

Bessarion expose un Platon quelque peu teinté de néoplatonisme et il cite Plotin et d'autres auteurs de cette école. Il accepte la tradition selon laquelle Platon aurait appris quelque chose de Moïse au cours de son séjour en Égypte. Il accepte aussi ce que nous retrouverons sous une forme légèrement différente chez Ficin, à savoir l'influence d'Orphée et des pythagoriciens. Comme l'on pouvait s'y attendre, il souligne les ressemblances et les différences entre le platonisme et le christianisme. Il lui arrive de citer les écrits de Denys l'Aréopagite en le désignant comme le plus ancien et le meilleur des Pères de l'Église (2.4.2). Le passage le plus important concerne la Trinité (2.5.3). Bessarion dit clairement que ni Platon ni Aristote ni aucun païen n'ont pu parler de la Trinité comme peuvent le faire les chrétiens à la lumière de la Révélation. La raison purement humaine ne peut atteindre une telle vérité, elle est un objet de foi et non de raison, et l'on ne doit pas s'attendre à féliciter Platon ou Aristote d'avoir traité de la Trinité. Il admet que l'on trouve chez Platon quelques concepts qui peuvent constituer une trinité, mais sans rapport avec ce que les chrétiens entendent par ce terme. Malgré tout, Bessarion espère montrer que les positions de Platon sont plus proches du christianisme que celles d'Aristote (2.1). Il n'a pas pour autant l'intention de faire de Platon un chrétien. Il était trop intelligent pour faire croire que toutes les positions de Platon sur tous les sujets étaient les bonnes, et comme positions platoniciennes qu'il ne pouvait admettre, il mentionne la préexistence de l'âme, le polythéisme et la notion que le ciel et les corps célestes ont une âme (2.3.3). Ce sont des doctrines condamnées par l'Église. Tout le livre IV est consacré à réfuter les accusations portées contre Platon sur la morale, en particulier qu'il pratiquait et recommandait l'homosexualité et que dans la *République* il énonçait des propos inacceptables sur le mariage. Ce sont des accusations difficiles à nier, et l'on se souvient que Bruni avait été très choqué par la *République*. Bessarion répond que Platon doit être remis dans le contexte de son époque, une époque où les progrès de la doctrine chrétienne n'avaient pas encore fait sentir leurs avantages (4.3.1), et il fait remarquer que certaines doctrines de la *République* sont abandonnées dans les *Lois* (4.3.9). On peut se demander si l'usage de ces arguments était de bonne guerre parce qu'il lui fallait encore trouver une réponse au penchant de Platon pour la tyrannie, et à ce sujet il fallait employer des arguments quelque peu sophistiques pour disqualifier le témoignage des *Lois*. Mais Georges de Trébizonde n'avait pas eu la capacité de lancer ce cheval de bataille qui deviendrait beaucoup plus important dans les temps modernes[9]. Bessarion pouvait montrer que Platon

9. Peut-être surtout dans K. R. Popper, *The open society and its enemies*[2], Londres, 1952. Sur la discussion par Bessarion des propos de Platon sur le

donnait sa préférence au gouvernement d'un monarque éclairé (4.10). Curieusement, Bessarion tirait un argument du fait que l'on n'avait jamais vu Platon ni sourire ni rire aux éclats (4.1.16), comme preuve de sa modestie et de son sérieux. Cette idée a des précédents dans les littératures chrétienne et païenne. Les Pères de l'Église, grecs et latins, ne semblent jamais avoir envie de rire, et saint Jérôme est particulièrement sévère[10]. Un parallèle païen se trouve dans le portrait de Pythagore par Porphyre[11]. Certains chrétiens pensaient de même au sujet de Jésus. Dans une de ses homélies, saint Jean Chrysostome annonçait que Jésus n'avait jamais ri ni même souri, puisque aucun des évangélistes ne le dit[12].

Dans un appendice, Bessarion dresse le catalogue des centaines d'erreurs commises par Georges de Trébizonde dans sa traduction des *Lois*. Il faut encore remarquer une autre particularité de son œuvre. Dans une dédicace à la République de Venise où il rejoignait l'humaniste vénitien Francesco Barbaro, Georges de Trébizonde avait signalé l'hypothèse stupéfiante selon laquelle les pères fondateurs de Venise s'étaient servis des *Lois* pour produire une constitution mixte comportant des éléments relevant de la monarchie, de l'aristocratie et de la démocratie. Georges de Trébizonde pouvait tirer d'anciens auteurs ce concept politique, il pouvait avoir été frappé par un passage des *Lois* dans lequel on attribue à Sparte un tel concept (712 D-E). Évidemment, les Vénitiens avaient été flattés de ces remarques élevées au statut de dogme politique. L'idée n'était venue à l'esprit de personne qu'il ne pouvait y avoir le moindre fondement aux affirmations de Georges puisque, à l'époque de la fondation de Venise, il n'y avait pas un seul Italien capable de lire le grec[13]. Bessarion, à la fin du livre IV de son traité, critiquait l'attitude de

mariage dans la *République*, cf. Anna Pontani, *Contributi di Filologia greca medievale e moderna* (*Quaderni del Siculorum Gymnasium XVIII)*, Catane, 1989, p. 122-123, 130, et p. 105 pour la tentative de Bessarion de réfuter l'accusation d'homosexualité en référence à Diogène Laërce 3.29-32.

10. N. Adkins, *Orpheus* 6 (1985), p. 149-152.

11. Porphyre, *Vita Pythagorae* 35.

12. *PG* 57, col. 69.

13. Cf. J. Monfasani, *George of Trebizond*, Leyde, 1976, p. 102-103, et *Collectanea Trapezuntiana*, Binghamton, N. Y., 1984, p. 199-201.

Georges de Trébizonde envers les Vénitiens (4.17.3-6), mais il ne prenait pas acte de l'impossibilité historique des affirmations de Georges et il se contentait de dénoncer la contradiction de Georges qui, d'un côté, se servait de Platon pour exalter la fierté patriotique des intellectuels vénitiens et, de l'autre, s'efforçait de dénigrer les doctrines de Platon.

Considérons maintenant un autre domaine dans lequel Bessarion a démontré ses compétences. Au concile de Florence, il dut faire front à ses collègues pour découvrir leur malhonnêteté. Ce qu'il écrivit alors pour justifier sa position marque une étape dans le développement de la méthode scientifique. Au concile, six exemplaires du *Contra Eunomium* de saint Basile étaient entre les mains des membres de la délégation grecque. La position de Bessarion reposait sur un passage qui manquait dans un exemplaire, celui du patriarche, parce que, disait Bessarion, on avait arrangé le texte en ajoutant des mots et en enlevant d'autres. De retour à Constantinople après le concile, il se mit en quête d'autres exemplaires et découvrit que tous les plus récents avaient été falsifiés. Il s'indigna et regretta que l'on pût ainsi falsifier la vérité. Deux manuscrits qu'il découvrit se trouvaient dans la bibliothèque du monastère du Sôter Pantepoptes, « l'un écrit sur parchemin et d'apparence très ancien bien que ne portant pas de date », l'autre sur papier et vieux de trois cents ans comme on pouvait l'apprendre par le colophon. Dans l'exemplaire sur parchemin, le passage en question avait été gratté, mais pas complètement, si bien que l'on pouvait encore lire ce qui avait été écrit. Dans l'exemplaire sur papier, le passage avait été surchargé, mais Cydonès l'avait rétabli en ajoutant une note pour dénoncer le coupable. Bessarion dit qu'un savant occidental ne pouvait pas avoir composé un passage dans un grec de cette qualité et qu'il était inutile de dire que le passage avait été introduit par un partisan de la doctrine de l'Église romaine[14]. Cet épisode ne nous permet pas de faire de Bessarion l'ancêtre des paléographes, mais on doit admirer son bon sens et sa dévotion pour la vérité.

Bessarion a donné une nouvelle démonstration des principes scientifiques mis au service de la vérité dans un autre écrit célèbre,

14. Texte de Bessarion dans *PG* 161, col. 324-328.

produit au cours d'une lecture de l'évangile de saint Jean dans son palais à Rome. Au verset 21.22, la bonne leçon était en question et l'on se demandait si la Vulgate avait bien traduit *sic eum volo manere*. Le texte grec donne ἐάν ce qui implique que Jérôme aurait dû traduire *si*. Ce fut une question très disputée, et l'écrit de Bessarion est une réponse à un autre écrit de Georges de Trébizonde[15]. Dans les principes de la critique conservatrice de cette époque, il n'était pas permis de changer un iota ni un accent au texte de l'Écriture sainte. On disait donc que *sic* était la leçon de Jérôme, de saint Augustin et des autres Pères de l'Église, et que la conjonction grecque pouvait être employée aussi bien dans des phrases affirmatives que dans des conditionnelles. Bessarion donnait une réfutation en règle de cette opinion. Sa position était que Jérôme n'avait fait aucune faute, mais que le texte avait été corrompu par des copistes assoupis – cette épithète revient plus d'une fois – et que des fautes sur une seule lettre se commettent facilement. Il soutient que Jérôme s'était trouvé devant de nombreuses variantes dans les manuscrits qu'il avait sous les yeux et qu'il était obligé de faire des choix. Il pouvait citer un parallèle dans un ouvrage du Moyen Âge d'un certain Nicolas Maniacutia, qui s'intéressait à l'hébreu de l'Ancien Testament et qui s'était plaint, lui aussi, comme Jérôme, de la variété des leçons[16]. Saint Augustin est alors invoqué pour soutenir qu'il faut avoir recours au texte original et que dans le doute le grec doit être préféré au latin. D'autres erreurs dans la Vulgate sont citées, on voit que Bessarion les avait étudiées et qu'il pouvait écrire sur le sujet aussi bien que Valla. Il remarque que la conjonction grecque ἐάν est bien la leçon originale transmise par l'exégèse de ce passage chez les Pères anciens comme Origène, Jean Chrysostome et saint Cyrille. On ne peut que regretter, en lisant

15. La date de la discussion est le 28 décembre 1448 ou 1449 : A. Perosa, *Lorenzo Valla, Collatio Novi Testamenti, redazione inedita*, Florence, 1970, p. XXXIV, n. 64. Les moments de la controverse ne sont pas entièrement clarifiés, la dernière contribution est celle de J. Monfasani, *Collectanea Trapezuntiana*, Binghamton, N. Y., 1984, p. 311-312 et 574-575.

16. L'exemplaire de Bessarion du livre de Nicolas est le MS Marc. lat. 289.

Bessarion, qu'il n'ait pas eu le goût ou le temps d'écrire un traité systématique sur ce problème[17].

Ce qui a rendu célèbre Bessarion est sa bibliothèque qui, pour ce qui est des livres grecs, n'a connu rien de semblable durant sa vie sinon la collection du pape. Sa taille exceptionnelle s'explique non seulement par la *bibliomania*, mais, comme il le dit lui-même dans une lettre écrite après la chute de Constantinople, parce qu'il éprouvait le besoin de rassembler la collection des textes de la littérature grecque la plus complète possible. Peut-être voulait-il concurrencer le projet de Nicolas V d'une bibliothèque latine. Venise fut choisie pour en recevoir le dépôt, ce qui était logique puisque Venise était le point de départ et d'arrivée des communications avec les territoires de l'ancien Empire byzantin et abritait une communauté grecque. La plus grande partie de la collection fut envoyée en 1468. L'inventaire compte 482 livres grecs. Il y avait quelques doubles, néanmoins c'était une collection remarquable comportant un grand nombre des manuscrits les plus importants des auteurs classiques. Il est d'autant plus dommage que les autorités vénitiennes soient restées un demi-siècle sans prendre les mesures nécessaires pour disposer les livres d'une manière qui permette leur consultation. Malgré les efforts de ses agents, Bessarion n'a pas réussi à trouver beaucoup de textes rares, et dans la plupart des cas on sait peu de chose sur la provenance de ces livres. On rapporte qu'il fit l'acquisition d'un bon nombre d'entre eux au monastère de Saint-Nicolas de Casole, près d'Otrante, détruit peu après par les Turcs au cours de l'invasion en 1480. On peut accepter cette version, mais on doit remarquer que l'ex-libris de ce monastère ne se trouve maintenant dans aucun de ces manuscrits. Une note autographe de Constantin Lascaris qui enseignait à Messine rapporte que Bessarion retrouva à Otrante le texte de deux poèmes épiques tardifs par Quintus de Smyrne et Colluthus. Cette histoire est vraisemblable, mais on se demande alors pourquoi le manuscrit d'Otrante ne figure pas dans

17. Le texte est édité d'une manière peu précise par Mohler, *op. cit.* (*supra*, n. 7), vol. III, p. 70-87. Les passages d'Augustin sont tirés du *De doctrina christiana* 2.11 et 14, *PL* 34, col. 42 et 46.

la collection de Bessarion. De toute façon, ces textes n'apportent rien de plus à la collection de la littérature grecque[18].

Quelques manuscrits de Bessarion sont intacts, d'autres portent des annotations qui n'ont pas toutes été examinées par les savants modernes. Elles peuvent contenir du matériel intéressant, mais tant que ce matériel reste inconnu, une conclusion négative reste de mise. Par exemple, dans le commentaire de Simplicius sur le *De caelo*, l'exemplaire de Bessarion (Marc. gr. 491) est plein de lacunes et de fautes. Il prit la peine de le lire à l'aide de la version latine médiévale. Il combla les lacunes par sa propre reconstruction à partir du latin. Il est évident qu'il n'a pas toujours bien compris, et quand il tente de corriger les fautes dans le grec original, le résultat n'est pas brillant. On est obligé de dire que la manière dont il a traité le texte n'est pas un succès[19].

Une longue tâche, peut-être bénéfique pour estimer la science de Bessarion, consisterait à inventorier et à examiner à travers tous ses livres les notes et les corrections qu'on lui doit. Je donne ci-après quelques exemples de ce dont il était capable.

En 1445 et 1446, Bessarion annota une page de garde de son exemplaire des œuvres de Théophraste sur la botanique (Marc. gr. 274). Le modèle sur lequel le manuscrit a été copié ne mentionnait pas le titre, si bien qu'on n'avait aucune preuve que Théophraste en fût l'auteur puisqu'il existait aussi un traité pseudo-aristotélicien sur le même sujet. Bessarion note qu'il a trouvé la preuve chez Galien qui cite un passage de l'*Historia plantarum* 8.9.2. Galien indique la référence comme venant du livre VII et non du livre VIII, et Bessarion explique cette différence par une mauvaise division du texte. Cette explication suppose soit que Bessarion avait une mémoire prodigieuse pour se souvenir de tout ce qu'il avait déjà lu, soit qu'ayant trouvé l'erreur dans la référence, il eut la patience de relire un grand morceau de texte pour retrouver ce qu'il cherchait[20].

18. Sur tout cela, voir l'ouvrage définitif de L. Labowsky, *Bessarion's library and the Biblioteca Marciana : six early inventories*, Rome, 1979, en particulier p. 9-15.

19. J. L. Heiberg, *SB Berlin*, 1892, p. 59 s., en particulier p. 65-70.

20. Le texte est publié par L. Labowsky, *Medieval and Renaissance Studies* 5 (1961), p. 132-154.

L'exemple suivant est moins glorieux. Il concerne le texte du *Criton*. Bessarion n'a pas réussi à résoudre la difficulté qu'avaient affrontée d'abord Bruni et ensuite Ficin (51 D 3-4). Il ne connaissait rien sur le rite des jeunes Athéniens admis au privilège de la citoyenneté et il avait tenté de mettre le texte en ordre en changeant δοκιμασθῇ en δοκιμάσῃ[21]. Il a lu attentivement la *République* et a fait des corrections plus ou moins heureuses dans son exemplaire ; il y a une demi-douzaine de corrections plausibles et plusieurs qui semblent moins bonnes[22].

En lisant les historiens, Hérodote, Thucydide et Xénophon (tous dans le Marc. gr. 365), Bessarion a seulement porté dans les marges un mot ou une phrase sur le contenu d'un passage. Dans Thucydide, il a compté le nombre des discours dans chaque livre. En arrivant au livre V, d'une manière étrange à nos yeux, il a inclus les différentes parties du Dialogue Mélien et à la fin du livre VIII, d'une manière toujours étrange, il n'a pas remarqué l'absence de tout discours. Comme pour d'autres savants byzantins, l'aspect rhétorique de Thucydide était évidemment important à ses yeux. Sur l'antithèse souvent citée (2.40.3), « l'ignorance mène à la confiance, le calcul rationnel, à l'hésitation », il fait montre de son savoir inhabituel en faisant remarquer que cette antithèse est la source de la même observation dans Salluste.

Dans les biographies des anciens philosophes chez Diogène Laërce (Marc. gr. 394), ses *marginalia* donnent la même impression, avec toutefois une petite différence. En trois passages où il y a une difficulté dans le texte, il propose sa propre solution avec le mot « peut-être ». Dans l'un de ces passages (1.113), il a été trompé par une forme dialectique dorienne et n'aurait rien dû changer ; dans le deuxième cas, il propose une correction raisonnable pour un chiffre qui ne convient pas (6.87). Le troisième cas est un faux syllogisme (7.80), qu'il rétablit d'une manière heureuse, sans se rendre compte qu'il y avait une faute plus grave.

21. Dans son exemplaire Marc. gr. 186, examiné par E. Berti, *Il Critone latino di Leonardo Bruni e di Rinuccio Aretino*, Florence, 1983, p. 33, n. 9.

22. Examinées par G. J. Boter, *The textual tradition of Plato's Republic*, Amsterdam, 1986, p. 282-287.

Bessarion possédait le commentaire sur les deux poèmes homériques par Eustathe. Dans son exemplaire du commentaire sur l'*Odyssée* (Marc. gr. 460), Bessarion a noté qu'il croyait que c'était l'autographe d'Eustathe. Cette opinion est aussi celle des savants modernes, mais il est regrettable que Bessarion n'ait pas donné les raisons de son opinion. Quand le manuscrit ne porte aucune signature, la meilleure raison de le croire autographe est de relever des variantes d'auteur par lesquelles l'auteur améliore son texte. Le manuscrit autographe du commentaire sur l'*Iliade* est encore conservé, et l'on reconnaît qu'il est autographe comme on vient de dire, mais ce manuscrit n'a jamais fait partie de la collection de Bessarion et il est maintenant conservé à Florence (Laur. 59.2 et 59.3). C'est un mystère qui n'est pas encore élucidé. Le manuscrit de Venise portait peut-être une note sur l'une des pages de garde qui manquent maintenant parce qu'elle était abîmée et a été enlevée. Peut-être y avait-il quelques corrections d'auteur que Bessarion aurait grattées et que les modernes n'ont pas retrouvées. Plus improbable serait que Bessarion, ayant vu le manuscrit maintenant à Florence, y ait reconnu l'identité de l'écriture avec celle de son manuscrit. Plus incroyable encore serait l'hypothèse qui veut que le manuscrit ait été acheté à Salonique dont Eustathe était l'évêque et qu'il ait non seulement fait partie de sa bibliothèque, mais ait été copié pour son usage personnel[23]. Pour le commentaire sur l'*Iliade*, Bessarion dut se contenter d'une copie faite par des copistes contemporains. Comme le texte est beaucoup plus long, il remplit deux manuscrits (Marc. gr. 461 et 462) ; dans le premier Bessarion a noté qu'il contient une très bonne explication des neuf premiers livres du poème. Il peut paraître un peu surprenant qu'il ne dise rien sur la longueur inhabituelle de ce commentaire, mais le matériel est sans aucun doute précieux.

À côté des manuscrits que nous venons de citer, il y en a d'autres qui semblent n'avoir jamais été lus. Par exemple, le beau manuscrit copié sur parchemin par l'un des copistes les plus actifs au service de Bessarion, Georges Tribizias. Il contient Sophocle, les trois

23. Ce château de cartes est le seul point faible de l'admirable article de E. Martini, *RhMus* 62 (1907), p. 282.

tragédies d'Eschyle lues dans le programme byzantin et plusieurs d'Euripide (Marc. gr. 470). Ce manuscrit de luxe semble n'avoir jamais été consulté par son possesseur ou par ses amis[24]. Il faut donc être prudent avant de tirer des conclusions au sujet de cette bibliothèque. Nous sommes tentés de conclure que, en raison de son excellence et de son étendue, elle aurait dû alimenter toutes les utilisations possibles dans la poursuite des études grecques, sinon par Bessarion lui-même, du moins par les savants qui se réunissaient à Rome sous son patronage. Les paléographes ont pris l'habitude de croire que les manuscrits sont des documents à exploiter comme sources pour l'histoire de la culture, indépendamment de la qualité des textes qu'ils contiennent. Cette généralisation n'est pas fausse, mais ne doit pas être prise au pied de la lettre. Il ne faut pas croire que le simple fait de la présence d'un texte dans la bibliothèque de Bessarion implique qu'il ait été l'objet d'une étude. Une collection de cette espèce doit contenir un certain nombre d'ouvrages en vue d'une étude future et non pas immédiate. On peut citer en exemple des textes mathématiques et scientifiques. Il ne faut pas croire que n'importe qui dans le cercle de Bessarion pouvait s'en servir pour faire progresser d'une manière significative le niveau auquel les auteurs anciens étaient parvenus. Bien que le nombre des textes grecs étudiés à la mort de Bessarion fût sûrement plus grand qu'il ne l'était au moment de son arrivée en Italie, il fallut encore attendre plusieurs décennies avant que toutes les parties du savoir ancien soient exploitées. Quand Théodore Gaza offrit au pape ses traductions des ouvrages de botanique et de zoologie, il savait bien que ce moment n'était pas encore arrivé.

La prodigieuse collection de Bessarion peut être comparée à la liste de livres confectionnée par Gaspare Zacchi (1425-1484), évêque d'Osimo depuis 1460, qui était un ami de Bessarion et avait même été son secrétaire. Son inventaire compte 570 numéros, presque tous des livres grecs, les latins seulement à partir du numéro 527.

24. Selon A. Turyn, *The Byzantine manuscript tradition of the tragedies of Euripides*, Urbana, 1957, p. 148-149, c'est le meilleur représentant de la recension de Sophocle par Démétrius Triclinius vers 1300, peut-être copié directement sur l'autographe de Triclinius vers 1465.

Dans cette liste, il y a un grand nombre de textes perdus et même de vrais phénomènes comme 72 pièces d'Eschyle, 53 de Sophocle, 60 d'Euripide et 65 de Ménandre. Si ces mentions sont supposées décrire des volumes uniques, ces chiffres sont simplement absurdes, aucun manuscrit ordinaire ne pouvant contenir un aussi grand nombre de textes. Une section de l'inventaire commence par un soi-disant Polybe complet, chose absolument incroyable. Les entrées 278-302 ne font que reproduire l'index des sources donné par Pline pour le livre VII de son *Histoire naturelle.*

Cet inventaire doit donc être considéré comme un faux, mais on n'en peut trouver la cause ni reconnaître la victime présumée, et l'évêque n'avait pas l'intention de vendre ces livres. Certaines descriptions de ces livres donnent des détails, par exemple qu'ils étaient reliés à la grecque ou qu'ils comportaient des illustrations, ce dernier détail pour les comédies d'Aristophane n'a pas de sens. L'explication la meilleure est qu'il s'agit d'une plaisanterie plutôt que d'une bibliothèque idéale.

On peut cependant aller un peu plus loin que n'est allé l'éditeur. Une annotation se trouve après le numéro 252, indiquant que quelques livres devront demeurer dans le palais de l'évêque tandis que les volumes de Chrysostome pourront être envoyés avec le reste de la collection, sauf les volumes possédés par Bessarion. Le libellé de cette note n'est pas parfaitement clair, mais ce pourrait être une note humoristique suggérant que ces volumes ne peuvent se trouver que dans une bibliothèque comme celle du cardinal. Dans le document on lit aussi deux dates, 13 et 16 février 1468. Le choix de l'année n'est pas un hasard. C'est le 23 mars 1468 que le sénat de Venise fut informé de l'heureuse issue des négociations entre Paolo Morosini et Bessarion pour l'acquisition de sa bibliothèque. L'évêque d'Osimo savait ce qui allait arriver et pouvait se permettre une plaisanterie sur la valeur de la bibliothèque de son ancien patron qui était évaluée à 15 000 ducats[25].

25. L'inventaire a été publié et discuté par F. Di Benedetto dans *Miscellanea in memoria di Anna Saitta Revignas*, Florence, 1978. Sur les négociations avec Morosini, cf. Labowsky, *op. cit.* (*supra*, n. 18), p. 27 et 124.

L'influence du cardinal était grande. Pendant son séjour à Bologne, il intervint dans les affaires de l'université. La nomination du jeune humaniste Niccolò Perotti fut faite à son instigation. Ce n'est peut-être pas une simple coïncidence si nous trouvons Andronicus Callistus à Bologne dans les années 50, homme intelligent que nous retrouverons comme copiste d'un bon nombre de manuscrits.

En 1464, l'université de Padoue décidait de nommer pour la première fois un professeur de grec. Elle fit le choix d'un protégé de Bessarion, Démétrius Chalcondyle. Dans sa leçon inaugurale, il reconnaît sa dette de gratitude à l'égard de son patron. La même année, le mathématicien allemand Regiomontanus enseigne aussi à Padoue et proclame que c'est Bessarion qui l'y a envoyé[26]. Bessarion aurait donc pu servir d'intermédiaire pour de nouveaux et importants développements en astronomie et en mathématiques. Il avait invité Regiomontanus en Italie en 1461 dans l'espoir d'obtenir des commentaires savants sur l'*Almageste*. Ses annotations sur ce texte sont conservées dans un manuscrit de Bessarion (Marc. gr. 526), et l'auteur déclare avoir recherché les avis de Théodore Gaza et de Paolo Toscanelli pour corriger les erreurs de Georges de Trébizonde qui avait traité ce texte difficile[27]. En 1462, Regiomontanus avait construit pour son patron un astrolabe qui a été conservé et il lui avait dédié un important ouvrage de trigonométrie. Il avait la prétention d'être l'un des fondateurs de l'astronomie moderne et avait établi à Nuremberg un observatoire, une imprimerie et une boutique pour les instruments scientifiques. Cinq ans plus tard, il quittait l'Italie[28].

C'est à Rome que l'influence de Bessarion se fit le plus sentir. Il était l'âme d'un cercle que l'un de ses membres appelle « l'Académie

26. La leçon inaugurale a été publiée dans les pièces liminaires d'une édition de Alfraganus, Nuremberg, 1537. Cf. P. L. Rose, *The Italian Renaissance of mathematics*, Genève, 1975, p. 92-100.

27. Cf. E. Zinner, *Leben und Wirken des Joh. Müller von Königsberg genannt Regiomontanus*², Osnabrück, 1968, et l'article sur Regiomontanus par E. Rosen dans le *Dictionary of scientific biography*. L'astrolabe est décrit et reproduit par D. S. de S. Price, *Physis* 1 (1959), p. 26-30.

28. Pour les détails sur sa carrière, cf. R. Mett, *Regiomontanus in Italien*, *SB Wien* nº 520, Vienne, 1989.

de Bessarion ». Cette appellation vient de Niccolò Perotti, évêque de Siponto, écrivant vers 1470-1472, et il est difficile de dire si elle perdurait depuis longtemps. Parmi ses membres, il nomme Théodore Gaza et Andronicus Callistus. On ne sait pas si les membres de cette association se rencontraient régulièrement ou même si elle était régie par une constitution, mais on ne peut que reconnaître les effets bénéfiques de cette compagnie et déplorer la fin de sa vie littéraire et philosophique à la mort de Bessarion en 1472[29].

29. G. Mercati, *Per la cronologia della vita e degli scritti di Niccolò Perotti* (Studi e Testi 44), Cité du Vatican, 1925, p. 74-81, 156-158.

Chapitre 9

Valla

Lorenzo Valla (1407-1457) fut le membre le plus important du cercle de Bessarion à Rome, bien que sa présence ait été réduite à deux brèves périodes. Ce fut un auteur fécond d'œuvres historiques, philosophiques et philologiques dont la plus connue est son traité intitulé *La donation de Constantin*, dans lequel il démasque comme un faux le texte qui justifiait le pouvoir temporel du pape. On comprend qu'il y ait eu quelque difficulté à son retour de Naples à Rome en 1448. L'intelligence critique et le sens de l'histoire déployés dans ce fameux traité se retrouvent encore dans ses autres écrits.

Ses débuts dans la connaissance du grec ne sont pas connus en détail faute de documents. Son maître, Rinuccio da Castiglione, n'était pas de premier ordre et, plus tard, confronté au texte de Thucydide, Valla déclara qu'il ne pouvait pas être d'une grande aide[1]. En 1436, pourtant, on considérait Valla comme un bon connaisseur du grec, si l'on en croit la lettre d'un autre humaniste, Lapo da Castiglionchio. En 1434-1435, déjà à Florence, il avait commencé une traduction du discours de Démosthène *Sur la couronne*, qu'il révisa plus tard. Puisque ce discours avait déjà été mis à la portée du public italien par Bruni, Valla dut bien réfléchir

1. Cf. *Lettre* 44.23 s.

avant de doubler le travail d'un prédécesseur aussi éminent. Dans la préface extrêmement déférente pour Bruni, il explique qu'il voulait se mettre à l'épreuve, il dit même que tout autre texte serait un jeu d'enfant, opinion qu'il devait revoir plus tard. La traduction comme telle ne pouvait promettre une grande réputation, le crédit demeure au texte original. Il voulait se mesurer à Démosthène, Cicéron et Bruni et se livrer au risque de cet exercice littéraire comme Cicéron l'avait fait. Le grec ne pouvait pas toujours être suivi à la lettre, et les idiotismes offerts par la langue latine avaient l'avantage de laisser quelque espoir d'améliorer l'original. Le projet de Valla est celui d'un auteur évaluant les possibilités d'un genre littéraire. Il voit que son style diffère de celui de Bruni, il s'exprime à l'aide des mots « militaire » et « civil », et fait comprendre que Bruni s'était contenté d'une traduction fidèle du grec, tandis que, lui, il voulait montrer ce que le latin est capable d'atteindre [2].

Un travail de Valla sur l'*Iliade*, au sujet duquel son ennemi Facio insinuait méchamment qu'il avait vu la version de Leonzio Pilato chez Niccolò Niccoli, date peut-être de la même période. Il se serait contenté de la modifier en la faisant passer pour sa traduction[3]. Mais il suffit d'avoir la moindre connaissance de la version de Pilato pour dire qu'une petite révision ne pouvait convenir au style raffiné de Valla dont les *Elegantiae* allaient être pour des décennies un répertoire de bon latin. Valla lui-même annonce que son *Iliade* avait atteint le livre IV en 1439 et le livre X en 1441. Cette année-là, le roi Alphonse de Naples, ayant vu les dix premiers livres, avait pressé Valla de continuer. Valla avait répondu qu'il avait besoin d'un dictionnaire grec, non pas pour aller plus vite, mais pour pouvoir améliorer ce qu'il avait écrit. Le roi écrivit deux fois à Messine où Valla lui avait dit que se trouvait un manuscrit dans la bibliothèque du monastère du Saint Sauveur, en demandant de

2. Sur ce sujet, cf. F. Lo Monaco, *Lorenzo Valla e l'Umanesimo italiano*, Padoue, 1986, p. 141-164. Les notes 1-4 des p. 141-142 donnent la bibliographie des premières traductions de Valla.

3. Cf. *Antidotum in Facium* IV 10.16-18.

l'envoyer[4]. Nous ne savons pas ce qu'il advint, mais en 1443 Valla était arrivé au livre XVI, après quoi il abandonna une tâche qu'il trouvait plus difficile que la traduction de Démosthène.

Deux autres productions similaires appartiennent à l'année 1438. Le butin tiré d'un navire se trouvait être le texte de trente-trois fables d'Ésope, et Valla passa deux jours à les traduire. Cette information vient de la brève préface qui ne dit pas pourquoi il avait entrepris ce travail. On peut supposer que, puisque les *Fables* d'Ésope faisaient partie du programme scolaire des Byzantins et que des traductions latines jouaient le même rôle dans l'éducation occidentale, le projet de Valla était de donner une meilleure traduction. Il n'était pas le premier à traduire cette collection, car en 1422, Ermolao Barbaro, âgé de douze ans, sous la direction de Guarino, avait précédé Valla. Mais il n'avait aucune raison de le savoir. La seconde production en 1438 est une traduction d'une partie de la *Cyropédie* de Xénophon (1.1-4.15) (il n'est pas sûr que Valla soit allé plus loin). Le sujet étant l'éducation du prince, le livre de Xénophon intéressait évidemment le monde politique de la Renaissance, et la raison de la traduction de Valla était l'éducation morale du jeune prince Ferrante de Naples[5].

Au milieu de sa carrière, Valla rencontra des difficultés. Plus d'une fois, il se plaint du manque de livres au royaume de Naples, et une fois il spécifie que ce sont des livres grecs[6], probablement des livres de référence plutôt que des textes, mais qui sait ? Quelquefois il travaille très vite ; c'est en une seule soirée qu'il a achevé la traduction de l'homélie 19 de saint Basile, *Sur les quarante martyrs*, qui occupe l'équivalent de dix pages imprimées dans la Patrologie grecque de Migne. Mais la rapidité n'inspire pas toujours une entière confiance, et à la fin de 1443, parlant de sa *Collatio Novi Testamenti*, il prétend que sa connaissance du grec est médiocre. La méfiance est justifiée quand on voit comment il a traité une inscription de

4. Cf. S. Camporeale, *Lorenzo Valla : umanesimo e teologia*, Florence, 1972, p. 202-203, qui cite des extraits des lettres publiées par J. Ruiz Calonja, *Boletín de la Real Academia de Buenas Letras de Barcelona* 23 (1950), p. 109-115.

5. Voir l'édition par D. Marsh, *BiblHumRen* 46 (1984), p. 407-420.

6. Cf. *Lettre* 11.23.

Naples[7]. Il s'agit d'une dédicace par Tiberius Julius Tarsus et Pelagon, qualifié d'affranchi d'Auguste, sur un temple dédié aux Dioscures. L'interprétation du texte par Valla comporte deux fautes, l'une grave, l'autre moins, mais significative pour notre propos. Il donne la dédicace comme étant celle du seul Pelagon qu'il croit être né à Tarse, avoir été esclave de Tibère et affranchi. Cette bévue est peut-être provoquée par sa seconde erreur qui consiste à traduire le mot grec signifiant « ayant contribué[8] » par *cum consummasset*, « quand il eut fait la somme totale », conjecture intelligente mais inexacte. Pourtant le mot grec n'est ni rare ni difficile, et l'on est étonné de voir Valla trébucher sur ce mot[9].

Une reconstruction de la bibliothèque grecque de Valla n'est pas possible, mais il semble avoir possédé une partie de la grammaire de Donat traduite et adaptée par Maxime Planude (Vat. gr. 1388, fol. 80-93). Que l'auteur des *Elegantiae* ait possédé un tel texte se comprend aisément, et probablement tout ouvrage associé au nom d'un grammairien célèbre devait attirer son attention, en considération du manque de bons livres de référence.

Dans ce manuscrit, il se trouve que le texte adjoint est la *Poétique* d'Aristote, copié par la même main, celle de Girard de Patras, le copiste de Mantoue. On voudrait pouvoir en déduire que Valla a aussi enseigné la *Poétique*, puisqu'il semble citer une fameuse remarque sur la différence entre l'histoire et la poésie dans la préface de ses *Gesta Ferdinandi Regis*, ainsi la source serait trouvée. En 1445, quand il écrivait son histoire, le nombre d'Italiens pouvant lire la *Poétique* était minime. Ce mystère ne peut être complètement éclairci, parce que la preuve qu'il possédait la partie du manuscrit Vat. gr. 1388 que nous avons mentionnée n'est qu'une page portant le nom de Valla, à savoir le fol. 79r, qui semble être la couverture des fol. 80-93. Puisque le manuscrit est maintenant relié (avec l'autre moitié de la couverture qui constitue le fol. 94), rien ne prouve que les deux parties du manuscrit n'en constituaient qu'une seule à

7. Cf. *IG* XIV 714 ; *Lettre* 19.

8. συντελέσας.

9. A. Campana, *Archeologia classica* 25-26 (1973-1974), p. 84-102, a vu la première faute, mais pas la seconde.

l'origine. L'explication alternative suppose que Valla ait pu tomber sur un exemplaire de la traduction par Guillaume de Moerbeke, mais c'est peu vraisemblable puisqu'il s'agit d'un texte très rare et qu'il n'en subsiste que deux exemplaires[10].

Un autre témoin de ses limites dans la connaissance du grec vient d'une lettre datée de 1447[11], dont l'autographe est conservé. Valla n'était pas capable d'épeler correctement le titre de la pièce de Térence *Heautontimoroumenos*, dans lequel il fait deux fautes, l'une vénielle, l'autre moins. Il est évident qu'il trouvait difficile le verbe qui forme le second élément de ce titre et il écrivait Ἑαυτοντημερούμενος. L'examen direct de l'original montre qu'il n'y a aucun doute sur ces deux erreurs malgré leur bizarrerie.

Devant ces preuves qu'il y avait des points faibles dans sa connaissance du grec, on doit prendre au sérieux le fait qu'il reconnaissait que, pour traduire les discours de Thucydide, il avait besoin d'aide. Un étudiant moderne, s'il est sincère, en ferait de même. Nous avons déjà dit qu'il ne pensait pas pouvoir trouver cette aide auprès de son maître, et dans la même lettre, il écarte Georges de Trébizonde qui ne pourrait que refuser en raison de son animosité envers lui. Aucun autre choix que Bessarion ne subsistait, indication intéressante sur l'état des études grecques en 1448. Nous sommes assurés d'un contact utile de Valla avec Bessarion par la note sur l'évangile selon saint Jean 21.22 dans sa *Collatio Novi Testamenti* (846b), puisque nous savons par *Antidotum* 4 que c'est Bessarion qui a attiré son attention sur un problème textuel qu'il n'avait lui-même pas remarqué. Bessarion, nous l'avons dit (cf. *supra*, p. 116), avait écrit un traité à ce sujet en raison d'une discussion survenue à Rome en 1448 ou 1449. Mais l'aide que Bessarion aurait pu apporter à Valla pour la traduction de Thucydide est incertaine pour une raison que nous dirons plus loin.

La traduction de Thucydide était une commission du pape Nicolas V, et Valla confesse dans sa préface que cela mettait sa

10. Cf. aussi M. Regoliosi, *La storiografia umanistica*, Messine, 1989, p. 1 s.
11. N° 40.

compétence à rude épreuve[12]. Les discours posaient les plus grandes difficultés, mais pas seulement les discours. L'espoir de produire une traduction vraiment bonne s'évanouit avec le départ de Bessarion comme légat pontifical à Bologne. Valla croyait que c'était Bessarion qui avait donné son nom au pape pour cette tâche. L'impression qui ressort de la préface de Valla est qu'il aurait préféré ne pas avoir été choisi.

Gardant cela en mémoire, nous pouvons tenter une estimation de la traduction de Thucydide par Valla, dans laquelle les éditeurs modernes ont plaisir à trouver un bon nombre de bonnes leçons ou au moins dignes de considération. On peut compter 123 passages où Valla anticipe les corrections des modernes. La question se pose : Valla a-t-il pu de son propre chef restaurer le texte ou bien a-t-il eu la chance d'avoir un excellent manuscrit aujourd'hui perdu ? Question très débattue à laquelle les travaux les plus récents ne semblent pas avoir apporté de solution définitive. Valla a travaillé avec un manuscrit perdu (désigné par la lettre grecque ξ par les éditeurs modernes) dont certaines leçons sont passées dans un manuscrit encore conservé (désigné par la lettre H, Paris. gr. 1734). La circonstance qui fait pencher la balance du côté de cette conclusion vient d'un court passage du livre V, chapitre 47, où Thucydide produit le texte du traité entre Athènes et Argos, Mantinée et Élis en 420 avant J.-C. Par chance, une copie officielle du traité a été trouvée à Athènes près du théâtre de Dionysos par les archéologues en 1876. Le texte inscrit sur la pierre diffère quelque peu de celui donné par les manuscrits de Thucydide. Or la traduction de Valla suit plusieurs fois le texte de l'inscription et non celui des manuscrits. Ni lui ni aucun autre savant de la Renaissance n'ont pu avoir connaissance de cette inscription, et on ne peut imaginer qu'un autre exemplaire du traité conservé soit à Argos soit à Olympie ou à Mantinée ait été copié par un ancien voyageur comme Cyriaque d'Ancône et connu aux alentours de 1450. Ce serait trop belle coïncidence même en tenant compte du fait que Cyriaque a vu des inscriptions maintenant perdues et que

12. Cf. l'édition par B. Parthenius, Trévise, 1483 ?, qui est défigurée par des fautes d'impression. L'exemplaire de Valla est le Vat. lat. 1801.

toute son œuvre n'est pas publiée. La conclusion s'impose : le texte de Valla vient de son manuscrit source, à moins que l'on puisse prouver que des difficultés dans le contexte aient conduit un lecteur intelligent à faire des changements. En 5.47.6, ses deux conjectures anticipent sur celles de Kirchhoff, et un traducteur réfléchi peut les avoir faites de sa propre initiative. Mais on ne peut pas dire la même chose de deux passages dans la section suivante où le texte de tous les manuscrits peut être facilement traduit. Il serait incroyable que Valla se soit senti obligé de faire ces deux petits changements, s'ils n'avaient pas été dans le modèle qu'il lisait. Cela nous conduit à la conclusion que toutes les autres leçons particulières à sa traduction viennent de ce même manuscrit[13].

Valla a également traduit Hérodote. La commission venait encore de Nicolas V au début de 1453. Les éditeurs modernes varient dans leur manière d'apprécier l'importance de ce travail, mais aucun ne l'a comparé à la version de Thucydide. La seule étude sérieuse arrive à la conclusion qu'un certain nombre de passages censés prouver leur provenance d'un bon manuscrit perdu ne démontre rien de tel. Ils résultent des libertés que le traducteur s'est données à lui-même. Son travail n'est pas à l'abri d'erreurs. Il y a quelques améliorations du texte, pas très remarquables et facilement attribuables au savant intelligent qu'était indubitablement Valla[14]. Il est dommage d'avoir à renoncer à une suggestion faite récemment sur l'oracle de Delphes cité par Hérodote en 1.47.3. L'hypothèse voulait que la traduction de Valla impliquât qu'il avait connu une variante dans le texte de l'oracle qui aurait pu lui être communiquée par Cyriaque d'Ancône. Il est plus probable que Valla a essayé d'expliquer un mot très rare qui se trouve dans tous les manuscrits[15].

13. Cf. F. Ferlauto, *Il testo di Tucidide e la traduzione latina di Lorenzo Valla*, Palerme, 1979, qui donne une bonne mise au point de la question ; les observations de D. M. Lewis, *CR* 30 (1980), p. 276-278, sont très importantes.

14. Cf. G. B. Alberti, *Bollettino del Comitato per la preparazione dell'edizione nazionale dei classici greci e latini* 7 (1959), p. 65-84.

15. On doit cette idée à B. Hemmerdinger, *Les manuscrits d'Hérodote et la critique verbale*, Gênes, 1981, p. 48, 180-181. Mais le mot *acris* chez Valla doit être pris comme un génitif selon le manuscrit grec et non comme un nominatif

Avant de se lancer dans la traduction des historiens grecs, Valla s'était exercé à l'examen de l'exactitude de la Vulgate du Nouveau Testament. Il a pris, sur une longue période, des notes sur des passages individuels, notes qu'il a revues au fur et à mesure que son savoir augmentait, si bien qu'il y a de grandes différences entre les deux recensions qui en ont été publiées. La chose la plus importante est peut-être ce qui est commun aux deux, à savoir son usage de l'expression *graeca veritas*, qui a été retenue par Érasme pour l'introduire dans le titre de son édition du Nouveau Testament[16]. La découverte par Érasme de la deuxième rédaction des *Annotationes* à l'abbaye du Parc près de Louvain le conduisit à la faire imprimer en 1505. Sa préface dithyrambique fit davantage pour la diffusion du livre que le simple fait d'imprimer un texte qui était presque inconnu[17].

Il n'était pas difficile de trouver des fautes dans le latin de la Bible, mais les annotations de Valla témoignent d'une telle intelligence de la tradition historique qu'il mérite d'être classé parmi les grands critiques textuels. Il sait percevoir tous les hasards auxquels le texte a été soumis. Il avait fallu d'abord traduire le grec, et à ce stade des fautes s'étaient produites. Par exemple, en Matthieu 20.15 (817a-b), sans parvenir à reconstituer le texte tel qu'il se trouve dans les éditions modernes, Valla observe que le traducteur a pu être trompé par la ressemblance de certaines lettres grecques, ce qui explique la possibilité de confusion dans le latin entre *si*, *an* et *aut*. Une fois le grec traduit, les scribes entrent en scène pour recopier le texte pas toujours correctement ; ainsi en Matthieu 23.3 (818b), Valla explique une erreur que nous appelons aujourd'hui haplographie comme due à la négligence d'un scribe. Ailleurs, il

selon la variante. Le vrai problème est de savoir s'il a reçu une information de Cyriaque d'Ancône.

16. En définitive, il vient de la préface de saint Jérôme aux quatre évangiles (Wordsworth-White I.1-2). Jérôme mentionne aussi l'*hebraica veritas*, par exemple *Lettre* 106.7.

17. Le nombre des manuscrits conservés est faible ; A. Perosa, lorsqu'il a publié la première version en 1970, n'en connaissait que trois, un quatrième a été découvert récemment, cf. R. Furbini dans *Lorenzo Valla e l'Umanesimo italiano*, Padoue, 1986, p. 179-196.

introduit la distinction entre un copiste et un interpolateur dans la note sur Jean 10.29 (843b). On a déjà mentionné plus haut (cf. *supra*, p. 116) la plus fameuse de toutes ces notes, celle sur Jean 21.22 (846b), où la faute *sic* pour *si* est corrigée en référence au grec ἐάν, et la valeur de l'autorité de saint Augustin, si grande soit-elle dans d'autres cas, n'est pas confirmée par la *graeca veritas*. Nous avons vu que Bessarion avait fait meilleur usage de l'autorité de saint Augustin, et il est d'autant plus étonnant que Valla ne l'ait pas suivi cette fois puisque, ailleurs, il reconnaît que c'est le cardinal qui l'avait mis sur la piste de cette note sur Jean 21.22[18].

Un autre paragraphe, s'il avait été diffusé, aurait rendu célèbre son auteur. En commentant Actes 17.34 (852b), il a consacré quelques lignes à l'identité de Denys l'Aréopagite et arrive à la conclusion qu'il faut être sceptique quant à l'authenticité des livres qui circulaient sous ce nom. On doit le citer : « Pour finir, il est douteux que ce Denys qui n'est connu ni des Latins ni des Grecs ait écrit quoi que ce soit. Grégoire même ne dit pas que l'auteur des livres qui circulent sous le nom de Denys ait été Aréopagite. Quelques-uns des Grecs les plus savants de ce temps prétendent que l'auteur était Apollinaris ». Grégoire est le pape Grégoire le Grand, et la référence est justifiée dans une remarque de l'éloge de Thomas d'Aquin composé en 1457, où Valla déclare qu'il n'y a pas une citation de l'Aréopagite antérieure à Grégoire[19]. La référence à Apollinaris, un Père de l'Église du ɪᴠᵉ siècle, laisse supposer que quelqu'un de son entourage avait consulté les commentaires au corpus dionysien et y avait trouvé une note indiquant qu'Apollinaris en était l'auteur. On ne peut pas identifier le lecteur savant qui était tombé sur cette note, mais on verra plus loin (cf. *infra*, p. 144) qu'il pourrait vraisemblablement s'agir de Théodore Gaza. La note fait allusion à l'hypothèse en passant et la nie aussitôt après. La source de Valla, quelle qu'elle soit, avait évidemment été incitée à réfléchir davantage sur ce sujet[20]. La conclusion de Valla est qu'il devait y avoir plusieurs

18. *Opera* 340 = *Antidotum in Pogium* IV.

19. Voir l'édition de J. Vahlen, *Vierteljahresschrift für Kultur und Literatur der Renaissance* 1 (1885), p. 384-396, en particulier p. 395.

20. La note est imprimée dans *PG* 4, col. 176 C.

Denys. Cette conclusion logique n'a malheureusement pas été suivie, même pas dans les milieux les plus savants. Nous avons déjà noté (cf. *supra*, p. 112-113) que Bessarion persistait à traiter Denys comme un auteur authentique et nous verrons que le pape Nicolas V faisait de même. Il ne faut donc pas s'étonner si tout le monde suivait cette opinion. Un des auteurs phares du début du XVIe siècle, Gilles de Viterbe, pouvait traiter Denys comme la plus grande lumière de la théologie grecque[21].

On doit mentionner une omission très curieuse de Valla dans son travail sur le Nouveau Testament. Il semble n'avoir rien dit sur 1 Jean 5.7-8, ce que l'on appelle *comma Johanneum*, qui a entraîné Érasme dans une controverse laborieuse. La Vulgate en effet contient une addition qui a été utilisée au Moyen Âge comme la meilleure autorité scripturaire sur la doctrine de la Trinité. Valla n'a rien à dire à ce sujet, et pourtant il est très difficile de croire qu'il n'ait pas aperçu cette absence dans les manuscrits grecs dont il disposait (il n'y a que quatre manuscrits grecs conservés dans lesquels on trouve les mots en question, et il est virtuellement certain qu'au moment où Valla écrivait, il n'y en avait aucun). Pouvait-il être inhibé au point de renoncer à soulever une question sur l'une des doctrines les plus fondamentales de l'Église[22] ?

La compétence de Valla en grec l'autorisait certainement et même l'encourageait à la critique des exégètes antérieurs à lui, qui étaient moins bien équipés que lui du point de vue linguistique. Il savait que saint Augustin pouvait se tromper et il critiquait Thomas d'Aquin[23]. La critique de Thomas se trouve dans les *Annotationes* sur 1 Corinthiens 9 ; on ne trouve rien dans la *Collatio* qui est antérieure, et naturellement rien ne transparaît dans l'éloge de saint Thomas prononcé dans l'église dominicaine de Santa Maria sopra Minerva quelques mois seulement avant sa mort en 1457, bien que

21. Cf. B. Collett, *Italian Benedictine scholars and the Reformation : the congregation of Santa Giustina of Padua*, Oxford, 1985, p. 20, n. 45, qui cite J. W. O'Malley, *Giles of Viterbo on church and reform*, Leyde, 1968.

22. Cf. J. H. Bentley, *Humanists and Holy Writ*, Princeton, 1983, p. 44-45, mais tout le chapitre mérite d'être lu.

23. Cf. Camporeale, *op. cit.* (*supra*, n. 4), p. 307-309.

l'on devine à travers des remarques sur les traditions grecque et latine de la théologie qu'il devait avoir des réserves dans l'esprit. Bien que Valla ne fût pas homme à admirer le Moyen Âge, il aurait pu avoir de l'admiration pour le travail de deux hommes, s'il avait eu l'occasion de les rencontrer, Nicolas de Lyre (mort en 1349) qui avait fait usage de l'hébreu pour interpréter l'Ancien Testament, et Nicolas Maniacutia (mort *ca* 1150). Ce dernier, un diacre de San Lorenzo in Damaso, avait consulté un savant juif et faisait preuve d'une bonne maîtrise des techniques exigées d'un bon interprète. Il n'y a aucune preuve que Valla ait connu ses écrits, mais il est curieux que quelques-uns d'entre eux soient conservés dans le même manuscrit que les *Annotationes* de Valla (Bruxelles 4031-3). Il s'agit peut-être d'une pure et simple coïncidence, mais on peut aussi envisager que Valla ait réuni en un seul volume ces œuvres de son prédécesseur et un bel exemplaire de ses propres travaux. Par ailleurs, Bessarion connaissait et appréciait l'œuvre de Maniacutia puisqu'il le cite deux fois dans son écrit sur Jean 21.22 et, dans l'une de ces deux citations, il invite le lecteur à consulter le livre de Maniacutia pour plus de détails[24]. Valla semble ne rien devoir à son prédécesseur romain, et l'on peut penser pour sa défense que lorsque l'œuvre de Maniacutia lui fut connue, il avait déjà élaboré indépendamment sa propre méthode[25]. Même si l'on pense que Valla a tiré profit de Maniacutia, l'aisance avec laquelle il manie les notions de traducteur, scribe et interpolateur dans la transmission du texte biblique, marque une étape fondamentale dans l'histoire intellectuelle[26].

On ne peut pas dire que la traduction de Thucydide ait aiguisé chez Valla le sens de l'histoire et ait pu le conduire à ses brillantes observations sur la Donation de Constantin. Ce beau passage de cause

24. Édition Mohler, p. 76 et 82.

25. V. Peri, *Aevum* 41 (1967), p. 67-90, donne un bon exposé sur Maniacutia et les questions que pose son activité.

26. Cf. A. Perosa (éd.), *Lorenzo Valla, Collatio Novi Testamenti, redazione inedita*, Florence, 1970, p. XXIII-XXVII, sur les deux rédactions de Valla, et p. XXXIII, n. 63, pour une liste des passages où Valla fait montre de sa technique.

à effet ne tient pas pour des raisons chronologiques[27]. On ne peut pas dire non plus que l'entrée de Valla dans le champ de la critique biblique soit due à l'influence des intellectuels grecs qui vivaient en Italie. Ce n'est pas simplement pour une raison chronologique, car les Byzantins, malgré l'exemple de Photius, n'avaient pas de tradition en critique textuelle du Nouveau Testament. L'intérêt de Valla est venu de son étude des particularités du latin, dont les résultats sont exposés dans les *Elegantiae*, ce livre de référence d'une extraordinaire popularité (imprimé 59 fois entre 1471 et 1536). D'autre part, on se tromperait si l'on niait que sa participation au cercle de Bessarion ait porté du fruit dans les dernières étapes de sa carrière[28].

27. R. Pfeiffer, *History of classical scholarship 1300-1850*, Oxford, 1976, p. 37-38, répare la faute de U. von Wilamowitz-Moellendorff, *History of classical scholarship* (trad. anglaise, éd. H. Lloyd-Jones, Londres, 1982), p. 25. On notera en passant que, en Angleterre, l'évêque Reginald Pecock est parvenu à la même conclusion que Valla au sujet de la Donation, mais en suivant une approche différente. Voir l'étude de J. M. Levine, *Studies in the Renaissance* 20 (1973), p. 118-143.

28. Pfeiffer, *ibid.*, p. 37-38, n'a pas donné toute son importance aux relations entre les deux hommes.

Chapitre 10

Rome sous le pontificat de Nicolas V et de ses successeurs

La présence à Rome de Bessarion et de Valla avait établi un centre de vie intellectuelle. Pourtant ce serait une erreur de leur en attribuer tout le mérite. Ils devaient beaucoup au savant humaniste Tommaso Parentucelli, devenu le pape Nicolas V en 1447, qui a été un patron pour de nombreux savants. Une de ses ambitions était de constituer une bibliothèque complète de tout ce qui avait été écrit en latin. Elle devait inclure les nombreux textes grecs traduits en latin. Théodore Gaza, qui nous donne cette information dans la préface de sa traduction des œuvres de botanique par Théophraste, laisse espérer que presque toute la littérature grecque sera accessible sous cette forme à bref délai. Ces mots, qui pouvaient refléter l'optimisme ou la flatterie, apportent aussi une nouvelle indication sur la rareté de ceux qui connaissaient et savaient lire la langue grecque. Au crédit de Nicolas doivent être portées les nombreuses commissions dont furent chargés Gaza et les autres humanistes. Un autre grand bonheur fut que l'un de ses successeurs, Pie II, pape de 1458 à 1464, avait à cœur ce même projet. Bien que tous les papes n'aient pas montré le même enthousiasme, on peut suivre à Rome une tradition de la connaissance du grec pendant la deuxième moitié du XVe siècle.

Pendant le règne de Nicolas, les principaux hellénistes, à part Valla et Bessarion qui ont été presque toujours à Bologne, étaient Georges de Trébizonde et Théodore Gaza. Georges de Trébizonde était connu pour son mauvais caractère et il eut avec le plus célèbre membre de la Curie, Poggio Bracciolini, une fameuse dispute qui alla jusqu'aux coups. Gaza et lui ont parcouru de longues carrières qui les menèrent dans un grand nombre de villes italiennes. Leurs chemins se croisèrent à Rome à un moment très important de leurs carrières[1].

Georges de Trébizonde était l'auteur fécond de nombreuses traductions et avait enseigné à Venise, Vicence et Mantoue avant d'entrer dans la bureaucratie pontificale sous Eugène IV. Sous Nicolas V, il enseignait à Rome. Ses idées fixes et souvent fausses au sujet de faits historiques et de méthodes scientifiques ne donnent pas de lui une très bonne impression. Dire de Valla qu'il était totalement ignorant (*hominem penitus indoctum*) le rend aussitôt antipathique[2]. Soutenir, contrairement à toute la tradition, que Ptolémée l'astronome et ceux qui portaient le même nom étaient des descendants de la maison royale d'Alexandrie était simplement absurde[3]. Jacopo Cassiano de Crémone, qui avait traduit Archimède pour Nicolas V, se mit en devoir de tirer à boulets rouges sur sa traduction de l'*Almageste*. Sa compétence en histoire romaine ne valait pas mieux. Il croyait que la fameuse lettre de Pline le Jeune sur les chrétiens avait été écrite d'Espagne à l'empereur Vespasien, alors que tout le monde savait qu'elle avait été envoyée à Trajan de Bithynie[4]. Nous avons déjà dit qu'il avait des idées absurdes sur la persistance de sa langue maternelle en Italie après la chute de l'Empire romain[5]. Toutefois, ses opinions en matière de rhétorique soulevaient moins d'objections. Il recommande aux écrivains en

1. Sur Georges de Trébizonde, les deux ouvrages fondamentaux sont J. Monfasani, *George of Trebizond*, Leyde, 1976, et *Collectanea Trapezuntiana*, Binghamton, N. Y., 1984.

2. *Collectanea Trapezuntiana*, p. 165.

3. *Ibid.*, p. 99.

4. *Ibid.*, p. 585.

5. Cf. *supra*, chap. 8 (II), p. 114.

prose latine de respecter les règles du rythme des clausules, c'est-à-dire de suivre des modèles métriques dans les syllabes finales des phrases et des périodes ; mais il faut admettre qu'il ne semble pas avoir eu la moindre idée de ce que devaient être les bons modèles[6]. Il prétend aussi qu'il pouvait découvrir les clausules ou le rythme (ses mots ne sont pas tout à fait clairs) dans la prose d'auteurs comme Platon, Isocrate et Aristote[7]. Dans sa traduction du *De corona* de Démosthène, il prétend qu'il a pu suivre l'original dans ses clausules, son rythme et sa structure, une prétention hardie et très exagérée[8]. Il est d'autant plus important de souligner qu'il a fait preuve de bon sens dans l'une de ses remarques sur l'art de la rhétorique : il pensait que c'était plus une question de pratique qu'un sujet susceptible d'avoir des règles[9]. Si l'on avait écouté son avis, beaucoup de temps et d'effort auraient pu être épargnés. En matière de grec, il n'avait pas toujours tort. Il avait raison de penser qu'Albert le Grand et Thomas d'Aquin auraient bien mieux écrit s'ils avaient pu travailler sur des traductions d'Aristote plus élégantes[10]. Un épisode de sa controverse avec Guarino soulève un point intéressant, même s'il n'est pas dénué de tout a priori. Il prétend que Guarino pensait que les poètes grecs s'étaient permis de grandes licences poétiques, en modifiant les mots pour suivre le mètre dans lequel ils écrivaient. Georges de Trébizonde répondit que ces licences provenaient du fait qu'ils disposaient de plusieurs dialectes pour leurs compositions littéraires, ce qui est partiellement vrai. On se doit d'apprécier l'effort des humanistes qui essayaient de faire la scansion d'un hexamètre homérique[11].

Nous avons vu (cf. *supra*, p. 114) que Bessarion avait critiqué sévèrement les traductions des textes philosophiques faites par Georges de Trébizonde[12] ; Gaza lui aussi n'avait pas une bonne

6. J. Monfasani, *Collectanea Trapezuntiana*, p. 231 ; cf. aussi p. 332 et 400.
7. *Ibid.*, p. 232.
8. *Ibid.*, p. 95.
9. *Ibid.*, p. 339.
10. *Ibid.*, p. 142.
11. *Ibid.*, p. 406.
12. A. Pontani, *Contributi di Filologia greca medievale e moderna* (*Quaderni del Siculorum Gymnasium XVIII)*, Catane, 1989, p. 154, n. 7, attire l'attention sur

opinion de ses travaux. Un juge aussi compétent que Politien ne portait pourtant pas une condamnation aussi grave. Il remarque que Gaza, bien qu'il fût très dur pour son rival, n'avait aucun scrupule à faire usage de ses œuvres, et Érasme, deux générations plus tard, savait que Gaza avait modifié ses propres traductions pour répondre à des observations critiques de Georges de Trébizonde. Les modernes ont découvert un petit nombre de faits supplémentaires qui montrent que, quelles que soient les fautes des traductions de Trébizonde, il pouvait avoir de bonnes idées[13].

Après la venue de Gaza à Rome en 1449, les deux hommes se brouillèrent, et Trébizonde rapporte un incident qui se produisit lorsque Gaza, assistant à l'un de ses cours, avait fait scandale en l'interrompant. Il en résulta une querelle académique ; Valla ayant pris parti pour Gaza, Trébizonde fut progressivement exclu des cercles intellectuels.

Le lien de Gaza avec l'école de Vittorino da Feltre a déjà été signalé (cf. *supra*, p. 73). Il séjourna à Mantoue dans les années 1442-1446, où il put évidemment apprendre le latin d'une manière approfondie. Il demeura à Ferrare pendant quelques années où il eut l'honneur d'être nommé recteur de l'université. Démosthène fut parmi les auteurs qu'il enseigna[14]. Quelques-unes de ses leçons ont encore été conservées[15]. L'une d'elles expose les avantages du

sa faute extraordinaire sur Platon, *Lois* 634 A où il a pris χωλήν « boiteux » comme signifiant χολήν « bile ».

13. Politien, *Miscellanea* 1.90 a été à bon droit approuvé par J. Monfasani, *Georges of Trebizond*, p. 76-79 et p. 153, n. 94, pour des citations de deux lettres d'Érasme ; cf. J. Monfasani, *Collectanea Trapezuntiana*, p. 706-707, 708-709, 724-726 pour d'autres preuves.

14. Cela est connu par Gyraldus, *De poetis nostrorum temporum* 2, éd. Bâle, 1580, de ses *Opera*, p. 399, et par Ludovico Carbone, cité par Legrand, *Bibliographie hellénique*, vol. I, Paris, 1885, p. XXXII, n. 4. On peut remarquer en passant la citation de Ludovico Da Ponte (Ponticus Virunius) par Legrand qui dit que, encore longtemps après, les savants qui passaient devant la maison de Gaza à Ferrare enlevaient leur chapeau (*ibid.*, p. XXXIII, n. 3).

15. Cf. L. Mohler, *Kardinal Bessarion als Theologe, Humanist und Staatsman*, 3 vol., Paderborn, 1924-1942, vol. III, p. 253 s. et A. Gercke, *Theodoros Gaza*, Greifswald, 1903, qui publie des passages à partir du MS Vat. lat. 8761. Pour plus de détails sur sa biographie, cf. L. Mohler, *BZ* (1943), p. 50-75.

grec dans le cursus académique, et l'on voit qu'il se crut obligé de répondre au sujet de la difficulté de cette étude. Il fait l'éloge de Vittorino, Aurispa et Guarino pour leur contribution à cette cause. Son argument principal en faveur du sujet semble avoir été l'aide que le grec apporte à l'intelligence de la littérature latine, et il proclame le fait que les anciens Romains prenaient la peine d'étudier le grec. Il est significatif qu'il expose à son auditoire le grand avantage de lire Aristote dans la langue originale, car le texte est alors purifié de toute obscurité et âpreté de style. Ce fut probablement à Rome que Gaza accomplit le meilleur de son œuvre. Il avait bonne réputation et ne fut contesté que rarement. En écrivant l'histoire, il est souvent nécessaire de dénoncer les maladresses des savants les plus doués, mais on constate avec plaisir que Gaza est réputé avoir compris, mieux que ses contemporains, une expression idiomatique qu'il rencontrait en traduisant les *Problèmes* d'Aristote et en fréquentant d'autres écrivains hellénistiques ou des auteurs plus tardifs[16]. La recherche moderne a même révélé que lorsqu'il transcrivait les œuvres mineures de Théophraste (Ottob. gr. 153), Gaza a pu proposer plusieurs conjectures, anticipant le travail du savant français Turnèbe[17]. De plus, il faut remarquer un autre ouvrage qui date de 1470, sur l'ancien calendrier d'Athènes[18]. Les noms des mois, leur longueur et la méthode de datation des anciens Athéniens sont des sujets qui demandaient certainement des explications, si l'on veut dater en détail des textes historiques. Gaza a réuni des informations utiles à partir d'un grand nombre de sources. Il insiste sur les cas qui peuvent entraîner des confusions pour ceux qui se servent des calendriers romain et moderne : l'année athénienne commençait avec le mois d'*Hécatombaion* au solstice d'été, et chaque jour, au coucher du soleil et non pas à minuit.

La lettre écrite par Gaza à Nicolas V pour accompagner sa traduction des traités d'Aristote sur les animaux est éloquente. Il

16. Cf. S. L. Radt, *Zeitschrift für Papyrologie und Epigraphik* 38 (1980), p. 49 sur les expressions du type οἱ περὶ suivi d'un nom propre.

17. Cf. W. Burnikel, *Textgeschichtliche Untersuchungen zu neun Opuscula Theophrasts*, Wiesbaden, 1974, p. 54-61.

18. Édité dans *PG* 19, col. 1167-1218.

ne se plaint pas, mais l'on comprend qu'il n'a pas trouvé son travail facile. Il lui a fallu lire quantité d'auteurs latins pour trouver les termes techniques correspondants au grec[19]. Le texte grec n'était pas bon pour deux raisons : d'une part à cause des scribes qui ne comprenaient pas ce qu'ils écrivaient, d'autre part à cause de l'histoire du texte rapportée par le géographe Strabon. Cette dernière remarque est une allusion à la fameuse histoire selon laquelle les écrits d'Aristote destinés à ses élèves, à la différence de ceux destinés à un large public, avaient été longtemps perdus, enfouis dans une cave, et retrouvés en mauvaise condition[20]. Pour cette raison, le traducteur était obligé de corriger le texte. S'il n'avait fait que traduire ce qu'il avait devant lui, il y aurait eu de nombreux passages incompréhensibles, et c'est lui que l'on aurait blâmé comme ayant fait ces fautes lui-même. Un changement opéré par Gaza fut de transposer le livre IX qui devenait le livre VII : ainsi, conformément au plan donné par Aristote, le traité de la reproduction humaine suivait immédiatement celui de la reproduction des autres animaux. Sur ce point, Gaza a été suivi par ses successeurs.

Un autre aspect intéressant de ses remarques est la série de raisons qu'il donne pour lire cette partie du corpus aristotélicien. Il met en avant les vertus morales dont le comportement des diverses espèces du règne animal donne des exemples. Ainsi, le lecteur sera invité à admirer les œuvres de la nature et de son créateur. Le philosophe pourra acquérir une meilleure compréhension des différents types de causalité. Ceux qui doivent parler en public auront l'avantage d'exploiter des faits amusants et des analogies tirées du monde animal. Il ne dit rien pourtant de ce qu'un lecteur moderne pourrait raisonnablement attendre d'un écrivain de

19. L'un d'eux doit être Pline l'Ancien et il est intéressant de remarquer que Gaza signale le mauvais état de ce texte très difficile. Il prétend qu'il était presque incompréhensible avant que l'évêque d'Aleria, Giovanni Andrea de' Bussi, l'ait substantiellement amélioré.

20. Cette histoire extraordinaire est racontée par Strabon 13.1.54. Elle n'est pas jugée invraisemblable par tous les auteurs modernes, cf. P. Moraux, *Der Aristotelismus bei den Griechen von Andronikos bis Alexander von Aphrodisias*, vol. I, Berlin, 1973, p. 18-28.

cette époque. Il ne suggère jamais qu'Aristote pouvait stimuler la recherche dans ce même domaine.

La préface de Gaza sur Théophraste redit les mêmes choses. Il déclare qu'il est de toute façon très heureux de servir le pape, mais qu'il se sent dépassé par la tâche. Il était très difficile de trouver le vocabulaire latin exact pour rendre la grande diversité des mots grecs en botanique. Le texte était tellement défiguré par les erreurs des scribes ou d'autres défauts qu'il a été obligé d'abréger certains passages. Cependant, à certains endroits, il a pu produire un texte amélioré : on ne sait pas si ces améliorations sont dues à son habileté pour trouver des conjectures ou à un manuscrit perdu de meilleure qualité. La façon dont il a traité les autres œuvres de Théophraste déjà mentionnées n'exclut pas la première explication[21]. Il dit qu'il a fait de son mieux pour produire une traduction dans un latin tolérable, et ajoute qu'il n'a pas voulu tomber au niveau de son prédécesseur Guillaume de Moerbeke. Mais ce qui étonne le plus dans cette préface, c'est une omission : il ne dit rien sur la raison pour laquelle on aurait le désir de lire Théophraste. Une explication est facilement trouvée. Alors que les médecins auraient été heureux de recevoir une collection pharmacologique comme celle de Dioscoride, Gaza offrait au public un texte scientifique, et l'on devine qu'il y avait peu de savants, si même aucun, préparés pour en tirer parti.

Sa remarque sur les niveaux stylistiques soulève une question, puisqu'elle l'expose à une accusation faite par Trébizonde qu'il portait le style des matières techniques à une telle élégance qu'il arrivait à défigurer le sens de l'original. Ce reproche touchait sa manière de traiter Aristote[22]. Cela ne s'accorde pas bien avec

21. Quelques-unes des corrections correspondent aux leçons ajoutées par une seconde main dans le Paris. gr. 2069 copié par Andronicus Callistus et ensuite propriété de Leoniceno. Les exemples cités par S. Amigues dans l'édition Budé des livres I-II de l'*Historia Plantarum*, Paris, 1988, p. XLVI-XLVIII, me semblent tomber justement dans la catégorie des notions qui s'imposent à un critique intelligent.

22. Cf. J. Monfasani, *George of Trebizond*, p. 154 avec les n. 97-98.

l'observation de Politien selon laquelle Gaza était critique envers son prédécesseur bien qu'il le suivît de très près.

Il eut une autre commande pour les *Problemata* d'Aristote, suivie un an plus tard par une demande pour un ouvrage similaire attribué au commentateur Alexandre d'Aphrodise. Gaza tenait Alexandre pour un savant sérieux et pensait que le texte n'avait pas la tenue que l'on devait attendre de lui. Ce point n'a pas beaucoup d'importance en lui-même, mais la manière dont l'argument est avancé mérite que l'on s'y arrête un moment. La préface commence ainsi :

> Num aegre interim feras, pater sanctissime, si ego falsam deprehendam libri descriptionem, an libros tantum illos *De hierarchia* auctoris esse Dionysii Atheniensis viri doctissimi velis, nequid religioni derogetur, cetera autem sint necne quorum volumina esse inscribuntur, parum referre censeas, modo fructus ex his aliquis capiatur ; equidem ita censere te arbitror.

> « Vous n'allez pas cette fois trouver désagréable, très saint Père, si je découvre qu'un livre est faussement attribué. Vous voudrez seulement tenir, dans l'intérêt de la foi, que les livres fameux *Sur la Hiérarchie* sont bien de Denys d'Athènes, homme très savant, tandis que, pour toutes les autres œuvres, vous jugez de peu d'importance qu'elles soient ou non de l'auteur nommé dans le titre, pourvu que l'on puisse en tirer quelque profit. C'est de cette façon que je comprends votre point de vue ».

Cette déclaration nous laisse supposer que le pape avait eu son attention attirée sur la question de l'authenticité du corpus dionysien et avait décidé que l'opinion traditionnelle devait être maintenue pour la raison indiquée. Il n'en résulte pas que ce soit Gaza lui-même qui ait lancé ces discussions sceptiques, bien que ce soit possible[23].

23. Cf. *supra*, chap. 9, n. 20 et 21. Ce sujet avait aussi été soulevé par Pietro Balbi ; J. Monfasani dans *Supplementum Festivum : studies in honor of P. O. Kristeller*, Binghamton, N. Y., 1987, p. 189-219, a apporté du matériel intéressant à ce sujet, en particulier p. 202.

L'intérêt de Nicolas sur ce qu'il considérait être une bonne appréciation d'un texte patristique grec nous remet en mémoire l'intérêt qu'il portait, lui et tous ses successeurs jusqu'à Sixte IV (1471-1484), à cette part de l'héritage grec[24]. Pendant de nombreuses années Nicolas reconnut l'importance des résultats dans les négociations avec l'Église grecque. Il avait assisté au concile de Florence et avait encouragé les études de Traversari sur Denys[25]. Son patronage continuait. Il avait fait chercher à Constantinople un exemplaire de la défense du christianisme par Origène, le *Contra Celsum*, dans l'intention que Gaza en fît une traduction. Ce travail ne pourra être entrepris que plus d'une décennie plus tard. Gaza était trop occupé et ne fit qu'écrire une préface à la traduction achevée par Cristoforo Persona. Par ailleurs, Trébizonde fit un certain nombre de traductions de textes patristiques en se concentrant sur les Pères cappadociens du IVe siècle et Jean Chrysostome, mais en s'intéressant aussi à certaines œuvres de Cyrille d'Alexandrie et d'Eusèbe dont la *Praeparatio Evangelica* contenait beaucoup de matériel pour qui voulait réfléchir sur les similarités et les différences entre la philosophie grecque et la foi chrétienne. Ce genre de comparaisons était dans l'air à ce moment-là, et ce fut le jeune Niccolò Perotti, qui avait le patronage du pape et de Bessarion, qui fit une traduction du traité de Plutarque *Sur l'envie* et de celui sur le même sujet par saint Basile. C'est dommage que les brèves lettres de dédicace à Nicolas V ne révèlent pas de profondes pensées sur l'importance d'étudier les moralistes païens[26]. D'autres savants travaillant sous Nicolas V et ses successeurs sont connus pour avoir traduit des textes patristiques. Toutes ces traductions n'ont pas été étudiées parfaitement, et ce serait injuste de donner un jugement sur la compétence de leurs auteurs, mais ils ont accompli leur propos

24. Cf. C. L. Stinger, *The Renaissance in Rome*, Bloomington, 1985, p. 228-234, qui donne un utile aperçu général.

25. Voir le texte publié dans J. Monfasani, *Collectanea Trapezuntiana*, p. 296.

26. Elles sont éditées par A. Wilmanns et L. Bertalot, *Archivum Romanicum* 7 (1923), p. 506-509, avec des corrections par G. Mercati, *Per la cronologia della vita e degli scritti di Niccolò Perotti arcivescovo di Siponto* (Studi e Testi 44), Cité du Vatican, 1925, p. 34-35.

d'une façon convenable. Bien que la littérature de ce genre ait été appréciée principalement pour sa valeur de guide spirituel et, dans quelques cas, pour ses implications philosophiques, son influence toucha quelquefois des matières plus pratiques. En saint Jean 21.15, Jésus dit à Pierre : « Sois le pasteur de mes brebis ». Dans l'exégèse des Pères grecs, cette parole était comprise comme un commandement à Pierre seul, mais les défenseurs du pouvoir temporel de l'Église ne furent pas lents à réaliser que ce texte pouvait être cité pour justifier les prétentions à l'autorité des successeurs de Pierre. Jean Chrysostome et Cyrille d'Alexandrie étaient cités parmi eux[27]. L'auteur juif Philon était utile d'une manière différente. Les pouvoirs réclamés par la papauté avaient un précédent commode dans l'un de ses traités, dans lequel Moïse était décrit comme combinant les fonctions de roi, prêtre et législateur, qui a été utilisé comme une préfiguration de la position du pape[28].

Maintenant que les Pères grecs occupaient une large part de la réflexion des membres de l'Église, il est naturel de se demander s'ils en tiraient la conséquence logique qu'ils devaient recourir aux textes originaux comme aux documents fondamentaux de leur foi. Quoique Valla n'eût pas réussi à publier son ouvrage sur le Nouveau Testament et qu'il n'eût peut-être pas fait de grands efforts pour cela, le simple fait que certains passages pouvaient être discutés dans le cercle de Bessarion et être convenablement traités par lui signifie qu'on avait à cœur de consulter les sources primaires. Mais cette exigence était très limitée, et il n'y a qu'une preuve tangible d'une telle attitude. Pour quelque temps, Valla a eu comme collègue à la curie un Florentin remarquable, Giannozzo Manetti (1396-1459), un marchand qui à vingt-cinq ans commença

27. Cf. Stinger, *op. cit.* (*supra*, n. 24), p. 168-170 sur l'ouvrage de Piero da Monte et son article dans P. A. Ramsey (éd.), *Rome in the Renaissance*, Binghamton, N. Y., 1982, p. 153-169.

28. Noté par L. D. Ettlinger, *The Sixtine chapel before Michelangelo*, Oxford, 1965, p. 116-117, qui se réfère à des exemplaires des traductions par Lilio Tifernate offerts à Sixte IV (MSS Vat. lat.180-183). Une *Vie de Moïse* par Grégoire de Nysse avait été accessible bien plus tôt dans une traduction par Georges de Trébizonde, mais je ne suis pas sûr qu'elle ait eu de l'influence, *pace* Stinger, *op. cit.* (*supra*, n. 24), p. 211-213.

à éprouver un fort intérêt pour les études et dans son âge mûr devint un membre important de l'élite de son pays. Il est aussi le prototype de l'idéal de l'*homo trilinguis*, l'homme compétent dans les deux langues de l'Antiquité païenne et en hébreu. Manetti lui-même a probablement pris saint Jérôme pour modèle puisqu'il parle de lui comme d'un grand savant et familier des trois langues les plus importantes[29].

Puisqu'il était florentin, il subissait l'influence de Bruni et de Traversari. Ses remarques sur l'art de traduire prouvent qu'il avait lu le traité de Bruni sur ce sujet et il cite Bessarion et Traversari comme des experts dans cet art. Ayant été expulsé par les Médicis, Manetti passa à Rome les années 1453-1455 et y fit une nouvelle traduction du Psautier à partir de l'hébreu. En un an, il fut en butte à des attaques, et nous avons la défense qu'il écrivit, dont une bonne partie consiste en une liste de variantes textuelles dans le style des observations de Valla sur le Nouveau Testament. Il donne aussi un récit sur l'origine de la Septante, citant abondamment le livre VIII de la *Préparation évangélique*. Il met en question l'exactitude de l'histoire donnée par Eusèbe en se référant à Jérôme et à Augustin comme de meilleurs informateurs. D'une manière étrange, il pense qu'Eusèbe fonde analogiquement son récit sur une tradition courante à propos du texte des poèmes homériques que l'on supposait avoir été rassemblés sous les auspices du tyran athénien Pisistrate au VIe siècle avant J.-C.[30].

À la mort de Nicolas V, Manetti partit pour Naples et travailla à une nouvelle traduction latine du Nouveau Testament, qui est conservée dans deux manuscrits (Pal. lat. 45 et Urb. lat. 6). Il est étonnant que l'on doive remarquer que, encore aujourd'hui, cet ouvrage reste largement inconnu[31].

Plusieurs des savants résidant à Rome à ce moment-là appliquèrent leur activité à des textes classiques et patristiques.

29. Cf. *Apologeticus* 2.27, éd. A. De Pretis, Rome, 1981.

30. *Ibid.* 2.28.

31. Pour quelques détails intéressants, cf. J. H. Bentley, *Humanists and Holy Writ*, Princeton, 1983, p. 57-59. C'est S. Garofalo, *Biblica* 27 (1946), p. 338-375, à qui l'on doit d'avoir attiré l'attention sur ce point.

Argyropoulos, qui poursuivit presque toute sa carrière à Florence comme savant aristotélicien, vint à Rome en 1471 pour six années et y revint en 1481 pour y finir sa vie. Pendant son séjour romain, il fit une traduction du *Commentaire sur l'Hexaemeron* par saint Basile. Curieusement, cet ouvrage avait été traduit en latin dans l'Antiquité tardive, et l'on se demande pourquoi il pouvait figurer dans une liste de *desiderata*. Mais le contenu avait de l'importance, puisque Basile fournissait une longue discussion du récit biblique de la création et rejetait les idées païennes sur l'origine de l'univers. Persona, le traducteur d'Origène, qui fut nommé préfet de la Bibliothèque vaticane en 1484, produisit des traductions d'autres textes patristiques, mais ne s'enferma pas dans ce genre de littérature. Il trouva le temps de faire des traductions des deux plus importants historiens byzantins anciens, Procope et Agathias. Ces deux auteurs ont l'avantage de donner un récit contemporain et fondé en partie sur une expérience personnelle de la reconquête par Justinien de l'Italie sur les Goths au milieu du VIe siècle. Les exploits de Bélisaire et de Narsès n'étaient pas tout à fait inconnus du public cultivé, puisque Bruni avait paraphrasé Procope en écrivant l'histoire de l'ancienne Italie, mais la traduction de Persona permettait aux lecteurs d'étudier les sources en plus grand détail[32].

Un autre savant versatile employé par la curie pontificale était Niccolò Perotti qui a déjà été cité brièvement (cf. *supra*, p. 145)[33]. Il avait été l'élève à Mantoue de Vittorino et à Ferrare de Guarino avant de s'installer à Rome, où il entra aussitôt en contact avec Bessarion, qui lui procura un poste à l'université de Bologne. La raison principale pour lui faire une place dans l'histoire de la culture est son travail comme latiniste et en particulier sa découverte de certaines fables inconnues des Latins. En grec, son ouvrage principal est une traduction d'une autre des sources principales utilisées par Bruni pour son histoire de l'Italie, les cinq premiers livres de

32. Il semble que le manuscrit d'Agathias possédé par Persona n'a pas été conservé, cf. R. Keydell, *Agathiae Myrinaei historiarum libri quinque*, Berlin, 1968, p. XV-XVI.

33. L'ouvrage moderne le plus utile sur lui est la préface à R. P. Oliver, *Niccolò Perotti's version of the Enchiridion of Epictetus*, Urbana, 1954.

l'historien hellénistique Polybe, qui traite de la première guerre punique et d'une grande part de la seconde. La traduction de Perotti semble avoir été trouvée utile puisqu'elle a été imprimée quatorze fois avant d'être remplacée par celle de Casaubon en 1609. La liste complète de ses traductions s'élève à dix. Elle comporte un texte fameux de philosophie stoïcienne, l'*Enchiridion* d'Épictète, traduit de nouveau peu après par un personnage non moindre que Politien. Quelquefois Perotti mentionne son sentiment sur un texte, par exemple sur l'essai de Plutarque *De fortuna Romanorum*, qu'il a traduit pour Nicolas V. Il eut du mal à achever ce travail, étant scandalisé par les idées préconçues et inattendues de Plutarque contre les Romains, dont les succès sont attribués plus à la Fortune qu'à leurs propres mérites. Après avoir consulté Bessarion, il était parvenu à la conclusion que Plutarque avait laissé son essai inachevé, et les savants modernes l'approuvent en reconnaissant que l'essai dans l'état est un exercice sophistique dans lequel une partie seulement de l'argument est développée. Perotti était donc pleinement justifié de penser que l'équilibre que l'on pouvait attendre de Plutarque exigeait l'exposé de l'autre partie de l'argument, à savoir que les succès des Romains étaient dus à la pratique des vertus qu'on leur reconnaissait habituellement[34].

Deux autres numéros dans la liste sont tout à fait en dehors des sentiers battus. Ce sont deux monodies, lamentations en prose par des auteurs littéraires prolifiques de l'Empire romain tardif. Le premier est dû à Aristide et décrit le sort de la cité de Smyrne frappée par un tremblement de terre, le second est la pièce composée par Libanius sur la mort de l'empereur Julien. Le premier de ces événements n'était pas d'une importance exceptionnelle, et bien que le personnage de l'Apostat pût stimuler la curiosité en tout temps, le choix de Perotti réclame néanmoins quelque explication. Il nous la donne heureusement dans une lettre à un autre membre de la curie[35]. Évidemment, il avait été préposé à la bibliothèque de Bessarion dans laquelle il avait trouvé un volume contenant quelques-uns des écrits de son patron (Marc. gr. 533). Parmi eux était un exercice du même

34. Le texte de Perotti est édité par R. Sabbadini, *GSLI* 50 (1907), p. 52-54.
35. Cf. Mercati, *op. cit.* (*supra*, n. 26), p. 151-155.

genre composé pour la mort de l'empereur Manuel Paléologue en 1425. Perotti le lut et fut impressionné par le genre et la qualité de ce spécimen. Il se mit à chercher d'autres exemples et les découvrit dans l'œuvre d'écrivains postclassiques. Il déclare – difficile de dire si c'est de la flatterie ou de l'enthousiasme dicté par l'amitié – qu'il préfère l'œuvre de Bessarion à celle des deux autres. Malgré ce verdict, il fit la traduction des trois et nous dit que cela lui prit quatre jours.

Cette même lettre est utile pour une autre information qu'elle apporte au sujet de Bessarion. Elle peut être datée de la dernière année de sa vie et montre qu'il était encore très actif. Il rendait service à des savants en d'autres cités de l'Italie : Pérouse, Sienne et Florence sont nommées, mais les bénéficiaires ne le sont pas. À Rome, même son cercle de connaissances est décrit comme un « atelier de philosophie » (*philosophiae officina*) ; on se souviendra que, ailleurs, Perotti la décore du titre d'académie. Et la grande influence exercée par le cardinal est suggérée par le fait, rappelé par Perotti, de la publication de son *In calumniatorem Platonis* : Perotti affirme qu'il a été tiré à mille exemplaires, nombre qui est favorablement comparé aux monographies publiées dans les temps modernes.

Quelques autres faits peuvent être ajoutés pour compléter le tableau des études grecques à Rome. Pendant ses deux absences de Florence, Argyropoulos semble avoir suscité de l'intérêt pour quelques textes en prose qui tombaient en dehors du domaine habituel de la philosophie et de la théologie. Il donna des cours sur Thucydide et, bien que l'on soit tenté de penser que cet auteur, malgré son style difficile, aurait dû être un des plus étudiés d'une manière fréquente et approfondie, on peut se demander si la traduction de Valla n'était pas beaucoup plus populaire et accessible que l'original. L'auditoire d'Argyropoulos incluait l'allemand Reuchlin, et nous trouvons un autre allemand étudiant avec lui, Jacob Questenberg de Fribourg, qui en 1490 était un fonctionnaire pontifical, fit deux transcriptions des *Deipnosophistae* par Athénée dans la version de l'épitomé, et l'on peut montrer que l'une des deux fut faite pour Reuchlin, qui voulait d'abord l'offrir à l'évêque de Worms et finalement la garda dans sa bibliothèque (Würzburg, Univ. M. p. gr. f. 1). Les *Deipnosophistae* sont une curieuse compilation d'un intérêt principalement archéologique, que les savants modernes estiment de grande valeur pour ses nombreuses citations, toujours trop brèves, venant d'auteurs perdus de l'ancienne comédie, et qui, entre autres, jettent une grande lumière sur la nourriture et la boisson des anciens Grecs. Mais les études n'avaient pas encore atteint le point où l'on estime utile de rassembler les fragments des auteurs perdus. Ce qu'un fonctionnaire pontifical, même au service de la cour de l'hédoniste pape Borgia, Alexandre VI, pouvait trouver à exploiter dans la forme abrégée de ce texte souvent obscur, reste une question difficile. On pense que le second exemplaire (Laur. 60.2) était également destiné à un patron cultivé[36].

Les sources contemporaines témoignent de l'enthousiasme pour la culture grecque déployée dans les palais des prélats et des dignitaires de ce temps. L'un des cardinaux nommés par Paul II (1464-1471) avait la réputation de maintenir dans sa domesticité un tel niveau littéraire que, même à la cuisine, se donnaient des leçons sur les *Éthiques* d'Aristote[37]. Moins bizarre est l'histoire de la fête donnée par l'ambassadeur vénitien Francesco Diedo le jour de l'Épiphanie 1482. Pendant le repas et après, prirent place des discussions rhétoriques pour célébrer tour à tour les arts, comme la musique, la poésie et le génie militaire. Quelques interventions se firent en grec, et il y eut des spectacles qui imitaient si parfaitement les drames classiques qu'ils ne différaient en rien de leurs modèles. À première vue, on pourrait croire que notre source annonce la performance d'un drame grec, mais, en y regardant de plus près, je suis conduit à penser que ces productions dramatiques doivent être prises comme un élément dans la liste des divertissements, et la représentation d'une pièce grecque aurait été un événement d'une telle rareté que l'on se serait attendu qu'il soit signalé d'une manière plus importante. Donc la partie grecque des divertissements n'était en toute probabilité rien de plus qu'une suite de déclamations[38].

36. Sur ces manuscrits, cf. C. Aldick, *De Athenaei Deipnosophistarum epitomae codicibus Erbacensi Laurentiano Parisino*, Münster, 1928.

37. Cet épisode curieux est rapporté par Burckhardt dans son livre sur la Renaissance. Le texte est de Gaspar Veronensis, éd. L. A. Muratori, *Rerum Italicarum scriptores*, vol. III, pars II, Milan, 1734, col. 1034.

38. La source est Raphael Volterranus, *ap.* Muratori, *Rerum Italicarum scriptores*, vol. XXIII, Milan, 1733, p. 161-162.

Chapitre 11

Florence dans la seconde moitié du siècle

(I) ARGYROPOULOS

Dans les années 50, la chaire de grec à Florence était encore une fois tenue par un savant byzantin. Après le départ de Filelfo, il y avait eu une interruption dans cet enseignement. En 1440-1442, il a été partiellement assuré par Georges de Trébizonde pour la *poesia*[1]. Après la mort de Bruni, Marsuppini obtint le poste de chancelier sans aucune obligation d'enseigner jusqu'à 1451, année où il fut nommé à une chaire de latin et de grec, mais il ne survécut que deux années. En 1456, la situation changea avec la nomination de Jean Argyropoulos, un Grec réfugié alors âgé d'au moins quarante ans[2]. Il était venu pour la première fois en Italie pour le concile de Florence, il revint peu après pour une seconde visite, et passa les années 1441-1444 à Padoue. Il y a joui de la protection de Palla Strozzi, exilé de Florence, tout comme un autre réfugié plein de talents, Andronicus Callistus. Un des acquis de ces années-là fut la

1. Cf. J. Monfasani, *George of Trebizond*, Leyde, 1976, p. 41-43.

2. Monfasani, *op. cit.*, p. 376, donne des raisons pour penser qu'il était de dix ans plus vieux. Ses jeunes années ont été étudiées de nouveau par P. Canivet et N. Oikonomides, *Diptycha* 3 (1982-1983), p. 5-97 (inaccessible pour moi) ; mais la question de l'identification n'est pas résolue.

copie d'un commentateur d'Aristote, Simplicius, copié pour Palla par Argyropoulos (Paris. gr. 1908). Le colophon ajouté par Andronicus donne les détails[3]. Ce volume, qui contient le commentaire sur la *Physique* d'Aristote, procurait à Palla des informations sur les présocratiques et d'autres anciens philosophes. Dans les autres manuscrits qui peuvent être identifiés comme écrits de la main d'Argyropoulos, manque le colophon qui pourrait nous dire s'ils ont été copiés pour Palla à une date ultérieure[4].

Aucun des deux exilés ne semble avoir obtenu une position à Padoue, même si le nom d'Argyropoulos se trouve dans les listes des registres de l'université comme ayant acquis un grade universitaire. Argyropoulos retourna à Constantinople où il enseigna depuis 1448 jusqu'à ce que la ville tombe aux mains des Turcs. Les détails des quelques années suivantes ne sont pas bien connus, mais une fois établi à Florence, il y demeura jusqu'en 1471, puis après six années passées à Rome, il y revint et demeura pour une autre brève période.

Une autorité moderne a prétendu qu'il était connu pour avoir approuvé les doctrines païennes de Pléthon, mais cette idée semble avoir peu sinon aucune base[5]. Le témoignage de son enseignement suggère que son intérêt principal était Aristote. On voit que ses leçons étaient très suivies, et Laurent de Médicis faisait partie de son public. Ce professeur étranger devint un personnage principal dans l'*Academia Fiorentina* récemment établie, une association fondée en 1454 avec pour objectif de tenir chaque jour une réunion chez Alamanno Rinuccini (1426-1499), un autre des nombreux humanistes qui traduisit quelques-uns des écrits de Plutarque (plus tard il entreprit le travail beaucoup plus insolite de faire une traduction de la *Vie d'Apollonius de Tyane* par Philostrate). Un autre signe des sentiments de cordialité qu'inspirait Argyropoulos est qu'il était un invité régulier des réceptions données deux fois par an par Franco

3. Voir la planche 8 dans la contribution de D. Harlfinger dans I. Hadot (éd.), *Simplicius, sa vie, son œuvre, sa survie*, Berlin, 1987, p. 267-286.

4. Les études principales sont G. Cammelli, *Giovanni Argiropulo*, Florence, 1941 et l'article de G. Bigi dans le *Dizionario biografico degli Italiani*.

5. Cf. Monfasani, *George of Trebizond*, p. 160, n. 124.

Sacchetti, où une dizaine ou douzaine d'intellectuels se réunissaient pour discuter une variété de sujets. En 1466, Argyropoulos reçut la citoyenneté florentine. Malgré tout il passa à Rome les années 1471 à 1477 et de 1481 jusqu'à sa mort en 1487 ; les raisons de ce déplacement ne sont pas bien connues, mais une combinaison de deuils et l'élection du pape Sixte IV, qu'il avait connu dans ses années d'étudiant à Padoue, ont pu le pousser à chercher un changement d'air.

La majeure partie de son œuvre publiée consiste en traductions. Parmi elles on trouve un texte patristique, saint Basile sur l'*Hexaemeron* ; les autres sont aristotéliciennes, presque toutes dédiées aux membres de la famille Médicis. On est surpris qu'il ait cru devoir s'attaquer à l'*Éthique à Nicomaque*, puisque la traduction de Bruni était en circulation, et quelle que soit la critique que l'on pouvait en faire, on pouvait difficilement la considérer comme inexistante. Les autres textes font partie de l'*Organon*, un fait qui montre que les habitudes médiévales en philosophie n'étaient point mortes ; mais il produisit également des traductions de la *Physique*, du *De caelo*, du *De anima* et de la *Métaphysique*. Il y a des signes dans l'une de ses préfaces qu'il ne partageait pas les vues de Bruni. En dédiant son travail à Pierre de Médicis, il dit qu'il aurait pu traduire quelque écrit de rhétorique, mais que cela ne lui aurait pas permis de montrer à Pierre sa gratitude et n'aurait pas été une performance digne de l'un ni de l'autre. La philosophie est évidemment un sujet plus sérieux que la littérature, et Argyropoulos veut seulement ajouter ce qu'il faut d'élégance stylistique à une traduction littérale, autant que le contexte le permet. Cette déclaration doit être considérée avec la phrase qui ouvre ce même texte : « J'ai décidé de faire une traduction plus élégante de quelques traités d'Aristote, car ce serait certainement bien reçu d'Aristote lui-même, s'il est dans la position de s'en apercevoir. Il se verrait enfin apparaître parmi les Latins dans la forme dans laquelle il désirait apparaître parmi ses concitoyens ». On peut mettre en question la cohérence de ces deux prétentions, mais il n'y a aucun doute qu'il y a dans ces paroles un sous-entendu de polémique contre des prédécesseurs qui ne sont pas nommés. Nous avons un témoignage indépendant de cette polémique chez Filelfo, qui écrivait de Milan à Argyropoulos en novembre 1457, pour lui dire que sa critique de Bruni était bien connue et faisait une certaine détresse. Filelfo louait Bruni d'une manière assez surprenante jusqu'à dire que personne en Italie n'avait été trouvé plus valeureux dans son service pour la science, une estimation d'une chaleur peu habituelle[6].

Plusieurs leçons d'introduction nous sont parvenues. Elles appartiennent aux années 1457-1462 et concernent l'*Éthique à Nicomaque* (livres I-VI), la *Physique* (livres I-III), le *De anima* et les *Météorologiques*. Argyropoulos écarte les doutes relatifs à l'authenticité de ce dernier ouvrage en observant que le style et la manière dans laquelle l'information est présentée sont typiques de l'auteur et qu'il y a des renvois à d'autres parties du corpus. On constate une approche plutôt scolastique des textes dans au moins trois de ces leçons qui contiennent ce que, aujourd'hui, l'on pourrait appeler une méthode pour lire le texte. Il affirme qu'il y a huit questions à se poser à propos de n'importe quel texte, et cette doctrine n'est rien d'autre qu'une légère modification d'une formule que l'on trouve dans les commentateurs aristotéliciens de l'Antiquité tardive[7]. Ces questions sont les suivantes : l'intention de l'auteur dans le livre en question, son utilité, son authenticité, le titre, sa place dans l'œuvre de l'auteur, les subdivisions à l'intérieur de l'œuvre, la branche de la philosophie à laquelle elle appartient, la méthode de présentation de l'auteur.

Deux remarques incidentes doivent être rappelées ici. Argyropoulos dit qu'il connaît l'existence de traductions d'Aristote en diverses langues ; on se demande s'il avait le soupçon que se

6. Pour Filelfo, voir sa lettre nº 50 dans É. Legrand, *Cent-dix lettres grecques de François Filelfo*, Paris, 1892, p. 92-93. La différence des attitudes est étudiée par J. E. Seigel dans T. K. Rabb et J. E. Seigel (éd.), *Action and conviction in early modern Europe : essays in memory of E. H. Harbison*, Princeton, 1969, p. 237-260. Le texte est cité dans la préface au *De interpretatione* et au *Premiers Analytiques*, dans l'exemplaire de présentation (Laur. 71.18).

7. On verra plus loin que des procédures semblables se rencontrent dans l'œuvre de Politien ; cf. *infra* et S. Rizzo dans E. Livrea et G. A. Privitera (éd.), *Studi in onore di A. Ardizzoni*, Rome, 1978, p. 759-768. L'importance de cette formule chez les savants anciens a été reconnue par D. van Berchem, *Museum Helveticum* 9 (1952), p. 79-87.

trouvaient, sous les textes latins alors en circulation, des versions arabes. Et il conclut une leçon donnée en 1456 par une référence étonnamment cordiale à Bruni : « Passons à notre commentaire et exposition de philosophie morale que notre ami Leonardo a mis dans un latin très élégant et intelligent. Nous lui devons nos plus chauds remerciements pour avoir accompli un travail digne d'Aristote et de la langue latine, utile non seulement à nous mais à tous ceux qui parlent latin ». Ces mots impliquent qu'il enseignait sur la base du texte latin ou au moins à une classe dont la plupart des membres n'avaient que le latin devant eux[8]. On a deux témoignages sur la valeur de son enseignement. Comme nous l'avons déjà noté à propos de Bruni (cf. *supra*, p. 51), la traduction des termes techniques pouvait provoquer des discussions, et dans ce cas un juge aussi averti que le cardinal Bessarion préférait la solution d'Argyropoulos à celle de Bruni[9]. Un autre juge cultivé et intelligent était son élève Politien, qui voulait prendre au sérieux les commentaires d'Argyropoulos sur la discussion par Cicéron du mot *entelecheia* dans *Tusculanes* 1.22, puisqu'ils trouvaient une confirmation dans des citations de textes anciens bien choisis[10]. De plus, il faut espérer qu'il ne tombait pas trop souvent dans de sérieuses fautes comme de croire qu'Aristote avait entendu les leçons de Socrate[11].

L'esquisse dessinée dans les paragraphes précédents a présenté un savant dont la compétence ne s'étend pas au-delà de son auteur favori. Il est facile de comprendre comment un Byzantin avec une tournure d'esprit philosophique pouvait limiter son enseignement de cette façon, puisque l'étude de Platon, pour toutes sortes de raisons sauf littéraires, n'était pas régulièrement pratiquée à Byzance. De fait, il y a des signes occasionnels de plus larges horizons. Pendant sa période romaine, on sait qu'Argyropoulos avait donné au Vatican des leçons

8. Ces leçons d'introduction sont éditées par K. Müllner, *Reden und Briefe italienisher Humanisten*, Vienne, 1899, p. 3-56, le passage cité se trouve p. 18.

9. Cf. *supra*, chap. 3, n. 32.

10. Cf. *Miscellanea* 1.1.

11. Noté par E. B. Fryde dans le MS Riccardiana 120 ; cf. son *Humanism and Renaissance historiography*, Londres, 1983, p. 63.

publiques sur Thucydide, notre source étant l'allemand Reuchlin, célèbre comme pionnier des études hébraïques. À Florence, on sait qu'il a lu Sophocle en grec, et l'on voudrait bien en savoir davantage à ce sujet. Peut-être avait-il instauré la pratique de lire un certain nombre d'auteurs en privé avec des amis à la maison, car une fois on le trouve un dimanche exposant le *Ménon* de Platon. Sa connaissance de Platon devait être assez bonne. Quand Bessarion publia son *In calumniatorem Platonis*, une réponse à Georges de Trébizonde, il envoya deux exemplaires, l'un à Marsile Ficin, l'autre à Argyropoulos. Ce dernier répondit par une chaude lettre de remerciements et d'appréciation des services rendus par Bessarion en sauvant Platon d'une malheureuse critique et aussitôt après composa une réplique à une partie de la défense menée par Bessarion. Cette réplique est perdue, mais nous savons que Bessarion demanda à Théodore Gaza d'y répondre. Avant d'envoyer cette réponse à Argyropoulos, Gaza composa une lettre extrêmement diplomatique en insistant sur son désir de garder de bonnes relations et en disant qu'il ne ferait pas connaître la réponse tant qu'il n'aurait pas d'abord reçu l'assurance qu'il n'en tirerait aucune offense[12]. Cette correspondance date de 1469. Ficin était déjà très avancé dans sa traduction de Platon, l'ayant commencée plus de dix années plus tôt. On peut tenir pour établi qu'une connaissance des doctrines de Platon était déjà largement répandue dans les milieux intellectuels florentins. Si Argyropoulos était vraiment intéressé par Platon, il est raisonnable de se demander quelle a été sa part dans ce progrès. On remarque avec surprise l'absence de témoignage révélant un contact entre Ficin et lui, et autre fait aussi curieux, c'est au moment même de la nomination d'Argyropoulos que des critiques portées par Cosme de Médicis et Cristoforo Landino amenèrent Ficin à apprendre la langue originale pour donner à son travail sur Platon une base plus solide. Une fois qu'Argyropoulos eut commencé d'enseigner, il allait devenir évident que son approche de Platon était différente de celle de Ficin. Des rapports détaillés de ses leçons survivent dans les notes

12. Les lettres et l'essai de Gaza sont édités dans le volume III de L. Mohler, *Kardinal Bessarion als Theologe, Humanist und Staatsman*, 3 vol., Paderborn, 1924-1942.

de son élève Donato Acciaiuoli, et l'on voit qu'il traitait Platon d'une manière sommaire et très terre-à-terre comme un prédécesseur d'Aristote, et non pas comme une sorte de chrétien avant le Christ. La suggestion qu'il aurait vu des traces d'une doctrine cachée sous la surface des dialogues de Platon ne semble pas bien fondée. Bien que cette manière de parler soit employée vaguement dans une lettre d'Acciaiuoli à Alfonso de Palencia, dans d'autres contextes elle se réfère à des difficultés d'interprétation que n'importe quel étudiant peut rencontrer dans une lecture attentive de tels textes. Pour Argyropoulos, Socrate, Platon et Aristote étaient les trois principaux philosophes. Dans une leçon donnée en 1460 sur le *De anima*, il déclare qu'il n'était pas intéressé par Zoroastre et par d'autres penseurs antérieurs au temps d'Anaxagore. Il est tout à fait clair que pour lui Aristote était le grand maître en philosophie, et aussitôt qu'il eut dévoilé son opinion, Ficin et lui purent s'entendre pour marquer leur différence et garder leurs distances l'un par rapport à l'autre[13].

Argyropoulos connaissait aussi Plotin puisqu'une copie des *Ennéades*, maintenant à Paris, est sûrement écrite de sa main (Paris. gr. 1970). Bien que, dans les notes de ses leçons prises par ses élèves, il n'y ait aucun indice qu'il ait souligné l'importance du néoplatonisme, sa copie des *Ennéades* coïncide en quelques points avec les notes portées par Ficin dans le MS Laur. 87.3 comme des corrections sur le texte transmis. Ces coïncidences pourraient être prises comme un faible témoignage d'un lien entre les deux savants, et il serait naturel d'accorder la priorité à Ficin. Mais la question n'est pas si simple qu'il apparaît au premier regard, puisque les filigranes de la copie d'Argyropoulos suggèrent qu'elle date des années 50 et pas plus tard, moment où Ficin était au mieux un commençant en grec. L'énigme demande un examen plus approfondi, mais si elle se résout en faveur d'Argyropoulos, on devra admettre qu'il ne semble pas avoir fait des progrès significatifs dans l'étude de cet auteur très difficile[14].

13. A. Field dans *Supplementum Festivum : studies in honor of P. O. Kristeller*, Binghamton, N. Y., 1987, p. 299-326, est utile sur ce sujet.

14. Cf. Field, *op. cit.* (*supra*, n. 13), p. 321 ; E. Garin, *Rinascite e rivoluzioni : movimenti culturali dal* XIV *al* XVIII *secolo*, Bari, 1975, p. 89-129 ; P. Henry, *Les*

(II) FICIN

Passons maintenant à l'un des plus importants traducteurs de cette période. Marsile Ficin commença à apprendre le grec en 1456 à l'âge de vingt-trois ans. Il bénéficia du patronage de Cosme de Médicis, qui lui reprochait d'avoir écrit un essai sur les doctrines de Platon en se basant sur les sources latines. Le jeune auteur reçut de Cosme et de l'humaniste confirmé Cristoforo Landino le conseil de ne rien publier sur ce sujet avant de pouvoir faire usage des sources dans la langue originale. Bien que les nombreux livres que Ficin a possédés et dont il s'est servi puissent être identifiés parmi les trésors de la Bibliothèque Laurentienne et de la Biblioteca Riccardiana à Florence, il n'est pas facile de suivre ses progrès comme étudiant. Le seul signe tangible de ses études est une copie de ce que l'on appelle les *Hermeneumata Einsidlensia* qui portent son ex-libris. Le texte présente une série de *Colloquia* suivie d'un petit lexique de mots classés par matières. Il pouvait tenir lieu d'un dictionnaire pour débutants ; il n'y avait encore aucun ouvrage standard de ce genre, et le lexique de Craston ne devint accessible que vers 1478 à un moment où la carrière de Ficin comme traducteur était déjà bien avancée[15].

manuscrits des Ennéades (2e éd.), Bruxelles-Paris, 1948, p. 91-96. Le principal filigrane est une lettre R, version réduite du type Briquet no 8968-8971, daté de la période 1410-1462 ; il est presque identique au dessin *Lettre* 37 dans D. et J. Harlfinger, *Wasserzeichen aus griechischen Handschriften*, vol. I, Berlin, 1974, trouvé dans un MS daté de 1431. Un autre dessin dans le Parisinus est Briquet *fleur* 6651 daté de 1452-1454 ; il me semble que la ressemblance est exacte. Donc les filigranes semblent confirmer une date antérieure à l'activité de Ficin.

15. Le manuscrit est maintenant le Laur. Ashburnham 1439, sur lequel cf. A. C. Dionisotti, *CR* 93 (1979), p. 341-343. C'est aussi le no 19 dans S. Gentile, S. Niccoli, P. Viti, *Marsilio Ficino e il ritorno di Platone*, Florence, 1984, catalogue d'une exposition de grande importance comme aussi les contributions au colloque publiées par G. C. Garfagnini sous le même titre, Florence, 1986. S. Gentile, *Rinascimento* 30 (1990), p. 57-104, a étudié les premières traductions de Ficin. Ce que Ficin doit aux réfugiés byzantins a été examiné par J. Hankins dans M. Cortesi et E. V. Maltese (éd.), *Dotti bizantini e libri greci nell'Italia del secolo xv*, Naples, 1992, p. 117-128. Il remarque en particulier que Ficin

Bientôt, il commença à faire ses expériences dans l'art de la traduction. Les textes choisis étaient pour la plupart peu connus et du point de vue linguistique tout sauf faciles : les *Hymnes orphiques*, les *Argonautiques orphiques*, les *Hymnes* de Proclus et la *Théogonie* d'Hésiode. Ficin eut soin de ne pas mettre ces travaux en circulation, de crainte que l'on puisse croire qu'il essayait de ressusciter le culte des anciens dieux et des démons[16]. En 1462 Cosme lui donna un nombre de manuscrits grecs de sorte qu'il possédait ses propres exemplaires de Platon et de Plotin[17]. À cette date, Cosme semble avoir utilisé une de ses propres villas à Careggi, juste hors de Florence, pour offrir l'hospitalité à Ficin et à son cercle, et l'année suivante eut lieu la fameuse donation d'une villa au même endroit, où Ficin put continuer son travail[18]. Ce fut également l'année où il fut chargé de traduire Platon et Hermès Trismégiste. Bien que cela semble étrange au goût moderne, Cosme ordonna que le Corpus hermétique soit traduit en premier[19]. Ce groupe de traités était une source pour la théologie et la magie de l'ancienne Égypte et pouvait être considéré comme la clef d'une sagesse bien plus

connaissait les corrections de Bessarion sur une traduction du *Parménide* par Georges de Trébizonde qu'il adopte en douze passages. Dans l'interprétation de plusieurs doctrines de Platon, Ficin se trouve d'accord avec Bessarion, bien qu'il ne le dise pas explicitement.

16. C'est ce qu'il dit dans une lettre écrite à la fin de sa carrière, *Opera*, Bâle, 1576, p. 933-935. Quelques-uns de ces textes sont édités par I. Klutstein, *Marsilio Ficino et la théologie ancienne*, Florence, 1987. Elle montre que, contrairement à l'opinion des savants, ils ne sont pas l'œuvre de Ficin : si cette conclusion est exacte, on se demande à qui ils peuvent être attribués en dehors de son cercle. Sous l'entrée 20 du catalogue de l'exposition (Laur. 36.35), une attribution à Janus Lascaris est proposée. On peut remarquer que les *Argonautiques orphiques* ont été traduits presque en même temps par un humaniste sous le patronage de Pie II, Leodrisio Crivelli. Sa dédicace au pape fait référence à la préparation d'une expédition militaire contre les Turcs en 1463-1464. Cf. F. Vian, *RevHistTextes* 16 (1986, paru en 1988), p. 63-82.

17. Cf. *Opera* 1537 ; P. O. Kristeller, *Supplementum Ficinianum*, vol. II, Florence, 1937, p. 87.

18. Voir le document décrit comme l'entrée 140 dans le catalogue de l'exposition.

19. Le manuscrit utilisé est le Laur. 71.33.

ancienne que celle de la Grèce (les Apologistes chrétiens avaient tous fait le point sur la relative antiquité des deux cultures). Les traités hermétiques avaient l'avantage d'être transmis dans une langue plus accessible que l'ancien égyptien, les hiéroglyphes qui commandaient le respect et demeuraient un mystère. L'authenticité de ces textes n'avait pas encore été contestée. Si un exemplaire était tombé entre les mains de Valla, l'histoire aurait pu être différente, mais il faut remarquer que même Politien ne semble pas avoir mis en question la bizarrerie du style grec, lui qui, plus que quiconque Italien de son siècle, avait la sensibilité et la compétence linguistique pour en avoir le soupçon.

La question de l'authenticité de ce qui passait pour l'œuvre d'Orphée est une autre affaire. Soit par ignorance, soit intentionnellement, Ficin ne pensait pas soulever cette question. Pourtant elle avait été posée par Bruni quand il traduisait un fameux passage d'Homère. Il déclarait que Homère est le plus ancien survivant des écrivains grecs, puisque Linus et Orphée sont représentés par de petits fragments qui ont un statut incertain. Bien qu'il n'indique pas sa source, on peut être sûr que c'était une remarque de Cicéron rapportant une opinion d'Aristote[20]. Qu'il ait été averti ou non du scepticisme de Bruni, Ficin avait préféré se reposer sur l'autorité de saint Augustin, pour qui Orphée, Linus et Musée sont à la fois des poètes et des théologiens. Mieux encore, ce sont les seuls Grecs qui peuvent revendiquer une ancienneté plus grande que les prophètes hébreux. Cependant, ils ne sont pas aussi anciens que Moïse, et la sagesse de l'Égypte connue de Moïse ne peut être plus ancienne qu'Isis qui est elle-même plus récente qu'Abraham de deux générations[21].

La meilleure explication du goût curieux de Ficin pour les écrits anciens philosophiques et religieux se trouve dans une déclaration qu'il a faite deux fois dans une forme virtuellement

20. *De natura deorum* 1.107. Pour l'observation de Bruni, cf. H. Baron, *Leonardo Bruni Aretino. Humanistisch-philosophische Schriften mit einer Chronologie seiner Werke und Briefe*, Leipzig-Berlin, 1928, p. 132-133.

21. *De civitate Dei* 18.37. Sur Ficin et "Orphée", cf. D. P. Walker, *The ancient theology*, Londres, 1972, p. 22-29.

identique. Une partie de la préface à sa traduction de Plotin exprime la même pensée qu'une lettre à l'humaniste hongrois Janus Pannonius qui lui avait demandé d'expliquer comment ses études s'harmonisaient à son christianisme. Ficin refusait que l'on puisse soupçonner qu'il était en train d'encourager le retour au paganisme. Il affirmait que son propos, en faisant connaître la pensée des Anciens, était de servir la cause de la vraie religion. Bien que l'on ne dût pas attendre des païens une anticipation précise de la doctrine chrétienne, néanmoins les meilleurs penseurs parmi eux avaient une connaissance de la vérité. La doctrine centrale de Ficin s'exprime de la façon suivante : « Ainsi par la volonté de la divine Providence d'attirer à elle-même tous les hommes d'une manière merveilleuse selon leur disposition intellectuelle, il arriva qu'une philosophie religieuse apparut, il y a longtemps, chez les Perses grâce à Zoroastre, chez les Égyptiens grâce à Mercure, sans aucune différence entre les deux. La doctrine a ensuite été soutenue chez les Thraces grâce à Orphée et Aglaophémus. Puis elle a fleuri grâce à Pythagore chez les Grecs et les Italiens. Et elle a été finalement perfectionnée à Athènes par le divin Platon »[22]. L'intérêt de Ficin pour les textes qui passaient comme les œuvres d'Orphée et de l'Égyptien Hermès, qu'il appelle Mercure pour respecter l'usage latin, a déjà été noté (cf. *supra*, p. 161). Il savait aussi que Gémiste Pléthon avait attribué à Zoroastre les prétendus *Oracles chaldaïques* dont quelques fragments survivaient grâce à l'intellectuel byzantin du XIe siècle, Michel Psellus. Ils fournissaient des instructions pour évoquer les démons et contenaient beaucoup de choses acceptables pour les néoplatoniciens mais répugnantes pour les chrétiens. L'essai de Pléthon sur les *Oracles* était contenu dans un livre possédé par Ficin (Riccardiana 76)[23]. Il montra aussi son intérêt pour Pythagore en traduisant les textes inauthentiques qui circulaient sous son nom et des écrits du néoplatonicien du IVe siècle Jamblique qui traitaient de la vie et des doctrines

22. *Opera*, p. 871-872 et 1537.
23. Entrée 43 dans le catalogue de l'exposition.

de Pythagore[24]. On comprend comment il a pu parler de « ces anciens théologiens que nous vénérons »[25]. Ces remarques et le lien indéniable que Ficin entretenait avec la doctrine de Pléthon invitent au scepticisme sur ses protestations d'orthodoxie. Ficin avait été ordonné prêtre en 1473 et ne semble avoir rencontré aucune difficulté en raison de sa relation à Pléthon, et peut-être peut-on regarder ces deux hommes comme des enthousiastes sincères, même si mal guidés. Il faut noter cependant que Ficin rencontra quelques difficultés à cause de ses références à l'astrologie et à la magie au sujet desquelles il en savait plus que ce que les membres orthodoxes de l'Église jugeaient acceptable. Croire à ces pseudo-sciences faisait partie du néoplatonisme[26].

Ficin a donné son opinion au sujet de Platon dans une lettre fameuse de 1489 adressée à un correspondant allemand. Parlant des deux voies vers le bonheur, l'une philosophique et l'autre religieuse, il dit : « Notre ami Platon a merveilleusement combiné les deux en une. Partout il est également philosophe et religieux, étant un disputeur subtil, un prêtre pieux et un orateur éloquent. Si donc vous suivez les traces du divin Platon, comme vous avez commencé, vous allez trouver le bonheur complet. Dieu vous montre la voie et vous conduit. C'est tout ce qu'il y a de plus certain parce que notre ami Platon avec ses arguments pythagoriciens et socratiques suit la loi de Moïse et prophétise la loi du Christ[27] ».

24. Entrées 24 et 32 dans le catalogue de l'exposition.

25. *Opera*, p. 1945.

26. Cf., par exemple, R. T. Wallis, *Neoplatonism*, Londres, 1972, p. 70-72. Quelques passages typiques de Ficin sont cités par R. Marcel, *Marsile Ficin (1433-1499)*, Paris, 1958, p. 538-542, p. 586, n. 2. Cf. maintenant B. P. Copenhaver et Jill Kraye dans la *Cambridge History of Renaissance Philosophy*, Cambridge, 1988, p. 274-285, 311-312, sur les effets de cette rencontre avec le néoplatonisme ; ils dégagent bien le concept de magie comme l'art de se servir des forces contenues dans les objets naturels et la notion de l'homme comme intermédiaire entre le monde temporel et le monde éternel, qui résulte de la possession chez l'homme d'une âme immortelle et d'un corps mortel.

27. Lettre éditée critiquement par R. Klibansky, *The continuity of the Platonic tradition during the middle ages*, Londres, 1939, réimprimé avec des suppléments, Munich, 1981, p. 42-47.

Une autre fois, on trouve Ficin en train de proclamer que Socrate peut être considéré comme un précurseur du Christ[28].

L'enthousiasme pour Platon ne se limitait pas à l'étude de ses doctrines. À Florence, un groupe d'intellectuels avait établi une célébration annuelle avec un repas. On savait que dans l'Antiquité cette coutume avait existé. La mention la plus ancienne se trouve dans les *Propos de table*, 8.1.1 (717 B) de Plutarque où le jour est nommé le 7 de Thargélion. Chez les néoplatoniciens de l'Antiquité tardive, c'était l'occasion pour une conférence ou une lecture de poésie ; Proclus (410-485) rapporte que lui-même a parlé sur le thème : comment Homère aurait pu répondre aux critiques de Socrate dans la *République*. Les Florentins identifiaient le mois de Thargélion avec novembre ; en fait, il correspond plus ou moins à mai, et la faute provient probablement de la croyance que le mois pénultième du calendrier athénien correspondait à celui du calendrier julien. L'introduction de Ficin à la traduction du *Banquet* décrit la restauration de cette ancienne coutume :

> Platon, le père de la philosophie, est mort à l'âge de 81 ans, le 7e jour de novembre, son jour de naissance. Il se délassait par un banquet après qu'on eut enlevé les plats. Le banquet dans lequel sa naissance et l'anniversaire de sa mort étaient célébrés a été répété chaque année par les premiers platoniciens jusqu'à l'époque de Plotin et de Porphyre. Mais depuis l'époque de Porphyre, depuis 1200 ans, ce banquet annuel a été oublié. Finalement, à notre époque, le grand Laurent de Médicis, ayant l'intention de restaurer le banquet platonicien, désigna maître de la fête Francesco Bandini. Ainsi quand Bandini fit les préparatifs pour les célébrations du 7 novembre, il donna une réception royale à neuf invités platoniciens à la villa de Careggi : Antonio Agli, évêque de Fiesole, Ficin le médecin, Cristoforo Landino le poète, Bernardo Nuzzi l'orateur, Tommaso Benci, Giovanni Cavalcanti, notre cher ami que les invités appelaient « le héros » à cause de ses vertus morales et de son intelligence exceptionnelle, les deux Marsuppini, Cristoforo et Carlo, fils du poète Carlo. Bandini me demanda d'être le neuvième et dernier, de telle façon que, avec Marsile Ficin ajouté aux autres, le nombre parfait des Muses soit réalisé. Après le repas, Bernardo prit le

28. *Opera*, p. 868.

livre de Platon intitulé *Le Banquet* ou *Sur l'amour* et lut tous les discours faits à ce banquet. Après la lecture il demanda aux autres membres de la compagnie d'exposer les discours un par un. Tous acceptèrent ; on tira au sort et il revint à Giovanni Cavalcanti d'exposer le premier discours, celui de Phèdre. Le discours de Pausanias revint à Antonio le théologien, celui du docteur Éryximaque à Ficin le médecin, celui du poète Aristophane à Cristoforo le poète, celui du jeune Agathon à Carlo Marsuppini ; la discussion de Socrate fut donnée à Tommaso Benci et celle d'Alcibiade à Cristoforo Marsuppini. Cette division fut approuvée par tous. Mais l'évêque et le médecin, obligés de partir, l'un pour le soin des âmes, l'autre pour celui des malades, laissèrent leur part de la discussion à Giovanni Cavalcanti. Les autres se tournant vers lui, s'assirent prêts à écouter en silence.

À partir de ce compte rendu, le patronage du jeune Laurent de Médicis apparaît comme la principale mise en mouvement. La date est présumée être 1468 puisqu'une copie autographe de la relation de Ficin est datée de juillet 1469 (Vat. lat. 7705), et Laurent avait dix-huit ans. Mais les apparences peuvent décevoir. Il est peut-être douteux que, dans la version précédente, on compte neuf participants en plus de Laurent, alors qu'on attendrait qu'il soit compris. Quoi qu'il en soit, un autre texte a été trouvé (Laur. Strozzi 98), non autographe mais portant des corrections de la main de Ficin, dans lequel il y a plusieurs grattages portant sur les faits principaux. La différence principale est que Laurent et la villa de Careggi ne sont pas mentionnés dans l'original. C'est donc plutôt Bandini qui eut l'idée de remettre en usage l'ancienne pratique. Ficin a dû avoir des raisons diplomatiques pour revoir l'histoire en rapportant la gloire à son patron[29].

Traduire Platon a occupé Ficin environ six années, après quoi il écrivit ses commentaires sur le *Banquet* et le *Philèbe*[30]. Vers 1470, il se mit à travailler à ce long ouvrage intitulé *Theologia platonica*

29. Cf. S. Gentile, *Rinascimento* 21 (1981), p. 3-27, et aussi l'entrée 46 dans le catalogue de l'exposition.

30. Quelques détails de chronologie restent obscurs ; cf. M. J. B. Allen, *The platonism of Marsilio Ficino : a study of his Phaedrus commentary, its sources and genesis*, University of California, 1984, p. 210, n. 12.

de immortalitate animorum, achevé en 1474. En plus de traiter du sujet indiqué dans le titre, il voulait prouver que le christianisme et le platonisme peuvent être réconciliés. Une édition imprimée parut en 1482. Mais c'est l'impression de la traduction de Platon en 1484 qui doit être considérée comme l'événement important. Elle a eu un grand succès malgré un bon nombre d'erreurs typographiques. Globalement c'était une traduction fidèle et exacte même si occasionnellement, confronté à des sujets délicats, comme la préexistence de l'âme humaine, le traducteur tomba dans la tentation de rendre le grec d'une manière plus acceptable à des susceptibilités chrétiennes[31].

Un tirage d'un peu plus de mille exemplaires fut vendu en peu d'années et il y eut de nombreuses réimpressions. Il fallut attendre encore longtemps avant que les textes grecs dans la langue originale eussent une telle popularité. Mais le marché avait été préparé pour Ficin par la controverse sur les mérites respectifs de Platon et d'Aristote. Ficin écrivit une brève introduction à chaque dialogue pour en expliquer le sujet. En deux cas, cependant, le *Banquet* et le *Timée*, il décida qu'une analyse beaucoup plus complète, chapitre par chapitre, était nécessaire. Ils étaient tous les deux d'une grande importance, surtout le deuxième, pour ceux dont l'approche de Platon était teintée de néoplatonisme ; par ailleurs, on peut noter que Ficin n'a pas cru devoir placer l'*Alcibiade I* comme texte d'ouverture de la collection, ce qui aurait été le choix de beaucoup de néoplatoniciens. Dans sa préface générale, il commence par observer que la religion doit faire appel aux classes les plus cultivées, et c'est par une divine disposition que Platon a été envoyé dans le monde pour diffuser la lumière de la religion parmi les peuples. On

31. J. Hankins, *ap.* Garfagnini, *op. cit.* (*supra*, n. 15), p. 292-293. Hankins a maintenant donné une étude plus complète du Platon de Ficin dans son *Plato in the Italian Renaissance*, Leyde, 1990, p. 267-359, recensé par N. G. Wilson dans *Studi umanistici* 3 (1992, paru en 1995), p. 258-263. On peut noter en particulier sa suggestion que le délai pour l'impression de la traduction de Platon peut avoir quelque chose à faire avec l'assertion des astrologues que l'année 1484 allait être une Grande Année où se produiraient des événements d'une signification spéciale pour le christianisme ; il apparaît aussi que Ficin semble ne pas avoir été capable de comprendre le ton amer du *Gorgias*.

remarque avec surprise combien cette attitude est différente de celle des Byzantins, peut-être un signe que Ficin était sous l'influence du très hautement atypique Pléthon. Il continue en remarquant que le soleil du platonisme n'a pas encore brillé sur les nations latines, et c'est pourquoi Cosme de Médicis lui a demandé d'accomplir cette tâche nécessaire. Il traduisit dix dialogues pour Cosme, et après sa mort neuf pour Piero, après lesquels il fut détourné de son entreprise par des infortunes variées. Mais Laurent, auquel l'œuvre dans son ensemble est dédiée, l'a aidé à reprendre son activité. Cela semble impliquer curieusement que Cosme méprisait l'œuvre de Bruni, qui tint son office de chancelier de la République jusqu'à sa mort en 1444 et ne semble pas avoir perdu la faveur. Pourtant il y a des indices sérieux que, quand une traduction de Bruni existait, Ficin ne se gênait pas pour lui emprunter quelques idées[32]. Pour flatter son patron et pour se donner de l'importance, il passe sous silence cette dette honorable.

L'énergie étonnante de Ficin le conduisit ensuite à faire une traduction du texte de base du néoplatonisme, les *Ennéades* de Plotin (205-270), à laquelle il ajouta son propre commentaire. Il avait été poussé à entreprendre ce travail, non pas par Laurent de Médicis, mais par Giovanni Pico della Mirandola. La rédaction de la traduction l'occupa pendant les années 1484-1486, la révision et la préparation du commentaire prirent la plus grande partie de son temps jusqu'en 1490[33]. La publication suivit en 1492. Il semble qu'il donnait déjà des leçons sur cet auteur très obscur ; selon plusieurs rapports incomplets dans nos sources, il put réunir une grande audience dans l'église de Santa Maria degli Angeli en 1487. Il avait déjà donné des leçons sur le *Philèbe* de Platon, mais des leçons

32. S. Gentile, *Rinascimento* 23 (1983), p. 36-38. Il note que Ficin voulait utiliser la version inachevée du *Phèdre* que, comme on l'a vu, Traversari avait abandonnée. Cf. encore J. Hankins, *ap*. Garfagnini, *op. cit*. (*supra*, n. 15), p. 288-289. Quelques sondages faits par mes soins ont conduit à un résultat semblable : dans le *Criton*, la version révisée de Bruni est utilisée et dans le *Timée* 30 A la version de Cicéron a évidemment été utilisée.

33. Sur ce sujet, cf. A. M. Wolters, *ap*. Garfagnini, *op. cit*. (*supra*, n. 15), p. 305-329, qui étudie le texte du premier jet dans le MS de Florence, Bibl. Nat., Conv. Soppr. E.1.2562.

publiques sur Plotin offrent un témoignage plus intéressant sur le caractère de la vie intellectuelle à Florence. Il est aussi à noter que quelques-uns des écrits de Ficin étaient tellement demandés qu'ils furent aussitôt traduits en langue vernaculaire par lui ou par d'autres. Un spécialiste moderne a estimé très favorablement la profonde compréhension que Ficin avait de ces textes difficiles des auteurs néoplatoniciens, en particulier de l'argumentation complexe de la *Theologia platonica* de Proclus[34].

Ses dernières années, bien que troublées par les conditions politiques et les conflits religieux à Florence, ne furent pas inactives. En 1490-1492, il travaillait à la traduction commentée de deux des essais du Pseudo-Denys l'Aréopagite, qu'il décrit comme « le sommet de l'enseignement platonicien et le pilier de la théologie chrétienne », un verdict qui aurait sûrement comblé de joie l'auteur inconnu de ces traités. Et en 1492, il put profiter de l'une des récentes acquisitions de la Bibliothèque médicéenne. Une grande quantité de livres avait été rapportée de Grèce par un réfugié, le savant Janus Lascaris, et parmi eux le commentaire jusqu'ici inconnu du néoplatonicien Proclus (410-485) sur la *République* de Platon (Laur. 80.9). Ficin envoya à un ami des notes sur ce livre. La dernière œuvre importante, laissée inachevée, avait pour sujet les Épîtres de saint Paul sur lesquelles il donna des leçons dans la cathédrale de Florence en 1497.

(III) LES IMPRIMEURS SAVANTS : CHALCONDYLE ET JANUS LASCARIS

Argyropoulos n'a pas été le seul réfugié savant qui a contribué à la grande période de la culture florentine. Il y en eut trois autres, tous trois importants, qui ont tenu successivement des postes dans l'Université. Andronicus Callistus, un copiste très productif qui avait d'abord vécu à Padoue, Bologne et Rome, vint à Florence en 1471. Pendant son séjour qui dura jusqu'en 1475, il a inclus parmi les textes sur lesquels il donna des cours le poète épique hellénistique Apollonius de Rhodes. Ce choix d'un auteur postclassique doit

34. H. D. Saffrey, *BiblHumRen* 21 (1959), p. 161-184, en particulier p. 180-181.

être remarqué. Bien qu'il eût déjà donné des leçons sur les *Idylles* de Théocrite pendant son séjour à Bologne, cette nouveauté a pu impressionner l'audience florentine. Certainement le jeune Politien l'avait remarqué, comme on le verra[35].

Deux autres réfugiés ont passé une période significative de leur longue carrière à Florence. Le premier, Démétrius Chalcondyle (1423-1511), avait vécu pendant un certain temps dans l'entourage de Bessarion à Rome, et le patronage du cardinal détermina en 1464 sa nomination à une chaire à Padoue. Là, il semble avoir enseigné sans beaucoup se distinguer, à en juger par le caractère banal de sa leçon inaugurale. Il faut cependant remarquer comme un signe de son application à la tâche de l'enseignement le fait qu'il produisit sa propre version des *Erotemata*, manuel pour les débutants, suffisamment populaire pour être imprimé plusieurs fois. En 1475, il vint à Florence et y demeura jusqu'en 1491. Bien qu'il ne puisse pas être considéré comme ayant fait grande impression dans les milieux intellectuels, une réalisation notable doit être portée à son crédit : en 1488 il supervisa la production de la première édition imprimée d'Homère. La signification de cette publication doit être replacée dans son contexte.

On peut dire que l'impression en grec a commencé à Venise en 1471 ou l'année suivante, quand un certain Adam de Ammergau publia une version abrégée des *Erotemata* de Chrysoloras-Guarino[36]. Dans ce livre, ce n'est qu'en partie seulement que le texte est imprimé en grec, et le premier volume entièrement imprimé en grec est probablement le manuel semblable de Constantin Lascaris publié en 1476 à Milan[37]. Pendant une décennie ou plus, un courant lent de grammaires et de dictionnaires fit son apparition, tandis que, pour ce qui est des textes à lire, ils étaient peu nombreux et très espacés, et il est clair que les scribes grecs professionnels n'ont souffert aucun déclin dans la demande de leurs services. Le premier

35. G. Resta dans E. Livrea et G. A. Privitera (éd.), *Studi in onore di A. Ardizzoni*, Florence, 1978, p. 1055-1131.

36. R. Proctor, *The printing of Greek in the 15th century*, Oxford, 1900, p. 34-35 ; A. Pertusi, *IMU* 5 (1962), p. 323-324 et la planche XXIX.

37. Proctor, *op. cit.* (*supra*, n. 36), p. 51 s., 156-157.

signe que leur monopole allait être sérieusement ébranlé apparaît en 1478-1481, quand une presse de Milan, travaillant pour Bonus Accursius de Pise, étendit le champ de ses productions avec trois titres. Les *Fables* d'Ésope, avec un appendice dans lequel quelques-unes comportaient une version latine mot à mot, visaient un marché de débutants et d'enfants des écoles, comme le dit le colophon. Un Psautier aurait aussi servi les besoins des étudiants comme on l'a noté dans un précédent chapitre (p. 70). Plus inattendus sont un texte de Théocrite, *Idylles* 1-18, et les *Travaux et les Jours* d'Hésiode, entreprise plutôt hasardeuse. Tandis que la plupart des textes latins majeurs avaient été imprimés dans les années entre 1465 et 1475 et que beaucoup d'auteurs grecs étaient accessibles sous une forme latine[38], la première édition d'un texte grec substantiel et populaire a été l'Homère de Chalcondyle en 1488. L'intérêt de Chalcondyle pour l'imprimerie peut remonter en arrière de quelques années, si nous avons raison d'accepter une suggestion ingénieuse faite récemment. Son écriture est semblable au modèle choisi pour imprimer un livre à Vicence autour de 1475[39]. Quoi qu'il en soit, un modèle différent a été utilisé pour le grand et très bel Homère, qui comprenait les *Hymnes* et la *Batrachomyomachia*. Chalcondyle avouait que le texte de ces deux derniers ouvrages laissait beaucoup à désirer à cause de l'état corrompu des manuscrits, mais il n'a pas eu beaucoup de peine à préparer un texte adéquat de l'épopée. Il nous dit que pour établir la leçon correcte là où il y avait des incertitudes, il avait pris la peine de lire l'énorme commentaire compilé au XIIe siècle par l'archevêque de Thessalonique Eustathe. De cette façon il avait été capable de satisfaire aux exigences contemporaines pour un texte lisible. En quittant Florence en 1491, il alla à Milan où il passa le reste de sa carrière et continua le travail utile d'éditeur d'éditions imprimées. Son aventure suivante fut un Isocrate publié en 1493. Bien que deux ou trois des discours de cet auteur eussent une certaine popularité,

38. R. Hirsch, *The printed word : its impact and diffusion*, Londres, 1978, article VI, donne une liste couvrant les années 1469-1500.

39. N. Barker, *Aldus Manutius and the development of Greek script and type in the fifteenth century*, Sandy Hook, Connecticut, 1985 (2e éd., New York, 1992), p. 25.

le livre n'a pas été un succès. En fait, il devint un cas notable dans l'histoire de la bibliographie puisque, en 1535, il y avait encore des exemplaires invendus, et que l'on décida d'imprimer une nouvelle page de titre et un nouveau colophon pour le proposer au public non averti en le faisant passer pour une deuxième édition[40]. Loin d'être découragé par cet échec, Chalcondyle entreprit un travail beaucoup plus considérable en publiant le lexique byzantin connu sous le titre *Suidas* ou la *Souda*[41]. Comme dictionnaire additionnant beaucoup d'articles ayant le caractère d'une encyclopédie, il avait une valeur réelle pour les étudiants de tous les niveaux. Le résultat fut un grand livre de plus de 1 000 pages, et l'éditeur exhortait le lecteur potentiel à ne pas être effrayé par son prix qui s'élevait à trois pièces d'or. Chalcondyle donne la preuve d'avoir accompli son travail consciencieusement en notant qu'il avait collationné plusieurs manuscrits et corrigé de nombreuses fautes communes à la plupart ou à tous, et il admet candidement, une fois encore, que quelques passages ne peuvent être compris correctement. Il déclare aussi qu'il a ajouté, pour l'utilité du lecteur, un certain nombre de mots qui n'étaient pas dans l'original. En poussant la recherche, on trouve qu'ils viennent de deux sources, le lexique byzantin tardif qui circulait sous le nom de Zonaras et le médecin du VIIe siècle Paul d'Égine.

Les savants modernes qui ont examiné ces trois éditions sont d'avis qu'elles méritent d'être considérées comme convenables plutôt que comme de brillantes performances. Comme professeur, Chalcondyle, en partie sans doute grâce à la chance de tenir une chaire dans un grand centre pendant ses meilleures années, eut un nombre d'élèves distingués, parmi lesquels les anglais Grocyn et Linacre, tandis que les italiens incluaient Pico, Politien et le futur pape Léon X. À Milan aussi il eut de bons étudiants, puisque Castiglione et Trissino ont suivi ses cours. Alde Manuce ne craint pas de l'appeler le savant guide de son temps. Puisque Alde avait de

40. Proctor, *op. cit.* (*supra*, n. 36), p. 71, rapporte les observations faites par Legrand. Il est étrange qu'Alde trouva convenable de publier sa propre édition de cet auteur en 1513.

41. Proctor, *op. cit.* (*supra*, n. 36), p. 112-117.

proches relations avec Marcus Musurus, on peut être quelque peu surpris de ce jugement extravagant. Sans doute faut-il l'expliquer par l'enthousiasme de l'amitié. Des témoignages convaincants sont encore à trouver dans le verdict d'autres de ses contemporains ou dans ses propres écrits. Peut-être le plus grand compliment qu'il reçut est le portrait qui figure sur la fresque de Santa Maria Novella de Florence dans laquelle Ghirlandaio l'a montré en compagnie de Ficin, Landino et Politien.

Pour achever la présentation de Chalcondyle, deux autres faits doivent être rapportés. Le premier concerne un épisode peu connu de sa période milanaise. Le juriste Alciat, célèbre par son livre d'emblèmes, rapporte avoir entendu Chalcondyle donnant une opinion sur les mots grecs qu'il fallait suppléer dans le texte du *Digest* à 41.3.30 *principium*. La plupart des manuscrits omettaient le grec et les *Pandectes* florentines étaient inaccessibles. Le passage traitait la distinction entre des objets composés d'une seule substance et ceux qui sont composés de plusieurs substances. Chalcondyle proposait φυσικόν et τεχνικόν, ce qui était assez intelligent, mais de fait les mots dans le manuscrit florentin étaient ἡνωμένον et συνημμένον[42].

Un humaniste de second plan, Pietro Alcionio (1486-1527), a composé un dialogue dans lequel Chalcondyle apparaît comme l'un des personnages. On l'entend dire que, dans le programme scolaire, les autorités de l'Église auraient supprimé des exemples de la poésie amoureuse grecque pour y substituer des poèmes de saint Grégoire de Nazianze, bien que ce point ne soit pas affirmé explicitement. Tandis qu'il est certainement vrai que Grégoire de Nazianze était, dans la période byzantine, le plus populaire des Pères cappadociens du IVe siècle et que ses poèmes étaient bien connus, il y a de bonnes raisons de penser que la partie de son œuvre que l'on pouvait trouver digne d'entrer dans le syllabus scolaire était un choix de ses seize discours. L'affirmation de Chalcondyle n'est pas confirmée par d'autres témoignages, et il semble que ou bien il avait une idée inexacte de l'histoire culturelle de l'Antiquité

42. La source est l'*Opusculum* d'Alciat dans les éditions de 1515 et 1518. Alciat avait été un étudiant à Milan en 1504-1506.

tardive, ou bien il s'est fait le porte-parole de la conception, propre d'un humaniste de la Renaissance, d'une époque plongée dans les nuages de la bigoterie ecclésiastique[43].

Le second réfugié était Janus Lascaris (1445-1535). Bien qu'il n'ait pas eu de chaire avant de succéder à Chalcondyle, il semble avoir fixé sa résidence à Florence assez tôt autour de 1475[44]. Il fut certainement actif au service des Médicis depuis 1490, faisant deux voyages pleins de succès en territoire grec à la recherche de manuscrits. Nous avons déjà vu (cf. *supra*, p. 169) comment une de ses acquisitions a été d'un intérêt immédiat pour Ficin. Selon Lascaris lui-même, les livres ajoutés à la bibliothèque Médicis étaient au nombre de 200 et ils fournissaient quatre-vingts textes inconnus jusqu'alors. Ces chiffres autorisent à le ranger seulement en second par rapport à Aurispa comme collecteur de manuscrits[45].

Il tint sa chaire pendant les années 1492-1495. La leçon inaugurale de la deuxième année est conservée[46]. Elle révèle que dans sa première année il avait enseigné Sophocle et Thucydide, deux des auteurs les plus difficiles, et proposait comme programme de la deuxième année Démosthène et des épigrammes grecques. Cela nous conduit à l'un des points majeurs de sa carrière, car en 1494 il procurait la première édition imprimée des épigrammes connues

43. Le passage se trouve au fol. ciii^{v} de l'édition *princeps* (Venise, 1522) du dialogue *Medices legatus de exilio*. Si l'on considère la longueur de sa carrière et l'importance qui lui est quelquefois attribuée, Chalcondyle n'est pas aussi bien connu que l'on s'y attendrait ; les sources standard sont G. Cammelli, *Demetrio Calcondila*, Florence, 1954, et l'article de A. Petrucci dans le *Dizionario biografico degli Italiani*. Cammelli reproduit la fresque de Ghirlandaio en face de la p. 56.

44. Le début de sa carrière est obscur. Cf. B. Knös, *Un ambassadeur de l'hellénisme – Janus Lascaris – et la tradition gréco-byzantine dans l'humanisme français*, Uppsala-Paris, 1945, p. 25. Il ne semble pas que la connaissance ait progressé depuis, cf. A. Pontani, *Römische historische Mitteilungen* 27 (1985), p. 213-214.

45. Sur cet aspect de son activité, cf. E. B. Fryde, *Humanism and Renaissance historiography*, Londres, 1983, p. 170-172, 182, 185-187. Sur les voyages de Lascaris en Grèce, cf. S. Gentile dans G. C. Garfagnini (éd.), *Lorenzo e Giano Lascaris. Il fondo greco della biblioteca medicea privata*, Florence, 1994, p. 177-194.

46. Éditée par Anna Meschini dans le volume III des *Miscellanea di studi in onore di Vittore Branca*, Florence, 1983, p. 69-113, avec une bonne introduction.

comme l'*Anthologie grecque*. On est tenté de le considérer comme un prédécesseur de ces universitaires modernes qui posent en principe qu'enseignement et recherche se complètent. Diverses observations peuvent être faites au sujet de cette édition. L'une est qu'elle donne le texte dans la forme proposée par le moine byzantin Maxime Planude en 1299 qui ne connaissait pas la version antérieure de la collection connue comme l'*Anthologie palatine*[47]. L'autographe de Planude existe encore (Marc. gr. 481), mais bien qu'il fasse partie de la collection du cardinal Bessarion et qu'il fût alors à Venise, les livres étaient rarement, si ce n'est jamais, accessibles, et Lascaris se servit d'un autre exemplaire. Cette forme du texte a été adoptée par tous les éditeurs suivants jusqu'à la seconde moitié du XVIIIe siècle. Une autre caractéristique remarquable de cette édition est sa typographie. Dans sa lettre de dédicace, Lascaris explique que, les caractères grecs courants étant peu attractifs et difficiles pour les compositeurs, il est retourné aux formes des lettres utilisées dans l'Antiquité. Dans l'*Anthologie* et dans deux volumes plus petits qui suivirent aussitôt, il utilisa les fontes de caractères basées sur les formes visibles dans les inscriptions. On se souvient des *litterae Atticae* de Filelfo (cf. *supra*, p. 102-103). Les opinions peuvent varier sur le mérite esthétique de cette expérimentation de purisme que Lascaris étendit même au latin. Il se trouva bientôt devoir faire quelque concession à la pratique conventionnelle, et les volumes publiés par la même presse au moment de son départ de Florence, bien que retenant les capitales pour le texte principal, emploient les fontes ordinaires de bas de casse pour les commentaires imprimés dans les marges. Sa radicale innovation ne rencontra pas la faveur des autres imprimeurs[48].

En imprimant l'*Anthologie*, Lascaris ne semble pas avoir été un excellent éditeur. En 1798, un de ses successeurs a donné un verdict

47. Pour plus de détails, cf. N. G. Wilson, *Scholars of Byzantium*, Londres, 1983, p. 240-241. Lascaris pensait qu'il procurait la version encore antérieure compilée par le poète du VIe siècle et historien Agathias.

48. Proctor, *op. cit.* (*supra*, n. 36), p. 78-83, 168-169. Pour son édition de l'*Anthologie*, Lascaris avait fait une copie autographe, le Paris. gr. 2891 : cf. J. Irigoin, *Tradition et critique des textes grecs*, Paris, 1997, p. 103.

plutôt négatif, remarquant que Lascaris a imprimé beaucoup de vers avec des fautes de métrique, même quand la solution était facile. La conclusion est que son but n'était que de présenter le texte tel qu'il apparaît dans un assez bon manuscrit. Sa connaissance de la métrique était assez respectable, à en juger par ses propres compositions dans le même genre[49]. Des jugements plus positifs ont été donnés sur deux de ses autres productions, les *Hymnes* de Callimaque et les *Argonautiques* d'Apollonius de Rhodes. La meilleure édition moderne de Callimaque, qui recense en grand détail les difficultés textuelles et les progrès accomplis pour les résoudre, démontre que Lascaris a fait un bon nombre de corrections mineures nécessaires à la fois dans le texte poétique et dans le petit corps des notes anciennes et médiévales qui accompagnent les *Hymnes*[50]. Quant à son Apollonius de Rhodes, on peut porter le même jugement au moins pour les scholies[51].

Le choix de ces trois textes nous amène à pressentir dans l'arrière-plan l'influence de Politien qui adorait la composition d'épigrammes grecques et se passionnait pour l'étude de la poésie grecque. Lascaris et lui étaient dans les meilleurs termes, si l'on en juge par trois épigrammes que Lascaris écrivit à son sujet[52]. On dit aussi que Lascaris aurait accusé Politien de plagier des auteurs anciens dans ses leçons sur Homère. Mais Lascaris peut difficilement avoir été capable de laisser peser ce facteur dans les implications financières délicates en discussion pour l'impression. L'*Anthologie* a dû être populaire, en tout cas une réimpression en format de poche a été faite par Alde en 1503, avec quelques améliorations dues à la collation d'un autre manuscrit. Les autres textes publiés par l'imprimerie florentine furent des entreprises plus sûres du point de vue financier. Le plus risqué fut Euripide. Lascaris sélectionna

49. F. Jacobs, *Animadversiones in epigrammata Anthologiae Graecae*, vol. I, Leipzig, 1798, p. XCIII, et A. Meschini, *Giano Lascaris, Epigrammi greci*, Padoue, 1976, p. 12-13.

50. R. Pfeiffer, *Callimachus*, vol. II, Oxford, 1952, p. LXI-LXII, LXXVII.

51. C. Wendel, *Abh. Göttingen*, 1932, n° 1, p. 26-28.

52. Voir l'édition de A. Meschini, *Giano Lascaris, Epigrammi greci*, Padoue, 1976, n°s 22-24.

quatre pièces, *Hippolyte, Médée, Alceste* et *Andromaque*. Aucune ne faisait partie du programme scolaire byzantin ni ne semble avoir été le sujet de cours à l'université. Mais en ajoutant Lucien à sa liste, l'imprimeur pouvait espérer des ventes raisonnables, étant donné que l'intérêt pour cet auteur satirique ne faiblissait pas. Il y eut aussi trois livres plus petits. La grammaire de Chrysoloras, étant toujours en usage, méritait une réimpression. Le *Pinax* de Cébès, un dialogue philosophique contenant des interprétations allégoriques de diverses œuvres peintes, était aussi un texte convenable et édifiant pour les débutants. Enfin, le choix de Lascaris tomba sur une collection de vers moralisateurs connue comme les *Gnomai monostichoi* qu'il imprima avec un petit poème hexamètre de Musée sur Héro et Léandre. Ce dernier texte n'avait pas encore été reconnu comme un produit d'époque byzantine. Lascaris pouvait suivre les traces de Ficin et le regarder comme l'œuvre d'un associé mythique d'Orphée, ayant droit au respect pour son antiquité exceptionnelle. C'est de toute façon une œuvre d'un charme certain[53].

Grâce à ces deux professeurs grecs, Florence était devenue un véritable centre d'imprimerie dans leur propre langue. Les circonstances politiques entraînèrent la fin de leur entreprise. De même, dans la décennie suivante, la presse grecque de Venise fut obligée de suspendre son activité à cause des guerres. Puisque Alde put reprendre son activité, ses productions justifient la place unique qu'il occupe dans l'histoire de l'imprimerie. Cette place incontestée ne doit pas nous amener à dénier tout crédit à Lascaris

53. Peut-être faut-il remarquer que Proctor, *op. cit.* (*supra*, n. 36), p. 79, n'était pas tout à fait sûr que le *Cébès* et la grammaire dussent être attribués à la période florentine de Lascaris puisqu'il a fait usage de ses caractères plus tard à Rome, et les livres ne fournissent aucun indice explicite de leur date. L'analyse des filigranes du papier donne la solution. Dans les exemplaires de la Bodleian Library, j'ai trouvé la marque n° 598 de C. Piccard, *Wasserzeichen Kreuz*, Stuttgart, 1981, qui donne la date 1496-1497. En traitant de la presse Alopa, j'ai omis de signaler un livre qu'il faut probablement lui assigner : l'édition de trois œuvres d'Isocrate qui survivent dans un unique manuscrit d'Athènes, voir la discussion par D. E. Rhodes, *The Library* 31 (1976), p. 242-244, avec la photographie dans Id., *Incunabula in Greece : a first census*, Munich, 1980. Il ne mentionne pas les filigranes.

pour ce qu'il a fait de son temps à Florence. Plus tard, quand il résidait à Rome, il a pu encore une fois rendre de grands services comme éditeur et imprimeur[54].

54. On ne peut être autorisé cependant à porter à son crédit le retour de fortune du poète grec élégiaque Théognis comme D. C. C. Young, *Scriptorium* 7 (1953), p. 3-36, le fait en attribuant à sa main un grand nombre des copies de cet auteur à la Renaissance. Il y a un consensus général parmi les paléographes que cette identification n'est pas acceptable.

Chapitre 12

Politien

Dans les milieux littéraires et cultivés de Florence, depuis les années 75 du XVe siècle jusqu'à sa mort, le personnage le plus important fut Angelo Ambrogini (1454-1494), connu sous le nom de Politien, appellation dérivée de sa ville natale, Montepulciano. Comme poète, tant en italien qu'en latin, il était exceptionnel et, plus encore que Ficin, il fit voir, par sa culture, que les Italiens pouvaient maîtriser le sujet que les réfugiés byzantins prétendaient dominer. Politien avait attiré l'attention dès l'âge de quinze ans en présentant à Laurent de Médicis une traduction latine en hexamètres du livre II de l'*Iliade*, qu'il allait poursuivre avec les livres III à V. Le choix de ce texte avait quelque chose de conventionnel pour un jeune étudiant, mais Politien n'allait pas tarder à montrer la multiplicité de ses intérêts, et de tous les savants étudiés dans ce livre, il est celui qui avait le plus large éventail de lectures. Sont moins évidents ses intérêts dans le domaine grec qui, pour les savants modernes, a la plus grande importance, à savoir la littérature athénienne des Ve et IVe siècles avant J.-C., et c'est assez étonnant quand on pense à son talent poétique. Sa culture peut être divisée dans les cinq aspects de son activité : l'étude d'Homère, d'Aristote, de la littérature hellénistique, du texte grec du *Digeste* et ses essais pour imiter les épigrammes de l'*Anthologie grecque*.

En considérant les auteurs dans l'ordre chronologique, on commence par Homère. Malgré les intérêts pratiques et le désir d'étudier la philosophie grecque, l'étude d'Homère gardait toute sa place dans le curriculum, et nous possédons encore une introduction générale à Homère par Politien (1486), un poème en latin en l'honneur d'Homère (1485), une autre introduction pour un cours sur l'*Odyssée* (1489), avec des notes sur les deux premiers chants du poème.

Le cours sur Homère commence par une *captatio benevolentiae.* Le public florentin doit savoir que la civilisation a depuis longtemps disparu de la Grèce pour être transmise à leur cité, si bien que l'on peut dire qu'Athènes a été transportée corps et biens aux rives de l'Arno. Ce sont maintenant les Florentins les professeurs de grec. Politien ne s'attarde pas à en nommer d'autres, et de fait l'on peut se demander combien d'autres cités pouvaient recevoir le même honneur dans l'année de sa mort. La remarque suivante est étrange : les fils des nobles familles peuvent prétendre s'exprimer dans la langue attique d'une manière qui est la plus pure et la plus fluente depuis les derniers millénaires. On ne se serait pas attendu à cette exagération dans la maîtrise de la langue ancienne par opposition à la moderne, puisque l'élite à Byzance s'était efforcée, jusqu'à la fin de l'empire, de garder l'habitude de parler la langue archaïque sur le modèle des classiques anciens.

Vient alors un exposé de la vie du poète. Politien trouve remarquable qu'un aveugle ait pu apprendre tant de choses au point d'apparaître comme un trésor de connaissances sur tous les sujets. Une remarque en passant, que l'on aimerait plus développée, fait allusion à la facilité qu'avait le poète pour la composition littéraire. « Ces magnifiques poèmes, admirés de tout temps, coulaient avec facilité et naturellement comme l'écoulement d'un fleuve, tandis que Varus (*sic*) nous informe que le poète de Mantoue ne composait que quelques vers chaque jour ». La phrase suivante, assez obscure, semble faire allusion à la prétendue vie du poète par Hérodote, qui parle de son pouvoir naturel de répartie occasionnelle et non pas de la composition de ses grandes œuvres[1]. Politien traite ensuite du

1. Pour *Varus* lire *Varius* ; la référence est Quintilien 10.3.8, où les MSS portent *Varus*, une erreur rectifiée dans l'édition de Cologne, 1527. Je dois au prof. D. A. Russell l'interprétation de la phrase obscure du latin de Politien.

style de l'*Iliade* et de l'*Odyssée*, en citant de courts passages comme exemples des trois styles connus des critiques anciens. Il aborde alors les thèmes philosophiques en trouvant chez Homère l'origine de toutes les notions significatives. Puis vient une section consacrée aux dieux, à la fatalité et à l'âme où il cite des philosophes célèbres. Il y a une longue citation de Quintilien sur l'éloquence d'Homère, de Dion Chrysostome sur le fait qu'il s'adresse à des lecteurs de tous les âges et au sujet du portrait qu'il offre du roi idéal en se référant à Homère. L'hommage de Politien diminue quand il veut célébrer sa connaissance de la médecine. Tant de philosophes se réclament de tout devoir à Homère qu'il se sent obligé de remarquer que, si Homère ne figure pas parmi les autorités de l'État idéal platonicien, c'est à cause des histoires vulgaires qu'il attribue aux dieux. Politien pense que cette question mériterait un plus long examen et se contente de remarquer que Platon cite très souvent Homère en le désignant du titre de *magister vitae* et en tenant pour bienheureux ceux qui passent leur vie à l'étudier. Dans l'Antiquité, on n'aurait pas formé les jeunes par la lecture d'Homère si l'on avait pensé que ses poèmes pouvaient leur faire du mal, et les magistrats ne l'auraient pas salué comme le père de toutes les vertus[2]. Encore moins, le plus cultivé des Pères de l'Église, Basile le Grand, n'aurait voulu proclamer la poésie d'Homère comme éloge de la vertu[3].

La réputation d'Homère, continue Politien, s'étend au Nord et à l'Est. À preuve les Borysthénites et les Indiens. Les premiers avaient une grande admiration pour Homère (noter le verbe au passé) et les Indiens « bien qu'ils ne puissent pas observer les étoiles visibles dans notre hémisphère, néanmoins se délectent des malheurs de Priam, des lamentations d'Hécube et d'Andromaque et des exploits d'Hector et d'Achille autant que nous ». On croit qu'ils avaient une traduction d'Homère dans leur langue[4].

2. Cf. les mots *patrem omnis virtutis* dans la *Constitutio Omnem* (*in fine*), et aussi F. Di Benedetto, *IMU* 12 (1969), p. 78-99, pour les citations d'Homère dans le *Digest*.

3. Cf. N. G. Wilson (éd.), *St Basil on the value of Greek literature*, Londres, 1975, p. 52 ; le passage sur l'homélie est au chap. 5.

4. Cf. l'édition Gryphe, Lyon, 1528, p. 374-375.

Ce passage semble étrange tant que l'on ne réalise pas qu'il est constitué d'éléments venus d'une source classique[5]. Dion Chrysostome, un représentant de la Seconde Sophistique, qui n'était pas encore bien connu à l'époque de Politien, dit dans son *Borysthénitikos* (9-10) que les habitants de la région au nord de la Crimée étaient remplis d'admiration pour Homère et, dans son essai *Sur Homère* (6-7), il affirme que les Indiens en avaient fait une traduction, remarquant en même temps qu'ils ne pouvaient voir les étoiles que nous observons, en particulier la Grande Ourse. Au sujet des Indiens, les savants modernes se sont demandés si Dion tenait ce renseignement des marchands de passage à Alexandrie, qui avaient été témoins en Inde d'une poésie épique ressemblant à celle d'Homère[6].

Reconnaître le plagiat de Politien n'épuise pas l'intérêt de ce passage. Le verbe au passé quand il s'agit des Borysthénites aurait pu inciter un auditeur attentif à se demander quand ils avaient atteint un si grand degré de culture, et le lecteur moderne peut être surpris que Politien lui-même ne se pose pas la question en référence aux habitants contemporains de cette région. S'agissant des Indiens, Politien s'exposait à la même critique. L'auditoire était invité à croire que ce qui était dit était d'actualité. Mais Politien pouvait-il vraiment croire que ce qu'il trouvait écrit dans ses sources anciennes était encore d'actualité de son temps ? Il ne faut pas le critiquer pour son manque de scepticisme au sujet de Dion. Mais le fait qu'il présente les dires de Dion comme des vérités absolues révèle un manque sérieux du sens de la vérité historique.

Si Politien croyait pouvoir échapper à une telle critique, une tradition raconte qu'il n'en fut rien. Il paraît que, après son discours, Janus Lascaris, le prenant à part, lui reprocha de s'attribuer le savoir des Anciens. L'histoire est racontée en deux versions différentes bien attestées sinon tout à fait vraisemblables. La première se trouve dans les notes de Guillaume Budé sur le *Digeste*. Il dit que Politien a produit des informations gratuites tirées de la vie

5. Je remercie la prof. A. Pontani qui m'a éclairé à ce sujet.

6. Cf. P. Desideri, *Dione di Prusa, un intellettuale greco nell'impero romano*, Messine-Florence, 1978, p. 182, 362.

d'Homère attribuée à Plutarque, en exploitant le fait qu'elle n'avait pas encore été traduite en latin. Lascaris n'est pas nommé comme la source de cette histoire, mais l'amitié entre les deux hommes le laisse supposer. La fausse identification du texte grec en question ne mérite pas que l'on s'y arrête. La seconde version de cet épisode est plus tardive et mieux assurée. Elle provient du juriste François Duaren (né en 1509) qui dit que Budé ne cessait pas de la raconter et ajoutait qu'il la tenait de Lascaris lui-même. Dans cette version, la source grecque mise à contribution est Hérodote, auteur supposé d'une vie du poète grec. Lascaris prenait Politien en flagrant délit de s'appuyer sur un texte qui n'était accessible ni en latin ni en aucune version imprimée[7].

Le cours de Politien sur l'*Odyssée* a été donné trois années plus tard. La première conférence s'ouvre sur la nécessité d'exposer en premier lieu la vie d'Homère, mais puisque Politien l'a déjà fait dans le cours précédent et qu'il a publié un poème sur ce sujet, il se tient quitte d'y revenir. Il se contente de rappeler brièvement les mérites d'Homère et annonce qu'il expliquera le texte : *dabo operam, ut non his dumtaxat qui graecam litteraturam affectant, sed et his pariter consulatur, qui sunt latinitate contenti*, « Je prendrai soin des besoins non seulement de ceux qui abordent la littérature grecque, mais aussi de ceux qui ne connaissent que le latin ». Une bien étrange précaution, non seulement parce qu'elle annonce un cours adressé en même temps à deux types différents d'étudiants, mais aussi parce que le reste de ce commentaire, conservé dans ce même manuscrit, présente une étude détaillée et philologique qui ressemble malheureusement à un exposé plein de pédanterie pour un public scolaire. Cette première conférence a pour objet principal le caractère unitaire et non épisodique du poème. L'auteur reconnaît qu'en cela il suit Aristote, sans donner de référence, en fait il renvoie

7. Cet épisode est étudié par F. O. Menckenius, *Historia vitae et in literas meritorum Angeli Politiani*, Leipzig, 1736, p. 409-422. La version de Budé se trouve dans ses *Annotationes in Pandectas*, fol. 198v-199r dans l'édition Paris, 1533, la version de Duaren dans ses *Opera*, Francfort, 1592, p. 1107. La vie du Pseudo-Hérodote a été publiée peu après puisqu'on la trouve dans l'édition *princeps* d'Homère, Florence, 1488.

au chapitre 23 de la *Poétique* où il est montré que l'action de l'*Iliade* et de l'*Odyssée* est centrée sur un thème bien défini[8].

Parallèlement aux notes de Politien sur Homère, il faut examiner une chose curieuse. Au début de sa traduction des livres II-VI de l'*Iliade*, qui date des années 1470-1475, on trouve une note consacrée à l'interprétation allégorique. Elle est attribuée à un petit écrit du savant byzantin Démétrius Triclinius sur les quatre premiers vers du quatrième livre de l'*Iliade*. Politien donne un résumé du texte en marquant son accord avec cet essai, auquel il ajoute l'autorité du commentaire de Proclus sur le *Timée*. L'allégorie est plutôt de type physique que moral. L'étrange est que, bien que nous ayons une bonne connaissance de l'œuvre de Triclinius, on ne trouve aucune trace d'un passage sur ce sujet, et ce serait une chose bizarre que la référence de Politien en soit la seule attestation. Je me suis demandé si la mémoire de Politien avait pu lui manquer et s'il citait en fait d'autres traités similaires de savants byzantins, par exemple Michel Psellus ou Jean Diaconos Galenos. Mais ni l'un ni l'autre de ces traités ne contiennent ce qui pourrait correspondre à ce qu'en dit Politien, et l'on peut se demander si Politien a eu accès à un manuscrit actuellement perdu contenant un traité attribué peut-être faussement à Triclinius. Dans ce cas, ce serait un de ces cas, assez rares, où un savant de la Renaissance a pu lire un texte qui nous est devenu inaccessible[9].

Cette note sur l'allégorie est la plus intéressante des remarques brèves et peu utiles que Politien a écrites pour accompagner sa traduction de l'*Iliade*[10], dans lesquelles il met en œuvre le principe

8. L. Dorez a publié les textes à partir du MS Paris. gr. 3069 dans *Mélanges de l'École française de Rome* 15 (1895), p. 2-32, en particulier p. 24 s. Pour les notes de Politien sur l'*Odyssée*, cf. L. Cesarini Martinelli dans M. Cortesi et E. V. Maltese (éd.), *Dotti bizantini e libri greci nell'Italia del secolo xv*, Naples, 1992, p. 257-290, qui a donné une édition des notes sur les deux premiers vers du poème. Le texte complet est édité par L. Silvano, *Appunti per un corso sull'Odissea*, Alexandrie, 2010.

9. Cf. I. Maier, *BiblHumRen* 16 (1954), p. 7-17. Je remercie L. Cesarini Martinelli pour son aide à ce sujet.

10. Ces notes ont été publiées avec un commentaire par A. L. Rubinstein, *IMU* 25 (1982), p. 205-239.

qu'il a énoncé. Par exemple sur *Iliade* 5.384, il interprète la blessure d'Aphrodite par Diomède à l'aide d'un concept trouvé dans le *Banquet* de Platon et bien connu des néoplatoniciens florentins : *Venus in manu vulneratur quia celestis illa Venus Platonis cum in sensu tangendi polluitur vulgaris evadit*, « Vénus est blessée à la main parce que la Vénus céleste de Platon, corrompue par le sens du toucher, devient vulgaire ». La même influence se retrouve dans l'explication de 5.149 : *Nube quadam circumsepta anima divina sapientia purgatur puraque in luce refulget*, « L'âme, entourée par un nuage, est clarifiée par la sagesse divine et brille d'une lumière pure ». Il y a aussi quelques erreurs probablement dues à la jeunesse de Politien. Sur 5.722, il s'est trompé en lisant dans la scholie les mots ἡ Δημώ et en supposant l'existence d'une personne nommée *Hedemo*. Une autre faute dans la division des mots à 2.760 aboutit à la création du nom *Geleonteus* et à 2.751, il confond le nom et l'adjectif dans l'expression ἱμερτὸν Ταρτησσόν.

Examinons maintenant les contributions de Politien sur les textes philosophiques. Le retour du platonisme ne doit pas nous faire perdre de vue qu'Aristote n'avait pas disparu pour autant. Il est sans doute raisonnable de dire que Politien se passionnait pour le domaine du néoplatonisme, et pourtant il apporte maintes preuves de la permanence d'Aristote. Son traité *Panepistèmon* est une introduction à ce philosophe et, en 1490-1491, il enseignait l'*Éthique à Nicomaque*. On a cru qu'il avait été le premier à posséder un exemplaire de la *Poétique* ; bien que cette hypothèse doive être abandonnée aujourd'hui, on doit toujours dire qu'il a été le premier en Italie à donner une bonne explication de ce texte difficile[11]. La *Praelectio de dialectica* contient un passage qui montre qu'il avait étudié Aristote à l'aide des commentateurs. Les effets de ces travaux se retrouvent quelquefois ailleurs. En étudiant la lettre

11. L'hypothèse remonte à R. Sabbadini, *Il metodo degli umanisti*, Florence, 1922, p. 73-74, et a été répétée par A. Perosa, *Mostra del Poliziano*, Florence, 1955, p. 73. L'exemplaire de Politien est le Laur. 60.14 identifié maintenant comme copié par Démétrius Damilas, cf. P. Canart, *RivStudBizNeoell* 14-16 (1977-1979), p. 330. Quant aux manuscrits préparés par Girard (cf. *supra*, chap. 5, p. 78-80), on doit penser qu'ils étaient destinés à des savants italiens.

de Sappho à Phaon dans les *Héroides* 15 d'Ovide, il semble suivre la méthode d'un de ces commentateurs, Ammonius. Il voulait qu'une introduction à un auteur réponde à plusieurs questions : la vie de cet auteur, son projet, l'utilité de l'ouvrage, la qualité du style, le titre et le problème de l'attribution[12]. D'autres exemples de l'étude approfondie d'Aristote se trouvent dans deux chapitres des *Miscellanea*. Dans 1.1, il cite l'opinion de Jean Argyropoulos, son professeur de philosophie, selon laquelle Cicéron a commis une erreur dans ses *Tusculanes* 1.22 lorsqu'il se sert du mot *endelecheia* qui est attribué au cinquième élément pour parler de l'activité de l'intellect. Le mot doit signifier la continuité ou l'action continue. La graphie correcte est *entelecheia* qui signifie « perfection ». Argyropoulos pouvait citer d'autres passages tirés d'autorités péripatéticiennes ultérieures pour soutenir son opinion. Politien accepte cette opinion, mais pense qu'une meilleure explication peut être trouvée pour défendre la leçon de Cicéron. Il cite d'abord assez longuement les diverses autorités qui avaient le plus grand respect pour les écrits philosophiques d'Aristote, une procédure plutôt hors du sujet. Ensuite, il en vient à la confusion des deux mots pour déterminer la bonne leçon. Politien admet que le texte d'Aristote ait été corrompu en rappelant l'histoire extraordinaire racontée par Strabon selon laquelle les textes originaux d'Aristote furent conservés dans une cave pendant des générations et ne furent mis en circulation que dans les premières années du Ier siècle avant J.-C. Politien pense qu'Apellicon, pour restaurer des passages corrompus, a fait des conjectures audacieuses sur le texte. Pour le passage en question, il n'y a qu'une très petite différence entre les deux leçons, et il vaut mieux suivre Cicéron qui est beaucoup plus ancien qu'Alexandre d'Aphrodise qui vivait sous le règne de

12. S. Rizzo a attiré l'attention à ce sujet dans E. Livrea et G. A. Privitera (éd.), *Studi in onore di A. Ardizzoni*, Rome, 1978, p. 759-768. Il y a naturellement des variations d'un commentateur à l'autre. Des idées analogues se trouvent dans les commentaires grammaticaux de Denys le Thrace ; voir l'édition par A. Hilgard dans *Grammatici graeci*, vol. III, Leipzig, 1901, p. 3.27 s., 123.25 s. Pas moins de 36 exemples tirés de grammairiens, rhétoriciens et philosophes sont énumérés par M. Plezia, *De commentariis isagogicis*, Cracovie, 1949, p. 11-16. Cf. aussi *supra*, chap. 11, n. 7.

l'empereur Sévère (222-235). Ne peut-on pas imaginer que Cicéron avait vu le manuscrit original d'Aristote, peut-être non pas dans son état premier, mais annoté par Apellicon ? Il pouvait admettre que le mot forgé par Aristote avait le sens qui le mettait en harmonie avec la doctrine de Platon exposée dans le *Phèdre* sur le mouvement perpétuel de l'âme. Plusieurs commentateurs postérieurs affirment l'identité des doctrines de Platon et d'Aristote sur ce sujet.

Cette défense de Cicéron offre un exemple remarquable de la reconstruction d'une suite plausible d'événements. Politien montre ailleurs qu'il savait manier le concept d'un hypothétique manuscrit manquant parmi les survivants (1.25), dans le cas présent il combine cette hypothèse avec l'histoire du texte. Il s'efforce aussi de confirmer l'interprétation de Cicéron par des autorités extérieures. On peut douter qu'il ait réussi, la critique moderne soutient le contraire. Argyropoulos avait cité d'autres passages d'Aristote, Politien pensait-il que tous étaient corrompus de la même façon ? Pour tenir le principe qu'il faut interpréter Homère par Homère, il fallait attendre.

Moins importante, mais significative pour montrer le talent de Politien dans la restauration des textes est une discussion en *Miscellanea* 1.90 sur un passage fautif dans la traduction par Théodore Gaza des *Problemata* (953 b 18) d'Aristote. Dans ce passage, il est question de la folie d'Héraclès qui cause la mort de ses enfants. Théodore s'était trompé deux fois. La phrase qui décrit l'explosion de la colère d'Héraclès est mal traduite et ne fait aucun sens. Politien a compris le texte correctement. La phrase suivante est aussi maltraitée à cause d'une corruption textuelle. La traduction mentionne « l'inflammation d'un ulcère qui précède quelquefois la mort ». Politien a vu que le texte doit être restauré en sorte qu'il y ait une référence au mont Oeta, ce qu'il a réussi à faire en ajoutant deux lettres à un mot. Son idée est maintenant confirmée par les meilleurs manuscrits, inconnus de son temps[13]. On peut remarquer

13. Le grec et la traduction de Gaza sont les suivants : (1) Ἡ περὶ τοὺς παῖδας ἔκστασις : *puerorum quoque motio mentis,* (2) ἡ πρὸ τῆς ἀφανίσεως αὐτοῦ ἐν τῇ ἑλκῶν ἔκφυσις γενομένη : *corruptio ulcerum, quae mortem interdum antecedit*. Au lieu de ἐν τῇ lire ἐν Οἴτῃ.

que la discussion de Politien n'est pas tournée en polémique contre Gaza.

On constate un autre genre d'habileté dans le traitement d'un texte philosophique, l'*Enchiridion* d'Épictète. Politien le traduisit en 1479. Il le dédia à Laurent de Médicis et dit qu'il avait parcouru les richesses de la bibliothèque des Médicis où il avait choisi ce texte pour l'offrir à Laurent. La bibliothèque en possédait deux exemplaires, tous les deux mauvais, et Politien prétend qu'on lui a dit que les autres exemplaires n'étaient pas meilleurs (on se demande comment il avait eu cette information). Ces exemplaires n'ont pas été identifiés, ils ne sont plus dans la bibliothèque des Médicis, on peut supposer qu'ils ont été détruits parce qu'ils n'étaient pas assez beaux pour satisfaire le bibliothécaire. Il est plus important pour nous de constater la manière dont Politien a pu en réparer les défauts en se servant du commentaire du néoplatonicien Simplicius pour combler les lacunes, et remarquer que, si on ne pouvait retrouver la littéralité de chaque passage, le sens général était suffisamment clair.

L'écart le plus intéressant de Politien par rapport à la méthode scientifique conventionnelle est la manière dont il traite la poésie hellénistique. Dès la deuxième année de son enseignement universitaire, en 1482-1483, il avait donné un cours sur les *Idylles* de Théocrite. L'exemplaire annoté par lui (Laur. 32.46) pour la préparation de son cours peut laisser croire qu'il n'était pas tout à fait à l'aise avec la langue de ce poète. De nombreux mots sont glosés par des explications tirées des scholies ou de la *Souda*[14]. On peut penser aussi que Politien n'avait pas besoin de ces explications pour lui-même, mais pour avoir la bonne réponse toute prête aux questions de ses élèves. Plus tard dans sa carrière, quand il entreprit des travaux sur Callimaque, il s'en acquitta fort bien. Il choisit le cinquième hymne en l'honneur de Pallas Athéné qui décrit un rite pratiqué à Argos. Dans *Miscellanea* 1.80, il présente le texte grec accompagné d'une traduction latine composée par lui en vers élégiaques, le mètre de l'original. Ce chapitre des *Miscellanea* s'ouvre par une citation de Properce (4.9.57-58) sous le titre « Une histoire

14. Cf. F. Garin, *RivFil* 42 (1914), p. 275-282.

peu connue relative à Tirésias et Pallas, où l'on découvre ce que Properce veut signifier ». Suit une savante discussion du mythe introduisant un texte poétique rare, les *Dionysiaca* du poète byzantin Nonnus[15]. Immédiatement après la citation de Nonnus on trouve une chose surprenante. On apprend que c'est Pico della Mirandola qui a persuadé Politien, alors que son livre était sur le point d'être imprimé, d'ajouter le poème de Callimaque avec une traduction. Politien ne pouvait pas refuser la demande de son ami malgré le manque de temps. Il prévient qu'il y a encore quelques fautes dans le grec qu'il a hésité à corriger, tandis qu'il a seulement complété un vers à la fin du poème. Il n'avait peut-être pas le temps de tout corriger comme il aurait voulu. Il cite son manuscrit au pluriel (*exemplaria*) et, à mon avis, il faut prendre ce mot littéralement[16]. Le chapitre continue avec une critique de son ennemi Domizio Calderini (1446-1478) qui voulait que Properce ait imité Callimaque, pour la raison qu'il y a trop peu d'œuvres conservées de ce dernier et aucune sur le thème de l'amour. Calderini peut avoir répondu qu'il prenait Properce à son mot. Pour finir, Politien dit qu'il veut imprimer le grec dans sa forme primitive sans accents, tentative de vérité historique dans laquelle il a trouvé très peu de successeurs, sauf, il faut le rappeler (cf. *supra*, p. 175), Janus Lascaris qui, quelques années plus tard, pour une entreprise de même nature, dessina un caractère d'impression grec en lettres capitales pour imiter les inscriptions de la période classique. Ajoutons que le texte de Callimaque est imprimé par Politien sans même les esprits sur les voyelles initiales, mais s'il croyait que c'était correct historiquement, il se trompait partiellement.

15. Le texte était accessible dans le MS Laur. 32.16, copié *ca* 1280 par une main qui a dû mettre les connaissances paléographiques de Politien à rude épreuve. Nous savons qu'il a lu Nonnus à Fiesole en octobre 1485 ; cf. A. Perosa, *Mostra del Poliziano*, Florence, 1955, p. 84. Sur l'usage qu'il fit du Laur. 32.16, cf. R. Keydell dans la préface à son édition, vol. I, Berlin 1959, p. 12*-13*. Sur Nonnus, *Paraphrase de l'évangile selon saint Jean*, cf. G. Agosti dans V. Fera et A. Guida (éd.), *Vetustatis indagator : scritti offerti a Filippo Di Benedetto*, Messine, 1999, p. 89-114.

16. Cf. R. Pfeiffer, *Callimachus*, vol. II, Oxford, 1953, p. LXVII, ne le cite pas et propose une autre raison pour obtenir le même résultat.

Son savoir le rendit capable d'apporter quelques corrections mineures au texte, qui sont mentionnées dans les apparats des éditions modernes. Il en savait assez sur le dialecte dorien dans lequel le poème est composé pour restaurer les formes de certains mots que les copistes ont faussement écrits dans une vocalisation attique (vers 5, 84, 93). Une connaissance plus fine du dialecte lui a permis de reconnaître que deux verbes doivent être des futurs plutôt que des présents (vers 107 et 130).[17] Une faute métrique est réparée (vers 137), et Politien partage avec le correcteur d'un manuscrit une petite rectification au vers 49. Sauf deux lacunes, peu de problèmes demeurent pour une compréhension générale de l'hymne, ils restent à la charge des savants des générations récentes. L'extrême difficulté du texte grec est un test pour apprécier les capacités d'un étudiant moderne, et les résultats obtenus par Politien sont considérables.

Une autre conclusion importante doit être tirée de l'étude de cet hymne de Callimaque par Politien. Il ne prétend pas que ce chapitre des *Miscellanea* doive changer le programme des études de philologie grecque pour introduire la poésie hellénistique dans le curriculum. Il n'était aucunement fasciné par l'ancien poète savant, le parallèle entre eux deux est une simple coïncidence plutôt qu'une imitation délibérée. Ce fut Pico qui lui demanda de procurer la source grecque complète du mythe. L'édition de l'hymne en était la conséquence. Ni elle ni l'utilisation de Callimaque pour corriger un passage corrompu de Catulle (66.48)[18] ne devraient être surestimées. Elles prouvent simplement que Politien était un polymathe. Une confirmation se trouve dans un passage à la fin du *Lamia* où il dit que la tâche du grammairien est d'élucider tous les types d'écrivains, qu'ils

17. Au vers 107, Pfeiffer ne lui en fait pas crédit, mais la traduction latine *adolebit* le montre d'une manière décisive. A. W. Bulloch, *Callimachus, the fifth Hymn*, Cambridge, 1985, se trompe sur ces détails.

18. *Miscellanea* 1.78 utilise un fragment conservé dans les scholies sur Apollonius Rhodius. Pour le travail de Politien sur l'*Hymne* de Callimaque, cf. Z. Ritoók, *Acta antiqua* 46 (2006), p. 253-275.

soient poètes, historiens, orateurs, philosophes, médecins ou hommes de loi[19].

Bien que la littérature relative aux deux dernières professions de la liste qui précède ait été souvent négligée par les philologues (et l'est encore aujourd'hui), Politien a vécu assez longtemps pour tenir sa promesse. Son intérêt pour la médecine est prouvé par les annotations qu'il porta dans deux volumes de Galien (Laur. 75.8 et 75.17) et par la traduction de textes médicaux. Ces traductions, qui n'étaient peut-être pas toutes complètes, sont perdues[20]. Sa polymathie a porté aussi sur le droit. Grâce à une intervention de Laurent de Médicis, il a eu l'occasion de travailler sur les *Pandectes*. Plusieurs chapitres des *Miscellanea* concernent les *Pandectes* et, en 1490, l'année qui suivit la publication de la première *Centuria*, il fit une collation du manuscrit, travaillant très vite dans l'été. Dans quelques parties de cet ouvrage, il a été aidé par Scipione Forteguerri, qui allait devenir un membre de l'imprimerie aldine[21]. Entre autres, Politien fit une transcription des sections du *Digeste* qui sont en grec. Il fit aussi des observations sur l'épigramme grecque en l'honneur de l'empereur Justinien qui se trouve dans le manuscrit de Florence.

Pour apprécier les observations de Politien à leur juste valeur, il faut revenir brièvement sur un épisode qui eut lieu quelques années plus tôt. En 1486, Marsile Ficin et Cristoforo Landino avaient été autorisés à consulter la précieuse relique et, chose plus étonnante, à y inscrire une note à cette occasion[22]. Ils avaient observé l'épigramme grecque qui se trouve en deux endroits. La trouvant au fol. 442^r du premier volume où elle avait été ajoutée environ un siècle plus tôt par Leonzio Pilato, ils notèrent qu'elle avait été écrite au fol. 10^v par l'un des copistes du manuscrit. Ils en tirèrent l'étrange conclusion

19. Cité par A. Perosa dans V. Branca *et al.*, *Umanesimo e Rinascimento, Studi offerti a Paul Oskar Kristeller*, Florence, 1980, p. 84.

20. Voir l'étude de A. Perosa citée dans la note précédente et V. Fera, *Una ignota Expositio Suetoni del Poliziano*, Messine, 1983, p. 128, n. 3.

21. Ce fait est attesté par Forteguerri dans son éloge des études grecques publié par Alde en 1504. Cf. *infra*, chap. 14 (II), p. 220-229.

22. Cf. la planche V de l'article de F. Di Benedetto, *IMU* 12 (1969), p. 53-112.

que le manuscrit « avait été composé et et non simplement transcrit par Justinien lui-même ». La manière dont cette phrase est construite appelait une vérification. Une discussion aurait pu être soulevée dans le cercle des hommes de loi pour savoir si le texte des *Pandectes* avait été connu et accessible pour une comparaison avec le texte courant du *Digeste*. Mais les *Pandectes* n'étaient pas régulièrement accessibles, et cette suggestion doit rester une hypothèse très incertaine. La deuxième partie du verdict de Ficin et de Landino est également étrange. L'idée que Justinien lui-même aurait transcrit le texte semblait une interprétation naïve de ce que disait l'épigramme que « Justinien avait produit ce livre », prenant ces mots dans le sens littéral sans égard à la phrase suivante qui parlait des efforts du juriste Tribonien. On hésite à supposer que des savants aussi avertis aient pu imaginer l'empereur opérant lui-même comme un copiste pour produire la première copie officielle et l'on préfère avancer l'hypothèse selon laquelle ils voulaient dire que « Justinien a fait compiler et copier le volume[23] ». Mais une particularité de leur note va contre cette traduction. Le latin est le suivant : *quapropter perspicuum iudicamus hoc volumen proprie fuisse ab ipso Justiniano compositum neque solum transcriptum*. Qu'allons-nous faire du mot *proprie* ? Cache-t-il purement et simplement le mot italien *proprio* ? Et pourquoi ne se sont-ils pas servis de la construction commune et naturelle avec le verbe *curare* et le gérondif pour exprimer ce qu'ils croyaient être dit ?

Cela dit, nous pouvons examiner les observations paléographiques de Politien. Dans *Miscellanea* 1.41, il offre une démonstration étonnante de son habileté dans ce domaine. Il donne une description des *Pandectes* qui conduit à penser que le volume est *dubio procul archetypum*. Ce dernier mot a plusieurs degrés de signification, et selon l'opinion moderne qui fait autorité, Politien voulait dire que les *Pandectes* sont l'un des exemplaires officiels distribués par ordre de l'empereur[24]. On peut aller plus loin. La description paléographique contient l'affirmation suivante :

23. Cf. S. Gentile *et al.*, *Marsilio Ficino e il ritorno di Platone*, Florence, 1984, p. 185.

24. Cf. S. Rizzo, *Il lessico filologico degli umanisti*, Rome, 1973, p. 308-317, en particulier p. 313.

quibusdam etiam saltem in praefatione, velut ab autore plane et a cogitante atque generante potius quam a librario et exceptore inductis, expunctis ac superscriptis, cum graeca epistola graecoque etiam pulcherrimo hoc epigrammate in prima fronte.

Ce que l'on peut traduire : « Dans la préface il y a aussi au moins quelques mots barrés, exponctués et récrits au-dessus, comme par l'auteur directement ou par quelqu'un réfléchissant sur la manière de dire et de s'exprimer, plutôt que par un copiste ou un secrétaire ; en plus il y a une lettre en grec et cette magnifique épigramme grecque tout au début ». Politien semble observer ici ce que des paléographes modernes disent à propos des corrections rédactionnelles par un auteur dans son propre exemplaire, altérations d'un genre que personne d'autre n'aurait pu faire[25].

La question s'embrouille quand nous retrouvons un commentaire presque identique dans une note de Politien sur la *Vie de Néron* (chap. 52) de Suétone où le biographe antique parle de papiers autographes de l'empereur qu'il a entre les mains et qu'il peut identifier comme tels :

ut facile appareret non tralatos aut dictante aliquo excerptos, sed plane quasi a cogitante atque generante exaratos ; ita multa et deleta et inducta et superscripta inerant.

« On pouvait facilement voir qu'ils n'étaient pas transcrits ou pris sous la dictée, mais clairement écrits par une personne réfléchissant en composant, si nombreux étaient les grattages, les corrections et les additions au-dessus de la ligne ».

Il est clair que Politien a emprunté l'idée et la phraséologie de l'auteur ancien, et la note complète sur Suétone est la suivante :

25. Th. Mommsen, *Digesta Justiniani Augusti*, Berlin, 1870, vol. I, p. xxvi-xxvii, remarque qu'un seul copiste, le moins compétent des douze qui ont été identifiés, est responsable de la copie des trois *Constitutiones* seulement.

> Unde re vera creduntur Pandectae istae Florentinae eo tempore fuisse scriptae quo Iustinianus eas primum composuit : nam in prohemio multa videmus deleta, multa inducta, multa item superscripta. quod autem haec sint tantum in prohemio, in reliquum autem operis non sic, hoc ita evenit quia scilicet prohemium ex se composuit Iustinianus, reliquum autem operis ex aliis iureconsultis assumpsit, et ideo in his nihil cogitabat, sed omnia certa ponebat[26].

> « C'est pourquoi on croit vraiment que les fameuses *Pandectes* de Florence ont été écrites au moment où Justinien les composa d'abord ; car dans la préface nous trouvons beaucoup de mots grattés, beaucoup barrés, beaucoup écrits au-dessus de la ligne. Si cela se produit seulement dans la préface et non pas dans le reste de l'œuvre, c'est parce que Justinien composa probablement la préface lui-même et reçut tout le reste d'autres juristes et, dans ces parties-là, il n'avait pas à réfléchir mais à donner le texte établi ».

Une claire distinction est faite entre la préface et le texte. Si la déduction faite sur la première semble exagérée, qu'en est-il de ce qu'il dit du second ? Évidemment il veut dire que le texte est bien établi, mais il semble faire de Justinien le copiste, sans remarquer les différences entre les différents copistes. Mais c'est lui attribuer une erreur grossière, et l'on préfère la supposition que le verbe *ponebat* signifie « formulait », qui n'implique pas que Justinien transcrivait lui-même le texte.

Pour revenir aux observations de Politien sur le grec, son appréciation que l'épigramme mérite l'épithète de *pulcherrimum* semble une faute de goût aux lecteurs modernes qui ont l'habitude de réserver un tel éloge aux meilleures productions de l'âge hellénistique. On ne peut pas l'excuser en disant que l'évolution de ce genre littéraire n'était pas encore connue. Il connaissait bien l'*Anthologie grecque* et il avait lu les meilleurs spécimens de ce genre.

Avec le *Digeste*, Politien avait étudié la paraphrase grecque des *Institutiones* faite par Théophile. Il en avait lu assez pour savoir comment s'en servir. Quelques concepts brièvement expliqués dans les textes latins étaient développés dans le grec pour le bénéfice des

26. Cf. l'édition par Fera, *op. cit.* (*supra*, n. 20), p. 224.

étudiants qui n'avaient pas l'avantage de l'éducation occidentale. Politien a donné pour exemple la définition des diverses catégories d'homme affranchi[27]. Qu'il veuille élaborer une telle sorte de paraphrase, cela démontre une grande patience de sa part, et l'on peut se demander si ce n'était pas pour lui une méthode pour perfectionner son grec. Alde Manuce affirme que Politien est un des humanistes qui se servait de la comparaison et de la traduction des textes comme d'un moyen pour apprendre la langue.

Pour finir, abordons un dernier caractère de son activité dans le domaine grec. Politien est l'un des très rares humanistes à avoir composé un nombre important d'épigrammes[28]. Il témoigne lui-même qu'il a commencé à l'âge de dix-sept ans, donc en 1471, l'année au cours de laquelle Andronicus Callistus est arrivé à Florence et Jean Argyropoulos l'a quittée. C'est une raison pour croire que l'intérêt de Politien pour l'*Anthologie grecque*, prouvé par la collection du Vaticanus gr. 1373, est dû à l'encouragement d'Andronicus[29]. Une lettre qui aurait pu servir de préface à la publication de la collection révèle les deux raisons de l'activité de Politien[30]. Il commence par remarquer que les Grecs n'avaient rien produit de bon en poésie depuis six cents ans. Il ne faut peut-être pas prendre le chiffre à la lettre, car c'est le chiffre employé en latin pour désigner n'importe quel grand nombre, et Politien n'avait pas l'intention de louer les dernières productions byzantines qui tombaient en dehors de ces limites, celles de Théodore Studite. Il ajoute qu'il avait entendu parler de deux ou trois savants capables de produire de la bonne poésie et que puisque rien n'avait été publié, il espère les encourager par sa production. Une seconde raison est révélée plus loin dans la même lettre. Ce n'est pas pour surpasser les Anciens dans leur propre domaine qu'il a écrit. Il voulait par un exercice pratique de composition en apprendre davantage sur la nature des originaux. Il donne ainsi un résumé de la pratique qui a longtemps influencé la méthode anglo-saxonne ; c'est seulement récemment que la

27. *Miscellanea* 1.84, *Epistulae* 10.4.
28. Édités par A. Ardizzoni, *Poliziano, Epigrammi greci*, Florence, 1951.
29. Cf. A. Perosa, *Rinascimento* 4 (1953), p. 11-15.
30. *Epistulae* 5.6.

composition en vers a été abandonnée, alors que les anciennes générations d'étudiants britanniques ont appris de cette manière les pratiques du mètre. La métrique n'avait fait aucun progrès notoire au temps de Politien ; tout au plus pouvait-on apprécier les efforts de Démétrius Triclinius pour restaurer les fautes métriques dans le théâtre grec. Les vers de Politien, hexamètres ou élégiaques (il s'est lancé une fois dans les iambes et une autre fois dans les hendécasyllabes), sont pleins de fautes dans la prosodie et les règles de la césure. Un aspect remarquable est que plusieurs pièces sont en dialecte dorien, et cela présuppose une connaissance de Théocrite. Le premier est le n° 11, composé à l'âge de dix-neuf ans et dédié à Jean Argyropoulos. Devons-nous penser que Politien avait lu la littérature hellénistique de son propre chef ? Ou bien est-ce un professeur qui aurait donné un cours sur Théocrite ? Ce professeur, dans ces années-là, peut avoir été Andronicus Callistus qui avait donné un cours sur Théocrite à Bologne. En arrivant à Florence, il donna un cours sur un autre poète hellénistique, Apollonius de Rhodes[31]. On peut en déduire que c'est lui qui a introduit Politien dans les délices de la meilleure œuvre de la période postclassique.

Comme la plupart des personnages de cette histoire, Politien s'est livré quelquefois à des traductions. Il avait en effet débuté sa carrière de cette façon, mais il est évident que ses efforts ont été davantage employés à d'autres projets ; en partie la raison en est que, au temps de sa maturité scientifique, la majorité des textes principaux étaient déjà accessibles en traduction latine. Ce qui peut être considéré comme sa contribution majeure dans ce domaine résulte de sa participation à une mission diplomatique florentine à Rome en 1484, pendant laquelle le pape Innocent VIII lui commanda une traduction de l'*Histoire* de Hérodien. Cette histoire de l'Empire romain couvre la période de la mort de Marc Aurèle en 180 à l'accession de Gordien III en 238. Politien s'en est acquitté facilement en quelques jours et a produit une excellente traduction. Mais ce qui le distingue des autres savants de sa génération, ce sont les *Miscellanea*, une collection de notes sur une énorme variété de

31. Des notes prises par Bartolomeo Fonzio se trouvent dans le Riccardianus 153, fol. 89-95.

sujets. La première centurie a été imprimée en 1489, et une ébauche manuscrite d'une partie de la seconde, contenant 59 chapitres, a vu le jour en 1961[32]. Dans la préface, il reconnaît que la composition doit quelque chose aux deux volumes de mélanges classiques par Élien et Aulu-Gelle ; ce dernier était connu de ses lecteurs et était plus près de l'esprit de son ouvrage. Des exemples plus récents étaient la collection du savant byzantin Théodore Métochite (*ca* 1330) et à un moindre degré celle de Guarino, mais il n'est pas sûr qu'il en ait eu connaissance. Les chapitres dans lesquels on peut apprécier les connaissances et la méthode de Politien dans le domaine des études grecques ont déjà été cités plus haut (cf. *supra*, p. 186-188). On peut trouver des travaux comparables de haute érudition dans les écrits de Valla et de Bessarion, et on peut être certain qu'ils auraient été dépassés par Musurus s'il avait choisi de publier ses résultats sous cette forme. L'adoption par Politien de ce genre littéraire, un concentré de problèmes philologiques, marque une nouveauté qui n'a pas trouvé de vrais imitateurs. Bien que beaucoup d'humanistes fussent assez arrogants, ils savaient qu'ils ne pouvaient pas rivaliser.

32. Édition par V. Branca et M. Pastore Stocchi, Florence, 1972, suivie d'une *editio minor* en 1978.

Chapitre 13

Padoue, Bologne, Ferrare et Messine

Examinons maintenant l'étude du grec dans d'autres villes qui n'ont pas encore été étudiées dans ce livre. Pour des raisons chronologiques et pour d'autres encore, Padoue doit passer en premier. On sait que son ancienne université en avait fait le centre de la vie intellectuelle dans la République de Venise, à laquelle Padoue avait été rattachée en 1405. Bien que Padoue ait été la patrie du groupe des préhumanistes, l'intérêt pour le grec n'a vraiment commencé qu'avec l'arrivée de l'exilé florentin Palla Strozzi en 1434, tandis qu'à Venise même, où il n'y avait pas d'université, Barbaro et quelques autres s'y intéressaient. Palla, né vers 1373, était assez âgé pour intervenir dans la nomination de Chrysoloras, et il avait joué un rôle prépondérant pour faire venir Filelfo à Florence en 1428. Palla, exilé à Padoue, y vécut jusqu'à sa mort en 1462. Pendant presque trente ans, il fut en contact avec les réfugiés byzantins en leur apportant toute son aide. Il est possible qu'il ait rassemblé une grande bibliothèque[1]. Une preuve de son activité réelle, mais malheureusement sporadique, provient de deux manuscrits copiés par lui et d'autres qui présentent un colophon

1. Une liste impressionnante a été établie par M. L. Sosower, *SIFC* 4 (1987), p. 140-151, en partie grâce aux références dans la correspondance des descendants de Palla, en partie par les cotes indiquant la provenance dans la bibliothèque de Sainte-Justine à Padoue qui avait reçu seize MSS grecs par testament. Cf. A. Diller, *JWCI* 24 (1961), p. 313-317.

donnant des informations[2]. Il collabora avec Jean Argyropoulos, qui enseigna à Padoue de 1441 à 1444, dans la copie du commentaire de Simplicius sur la *Physique* d'Aristote (Paris. gr. 1906 et cf. Paris. gr. 1907-1909). Un autre réfugié, Andronicus Callistus, qui résida à Padoue dans les années 1441-1444 et 1459-1462, était leur partenaire (il écrivit le colophon du Paris. gr. 1908). Callistus fut un bon copiste intelligent et prolifique dont il sera question plus loin. Un autre copiste fameux, Jean Scutariotès, dont la carrière s'étend sur une longue période, de 1442 à 1494, travailla pour Palla[3].

Peu après la mort de Palla, un autre grand patron des études grecques arriva à Padoue. La visite du cardinal Bessarion fut l'occasion en 1464 de deux événements qui donnèrent l'espoir que l'université allait entrer dans une nouvelle phase plus vigoureuse de vie intellectuelle. On prit la décision de nommer un professeur de grec, et le choix tomba sur un des protégés du cardinal, Démétrius Chalcondyle, dont on a déjà mentionné (cf. *supra*, p. 169-174) le rôle qu'il a joué, dans une période ultérieure de sa carrière, pour le développement de l'imprimerie en langue grecque. Sa leçon inaugurale nous est parvenue. Il reconnaît évidemment ce qu'il doit à son patron. Mais ce que le nouveau professeur devait offrir était un enseignement acceptable plutôt que la capacité d'inspirer. Il proposa de lire Aristote dans l'original grec plutôt que dans des traductions obscures. Mais en réalité, il ne fit rien de plus que de traiter d'une manière très générale des réalisations des Grecs dans les arts[4]. Deux ans plus tard, nous le trouvons en train d'exécuter avec un Italien une copie de l'*Anthologie grecque* (Laur. 31.28). Somme toute, il faut admettre que sa présence n'a pas exercé une influence notable.

Au même moment, Bessarion avait amené avec lui Regiomontanus, le mathématicien et astronome allemand qu'il avait rencontré dans

2. Dans *RGK* IA, Vienne, 1981, n° 377bis, où l'on dit qu'il a copié Thémistius (Modène, Arch. II 13) et un ouvrage de Plutarque (Laud. gr. 55).

3. Cf. M. L. Sosower, *Palatinus graecus 88 and the manuscript tradition of Lysias*, Amsterdam, 1987, p. 46-47.

4. Il y en a une édition par D. Geanakoplos, *Interaction of the "Sibling" Byzantine and Western Cultures in the Middles Ages and Italian Renaissance*, Yale, 1976, p. 297-304, à partir du manuscrit découvert par Kristeller (Munich, lat. 28818).

une mission diplomatique à Vienne en 1461. Une conférence que Regiomontanus donna en 1464 aurait pu aboutir à une nomination. En fait, il ne semble pas être demeuré à Padoue et en 1467 il avait quitté l'Italie. Toutefois, cette conférence est intéressante par l'énumération des différentes autorités dans les domaines variés qui étaient ceux de son auteur, et s'il serait abusif de la désigner comme une introduction historique aux sciences mathématiques, l'auteur y faisait étalage d'une bonne information historique.

Malgré la pauvreté des informations concernant Padoue, on peut détecter quelques signes d'un progrès des études du grec. Le premier est l'activité de Pietro da Montagnana, un professeur de grammaire qui mourut très âgé en 1478. Il avait une bibliothèque qui contenait des livres en grec et en hébreu, chose inhabituelle à ce moment-là. On lui attribue des traductions de tragédies grecques, l'*Ajax* et l'*Hécube*, et d'une comédie, le *Plutus*, les premières pièces des collections byzantines dans les deux domaines, et encore des parties d'Hérodote, de Théocrite et, chose surprenante, de Philostrate. Des annotations autographes survivent dans les marges de ses exemplaires qui ne donnent pas une haute idée de sa compétence et ont laissé place au scepticisme quant à leur authenticité[5].

Un autre témoignage est fourni par un certain Nicola Passera Della Porta, qui est décoré dans un colophon des titres de docteur et philosophe à Padoue. À l'âge de trente-trois ans, en 1488, il copia plusieurs textes poétiques (Wroclaw, Rehdiger gr. 35) : les *Argonautiques orphiques*, le poème de Dionysius le Périégète sur la géographie du monde, Apollonius de Rhodes, le *Bouclier* et la *Théogonie* d'Hésiode et les *Phénomènes* d'Aratus. Aucun de ces textes n'était rare à Byzance, tous étaient même assez communs, mais pour la sélection de ces lectures par un Italien, ils impressionnent par leur diversité et leur qualité. Nous lui devons une estime encore plus grande quand nous constatons qu'il possédait un livre de poésie

5. Cf. R. W. Hunt, *Bodleian Library Record* 9 (1973), p. 17-22. A. Porro dans M. Cortesi et E. V. Maltese (éd.), *Dotti bizantini e libri greci nell'Italia del secolo xv*, Naples, 1992, p. 343-361, étudie la prétendue traduction d'*Hécube* par Pietro da Montagnana et, pour des raisons paléographiques, plaide contre l'attribution usuelle.

(Ambr. S 31 sup.) qui rassemble Homère, Pindare, Callimaque et Moschus, jusqu'à Musée et aux *Hymnes* de Proclus.

Une autre indication vient de la fin du siècle. Le professeur de rhétorique latine, Calphurnius, qui avait été nommé en 1486, trouva le temps de faire une leçon sur un auteur grec peu étudié. Dans sa préface à l'édition d'Hérodote en 1502, Alde dit que Calphurnius lisait avec ses élèves les *Lettres à Atticus* de Cicéron et Pausanias. Ce guide de la Grèce ancienne avait attiré l'attention d'Alde quelques années plus tôt et peut-être espérait-il que Calphurnius voudrait l'éditer. Ce beau projet échoua à cause de la mort de l'humaniste, et la publication dut attendre 1516. Bien que Calphurnius fût connu comme un latiniste, il était également possesseur d'une importante bibliothèque de livres grecs[6].

En 1497, l'université franchit un nouveau pas en nommant professeur Niccolò Leonico Tomeo pour enseigner Aristote. On prétend qu'il a été le premier Italien à donner des leçons sur le texte grec. Dans sa jeunesse, il avait été l'élève de Chalcondyle et il pouvait se considérer comme le successeur de son maître. Mais il reste une figure obscure et on ne sait pas si sa nomination produisit un effet réel et immédiat[7].

*

6. Cf. D. Marcotte, *Humanistica Lovaniensia* 36 (1987), p. 184-211.

7. Cf. D. J. Geanakoplos, *Byzantina* 13 (1985), p. 355-372. L'indication qu'il a été le premier à enseigner Aristote dans le texte grec doit être nuancée : Giovio dit qu'il a été le premier des Latins à faire ainsi et dans l'épitaphe de l'église San Francesco de Padoue, Bembo dit que parmi les objets de son enseignement, c'était le premier, pour dire que c'était son premier souci. Ce que l'on sait de lui concerne la dernière partie de sa carrière, après la mort d'Alde : voir les articles de D. De Bellis, *Physis* 17 (1975), p. 71-93 et *Quaderni per la storia dell'Università di Padova* 13 (1980), p. 37-75. Le plus important est qu'il a été l'un des rares privilégiés à utiliser la collection du cardinal Bessarion, puisqu'une note de Bembo dans le MS Marc. gr. 225 des commentateurs d'Aristote affirme qu'il a rendu ce livre à la bibliothèque en 1531 après un prêt de trente années ; et quand il publia les fruits de ses études sur Aristote et Théophraste dans une édition Giuntine de 1527, contenant les œuvres biologiques, il améliora le texte en 2 000 passages selon ce qu'il dit lui-même dans la préface.

Un des réfugiés que nous avons trouvé à Padoue déménagea à Bologne. Andronicus Callistus est important non seulement comme copiste, mais aussi comme professeur, et bien que l'on ne puisse pas affirmer qu'il ait été négligé, on peut raisonnablement penser qu'il mérite des recherches plus approfondies. Sa carrière ne peut être décrite dans tous ses détails ; on sait qu'il arriva à Padoue en 1441, et la dernière trace de son séjour en Italie date de 1475 lorsqu'il quitta Florence pour Milan. Dans les années 50 et 60 il séjourna à Bologne, il fut connu de Bessarion ; il enseigna à Florence où il fit l'admiration de Politien.

Nous avons la chance d'avoir sur ses années à Bologne des informations relatives à la bonne qualité de son enseignement. Dans l'une des deux lettres qu'il écrivit à Démétrius Chalcondyle autour de 1465, il donne la liste des cours qu'il est en train de faire. Il nomme Pindare, les épîtres de Phalaris et la grammaire de Théodore comme textes étudiés en grec. Ce sont peut-être les trois livres étudiés dans trois classes séparées, supérieure, moyenne et élémentaire[8]. La même lettre rapporte des classes sur la *Politique* et l'*Économique* d'Aristote en latin, preuve que l'intérêt pour la culture grecque dépassait le cercle de ceux qui comprenaient la langue. Andronicus ajoute qu'il a l'intention de poursuivre avec une autre œuvre d'Aristote sur la nature, probablement la *Physique*, mais il s'exprime d'une manière qui laisse croire qu'il n'a pas encore décidé laquelle il allait aborder[9].

Le cours sur Pindare peut avoir été la première tentative sérieuse de lire un poète dont la réputation dans la littérature latine faisait l'objet de curiosité. C'était aussi un auteur étudié dans le curriculum des Byzantins. Les *Lettres* de Phalaris sont un choix plus étonnant, et

8. Parmi les textes copiés ou annotés par lui, les trois titres peuvent être trouvés ; Phalaris dans Modène, Estensis gr. 39 (II B 2) signalé par E. Gamillscheg, *Scrittura e Civiltà* 2 (1978), p. 242. L'intérêt de Callistus pour Pindare devait porter du fruit plus tard. Son influence est visible dans la préparation de la première traduction latine des *Olympiques* de Pindare par Bartolomeo Fonzio, qui a été publiée par V. Fera dans V. Fera et G. Ferrari (éd.), *Filologia umanistica per Gianvito Resta*, Padoue, 1997, p. 693-765.

9. La première opinion est celle de J. E. Powell dans son édition des Lettres dans *Byzantinisch-neugriechische Jahrbücher* 15 (1939), p. 14-20.

puisqu'elles étaient considérées comme l'œuvre du tyran d'Acragas au VIe siècle avant J.-C., elles pouvaient être classées comme la plus ancienne collection de ce genre. Peut-être anticipait-il une opinion exprimée en 1692 par sir William Temple : « I think the epistles of Phalaris to have more race, more spirit, more force of wit and Genius than any others I have ever seen ancient or modern ».

Une chose étonnante au sujet de l'enseignement de Callistus à Bologne est un fait qui n'a pas été remarqué. D'un renseignement donné par son élève Merula, il apparaît qu'il a donné des leçons sur Théocrite. Le détail mentionné par Merula est le nom de la rivière Crathis, qui se trouve dans l'*Idylle* 5.16. L'importance de cette information consiste en ce que, alors que Théocrite était un auteur familier pour les savants élevés dans la tradition byzantine, on a parfois suggéré que la littérature hellénistique n'avait suscité que peu d'intérêt avant les cours de Politien sur Théocrite et l'édition des *Hymnes* de Callimaque. On voit maintenant que le crédit pour un élargissement de cet horizon littéraire doit être en partie mis au compte de Callistus[10].

Le choix de Callistus pour les textes à lire avec ses élèves peut être comparé à celui d'autres contemporains. Il semble qu'il avait établi à Bologne une progression allant de la grammaire aux textes en prose, puis aux textes de poésie. Ce type d'approche du sujet se rencontre encore dans une lettre d'Alamanno Rinuccini à son fils datant de 1473. Ayant dit que l'étude du grec peut être comparée à la cerise sur le gâteau, il recommande à son fils, après être passé par les exercices grammaticaux élémentaires, de choisir pour sa lecture un orateur ou un historien. Il faut remettre les poètes à plus tard, parce qu'ils offrent presque une langue différente à cause de la variété des dialectes qu'ils emploient. Cet avertissement est bienvenu et nous rappelle les difficultés qui attendaient les débutants[11].

Mais tous les professeurs ne tenaient pas compte des besoins de leurs élèves. Un des élèves de Chalcondyle à Padoue était l'allemand

10. Le renseignement donné par Merula se trouve dans C. Dionisotti, *IMU* 11 (1968), p. 160.

11. Cf. Alamanno Rinuccini, *Lettere e orazioni*, éd. V. R. Giustiniani, Florence, 1953, nº 31.

Hartmann Schedel, qui raconte que Chalcondyle a commencé son cours avec les *Erotemata* et qu'il est passé ensuite à Hésiode qui sans doute était plus facile que Pindare, mais certainement pas une simple introduction aux plaisirs de la poésie grecque[12].

Le copiste Callistus doit nous retenir pour la raison qu'un bon nombre des livres qu'il a copiés présentent de bonnes leçons qui peuvent être le résultat de son intelligence à détecter les corruptions. Étant donné qu'il a été très actif comme scribe – probablement parce que c'était pour lui un moyen de gagner sa vie – le nombre des livres qu'il faudrait examiner est énorme. Mon impression sur la foi des données publiées est que, bien qu'intelligent et trouvant quelquefois la bonne correction, il n'a fait preuve d'aucun talent exceptionnel. Il est possible que quelques bonnes idées dans les premières pages de la *Poétique* d'Aristote lui soient dues – on les trouve dans sa copie, le Paris. gr. 2038 ; mais il y a une autre explication : il a eu accès à l'un des témoins principaux (Riccardianus 46) avant que celui-ci ne fût abîmé[13]. Il faut noter aussi que si Callistus avait été d'une exceptionnelle habileté, on ne se serait pas attendu à des fautes lorsqu'il s'agissait de résoudre des abréviations ; il y a deux passages où il s'est trompé à ce sujet[14].

Après le départ de Bologne de Callistus, l'étude du grec semble avoir attendu un petit moment. Elle a été reprise par Antonio Urceo Cortesi, connu généralement comme Urceo Codro (1446-1500), un élève du jeune Guarino. Sa nomination en 1482 lui demandait d'enseigner la grammaire, la rhétorique et la poésie. Après 1485,

12. Cf. Geanakoplos, *op. cit.* (*supra*, n. 4), p. 242, 366.

13. Voir la note de R. Kassel, p. 3 de son édition, Oxford, 1965, renvoyant à E. Lobel, *The Greek manuscripts of Aristotle's Poetics*, Oxford, 1933, p. 27-31. M. Centanni, *Bollettino dei classici* 7 (1986), p. 37-58, qui arrive à une conclusion différente, ne donne pas assez de poids à cette possibilité. Les conjectures de Callistus dans un autre texte du même manuscrit, la *Rhétorique* du Pseudo-Aristote, peuvent être dites utiles mais pas exceptionnelles, et en cela je partage le jugement de M. Fuhrmann, *Untersuchungen zur Textgeschichte der pseudo-aristotelischen Alexander-Rhetorik* (*Abh Mainz* 1964, n° 7), p. 46 s., 176 s.

14. Cf. R. Kassel, *Der Text der aristotelischen Rhetorik*, Berlin, 1973, p. 33, 35 ; O. L. Smith, *Scholia metrica anonyma in Euripidis Hecubam Orestem Phoenissas*, Copenhague, 1977, p. XVII.

son contrat comportait l'addition d'une convention selon laquelle il devait faire ses cours de grec les jours de fête, et cette convention est renouvelée chaque année jusqu'à la fin de sa vie[15]. Cela rappelle un mot de sir Winston Churchill que les garçons doués « apprennent le latin pour l'honneur et le grec pour le plaisir ». On ne sait pas combien de jours de fête il y avait à Bologne dans les dernières décennies du siècle, et à moins qu'ils aient été fréquents, on doit conclure que la demande du grec était limitée, et malgré l'enthousiasme évident du professeur dont les leçons d'introduction sont largement entrelardées de citations grecques, aucun élève ne pouvait apprendre beaucoup ni faire de grands progrès. Le premier cours du professeur fut consacré à Homère auquel il revient souvent, le deuxième à Hésiode et le troisième à Théocrite[16]. On mentionne encore beaucoup d'autres auteurs comme textes étudiés dans les cours. Mis à part Aristote, mentionnons Euripide et Aristophane[17], Plutarque *Sur l'éducation*[18], les *Aphorismes* d'Hippocrate[19], et encore des auteurs en médecine ou mathématiques, si les élèves le demandaient. Il faut remarquer cet intérêt pour la médecine. On aimerait savoir si Codro doit quelque chose à un prédécesseur comme Leoniceno, professeur à Ferrare. Il n'est pas sûr que la demande ait été suivie d'effet, car les professeurs de médecine avaient besoin d'être convaincus que l'étude du grec pourrait leur apporter des rémunérations supplémentaires qu'ils ne pouvaient recevoir des sources habituelles[20]. On peut penser que Copernic faisait partie de l'auditoire[21], mais ni le Polonais ni les autres ne semblent n'avoir rien appris d'autre que les notions ordinaires, si nous en jugeons des leçons conservées. Ses remarques

15. Cf. C. Malagola, *Della vita e delle opere di Antonio Urceo detto Codro*, Bologne, 1878, p. 174, 480.

16. Cf. *Sermo* 8.

17. Cf. *Sermo* 1.

18. Cf. *Sermo* 4.

19. Cf. *Sermo* 3.

20. Le *Sermo* 9 contient cette offre. Cf. V. Nutton, *John Caius and the manuscripts of Galen*, Cambridge, 1987, p. 22.

21. Cf. E. Rosen dans *Didascaliae : studies in honor of Anselm M. Albareda*, New York, 1961, p. 369-379.

sur Homère sont conventionnelles au pire sens du mot, il traite le poète comme une source pour toute espèce de connaissance comme n'importe quel critique sans intelligence de l'Antiquité. Son éloge des études grecques n'a rien d'excitant, il discute d'une manière élémentaire l'origine grecque des arts libéraux et de la médecine. L'orateur termine en disant que ce serait une disgrâce de s'en aller comme des commerçants pour apprendre l'allemand ou l'espagnol au lieu d'exercer son esprit par l'étude du grec[22]. L'auditoire est invité à étudier Homère cette année avec lui pour être capable, en cas de besoin, d'écrire ou de parler publiquement en grec. Même dans un monde qui estimait les réussites littéraires beaucoup plus que de nos jours, ce manifeste sonne creux[23].

*

Alors que les résultats de Codro doivent être qualifiés de modestes, Niccolò Leoniceno (1428-1524) était un homme de grande distinction qui a enseigné de nombreuses années à Ferrare. À la fin des années 50 et au début des années 60, il étudiait à Padoue où il a pu rencontrer Palla Strozzi et Callistus. Il a eu des élèves excellents – parmi eux Bembo et Linacre – et il a apporté son aide aux imprimeurs de Venise au tournant du siècle. Nous savons qu'il était en contact avec Alde au moment de la préparation de l'*editio princeps* d'Aristote et qu'il offrit son manuscrit des œuvres botaniques de Théophraste, qui était de la main de Callistus (Paris. gr. 2069), pour procéder à l'édition aldine. Quand Calliergès et Vlastos ont produit le volume de Galien en 1500, ce fut encore Leoniceno qui mit à leur disposition les textes de sa bibliothèque[24].

22. Cf. *Sermo* 10 (*in fine*) ; il se sert des mots *ornandi animi causa*.

23. Pour une présentation de Codro, cf. L. Gualdo Rosa dans le *Dizionario biografico degli Italiani* 29 (1983), p. 773-778. Montfaucon, *Palaeographia Graeca*, Paris, 1708, p. 95, dit que Codrus a copié le MS Regius 3302 en 1479 ; ce MS est maintenant le Paris. gr. 2776, dans lequel je ne trouve aucune preuve de cette affirmation.

24. Le meilleur travail sur Leoniceno est D. Mugnai Carrara, *Interpres* 2 (1979), p. 169-212, et du même auteur, *La Biblioteca di Niccolò Leoniceno*, Florence, 1991. Information utile sur les MSS qu'il possédait dans Ph. Hoffmann,

C'est à la médecine grecque, en particulier Galien, qu'il a consacré tous ses soins. La première traduction d'un ouvrage de cette grande autorité a été effectuée par Giorgio Valla qui a publié le *De sectis* en 1483-1484 et ensuite d'autres traités en 1498. Malgré cette priorité chronologique, c'est Leoniceno qui doit être considéré comme le premier Italien à s'être attaqué à quelques problèmes posés par le *corpus* de Galien. Il a traduit plusieurs des œuvres qu'il contient, en particulier le commentaire sur les *Aphorismes* d'Hippocrate, traduction qui mérita un éloge de la part de Politien. Leoniceno avait écrit à Politien pour dire son admiration pour les *Miscellanea* qu'il appréciait beaucoup, bien qu'il eût abandonné ce qu'il appelle les *politioris humanitatis studia*[25]. Cette remarque est significative, car bien que Scaliger dût plus tard faire l'éloge de Leoniceno tant comme philologue que comme spécialiste de la médecine, on peut croire que les mots modestes de Leoniceno reflètent clairement les buts qu'il se proposait.

Le texte imprimé de ses traductions de Galien est précédé d'une introduction. Ce n'est pas une présentation générale de Galien, mais elle mérite attention. Au début il y a une discussion d'un passage d'Aristote, *Historia animalium* 604 a 5-8, sur la rage. Leoniceno trouvait que la traduction de Gaza était un non-sens, parce qu'il faisait dire à Aristote que les hommes ne mouraient pas de cette maladie. Une traduction moderne de ce passage est la suivante : « La rage rend l'animal fou, et n'importe quel animal, l'homme excepté, attrape la maladie s'il est mordu par un chien enragé ; la maladie est fatale pour le chien et pour tout animal qu'il a mordu, l'homme excepté[26] ». Leoniceno propose de corriger le texte en faisant un léger changement dans le grec, de deux lettres seulement, aux deux endroits où l'exception est signalée. Cela fait, le nouveau texte affirme que les animaux tombent malades plus

Mélanges de l'École française de Rome 97 (1985), p. 133-138 ; 98 (1986), p. 673, n. 5 et p. 704-708. Cf. aussi Nutton, *op. cit.* (*supra*, n. 20), p. 25-29.

25. Cf. Politien, *Epistulae* 2.4 et 2.3 pour cet échange de lettres.

26. Cf. D'Arcy Wentworth Thompson dans *The complete Works of Aristotle, the revised Oxford translation*, éd. J. Barnes, Princeton, 1984, p. 943.

vite que l'homme[27]. Il est curieux que Leoniceno ne se réclame pas d'avoir trouvé sa leçon dans un manuscrit grec, peut-être parce qu'il n'en avait pas dans sa bibliothèque ; et il ne dit même pas qu'il faudrait en chercher un. En fait, les manuscrits ont bien la leçon présupposée par la traduction de Gaza, et un éditeur moderne l'a défendue en argumentant qu'Aristote veut dire simplement que, contrairement à ce qui arrive pour un animal infecté, les êtres humains ne meurent pas nécessairement de la morsure[28]. Avant l'invention moderne du traitement de la maladie, c'était tout à fait rare qu'une victime de la rage survive, et l'on comprend pourquoi Leoniceno ne voulait pas laisser dans le texte une information tellement grossière et invraisemblable.

Pour revenir à l'argument de Leoniceno, dans son premier paragraphe, il veut montrer qu'il y a des endroits dans le texte des classiques où il faut faire des corrections. On imagine qu'il a été mis devant des cas de conservatisme irraisonnable entraînant des efforts pour défendre le texte transmis au moyen d'interprétations insoutenables. Il passe à la considération de deux passages de l'*Ars parva* de Galien et explique pourquoi il veut corriger le texte. Son argument est celui d'un homme familier du sujet, et on remarque que les deux propositions sont notées dans la marge et attribuées à Leoniceno dans un manuscrit (Paris. gr. 2273).

L'interprétation de Galien place aussi Leoniceno comme un historien de la philosophie. Il a écrit un essai sur la méthode scientifique de Galien qui est une discussion sur un passage obscur et compliqué au début de l'*Ars parva* qui a embarrassé plusieurs commentateurs médiévaux. La solution est de faire une distinction entre une méthode suggérée par Galien comme un moyen pour étudier un problème donné, alors qu'il en existe une autre pour mettre en ordre les faits bien établis sur un sujet particulier quand il faut les exposer à des élèves[29].

27. En lisant πρίν au lieu de πλήν. La phrase a été supprimée par le critique Pikkolos au XIXe siècle.

28. P. Louis dans l'édition Budé, Paris, 1969, vol. III, p. 50, n. 2.

29. Pour plus de détails sur cette question très compliquée, cf. W. F. Edwards dans E. P. Mahoney (éd.), *Philosophy and humanism : Renaissance essays in*

En tant qu'éminente autorité qui procurait au public des versions corrigées des ouvrages médicaux de Galien, Leoniceno était au nombre de ceux dont on demandait l'avis sur la plus grave épidémie de ce temps-là, la maladie de la syphilis qui éclata en 1494 quand l'armée française de Charles VIII campait aux environs de Naples. La maladie était connue ordinairement sous le nom de *morbus Gallicus*, sauf des Français qui avaient choisi de la nommer du nom de la ville où elle s'était déclarée pour la première fois. Une réunion de médecins se tint à Ferrare pour discuter de ce cas nouveau, et peu après Leoniceno écrivit un livre sur ce sujet, qui fut publié par Alde en 1497. Son point de vue était que cette maladie n'était pas une nouveauté. Cherchant dans la littérature ancienne et appliquant la théorie qu'une maladie n'apparaît jamais sous une forme unique, mais sous diverses formes, il trouva un précédent dans Hippocrate, *Épidémies* 2.1 et 3.2-3. Le second passage est le plus important : pour les savants modernes il semble être une description de la fameuse peste d'Athènes mentionnée dans Thucydide 2. Leoniceno n'a pas reconnu l'analogie. Sur un ton triomphal il pose la question : « Qui ne reconnaîtrait pas dans les paroles d'Hippocrate une épidémie analogue à celle d'aujourd'hui ? ». On doit noter que quelques autorités modernes pensent que nombre de cas de lèpre au Moyen Âge pouvaient être des cas de syphilis, mais cette idée ne semble pas être venue à l'esprit de Leoniceno[30].

*

Un des plus malheureux réfugiés était Constantin Lascaris, qui, élevé à Constantinople, était un élève de Jean Argyropoulos quand

honor of Paul Oskar Kristeller, Leyde, 1976, p. 283-305, en particulier p. 291-299 ; N. Jardine dans C. B. Schmitt (éd.), *The Cambridge History of Renaissance philosophy*, Cambridge, 1988, p. 704-705.

30. L'origine de la syphilis est une question difficile : cf. A. Keaveney et J. Madden, *Hermes* 107 (1979), p. 499-500 ; K. Manchester, *The archaeology of disease*, Bradford, 1983, p. 45-49 ; M. D. Grmek, *Les maladies à l'aube de la civilisation occidentale*, Paris, 1983, p. 199-225. Grmek pense que la syphilis n'existait pas dans l'Antiquité et que la lèpre n'était pas connue non plus (p. 210, 212). (Je dois ces renseignements à Heinrich von Staden.)

les Turcs prirent la ville en 1453. Il réussit à s'échapper et, après quelques années d'itinérance, trouva un emploi à Milan de 1458 à 1465 ; mais après un court séjour à Naples, il ne put faire mieux que de s'assurer des moyens d'existence à Messine[31]. C'est là qu'il demeura de 1466 jusqu'à sa mort de la peste en 1501. Le cardinal Bessarion tenta de lui venir en aide en le nommant à une chaire de grec avec l'obligation d'enseigner les moines des monastères locaux affiliés à l'ordre de Saint-Basile. Une rémunération de 80 pièces d'or était attachée à ce poste, mais le paiement semble avoir été tout à fait irrégulier. Bien que l'existence de Lascaris ait été quelquefois soulagée par l'arrivée de quelques élèves venus d'ailleurs – par exemple celle de Bembo en 1492 – il n'était pas toujours satisfait de son sort. Une lettre conservée exprime ses sentiments, et bien que l'on puisse supposer qu'elle a été composée dans un moment de déprime, les raisons de sa plainte n'étaient ni imaginaires ni passagères[32]. La lettre est une tirade amère contre la pauvreté sous le présent gouvernement. Lascaris pense avec nostalgie à Milan et dit qu'il songe à partir en Angleterre. Mais peu après, dressant la liste des malheurs d'autres savants, il note qu'Andronicus Callistus est mort sans amis. Même Jean Argyropoulos vivait à Rome dans la pauvreté, obligé de vendre sa bibliothèque, tandis que Théodore Gaza avait fini ses jours à Policastro en Calabre. Lascaris dit clairement qu'il déteste également Rome et Naples.

L'occasion de son départ de Milan avait été le mariage de son élève Ippolita Sforza avec le prince napolitain Alfonso, duc de Calabre. Un exemplaire de l'un de ses livres scolaires copié de sa propre main pour son élève a survécu (Paris. gr. 2590). Milan n'était certes pas le meilleur endroit pour un réfugié désireux d'enseigner le grec, d'autant plus que Filelfo y était établi depuis plusieurs années. Lascaris semble avoir obtenu une position officielle après

31. L'étude moderne sur sa vie et sa bibliothèque est due à J. M. Fernández Pómar, *Emerita* 34 (1966), p. 211-288, qui cite l'utile contribution antérieure de A. De Rosalia, *Archivio storico siciliano* 9 (1957/1958), p. 21-70.

32. C'est la première lettre imprimée par J. Iriarte, *Regiae Bibliothecae Matritensis codices graeci manuscripti*, Madrid, 1769, p. 290-291, et dans *PG* 161, col. 957-958. La date doit être la fin des années 70.

avoir attendu un peu de temps. À Milan, il trouva deux textes nouveaux, le poème épique postclassique de Quintus de Smyrne, et les *Argonautiques orphiques* qui le stimulèrent davantage. Il écrivit une brève introduction qui nous apprend qu'il a lu ce texte avec ses élèves[33]. Il commence avec le sujet classique des *accessus* scolastiques, les réduisant à quatre sections, la vie du poète, le sujet du texte, son titre et le mètre. Les trois dernières sont traitées sommairement, le sujet de l'ouvrage est dit être de la poésie narrative. Il s'étend sur la vie du poète avec tous les détails qu'il peut trouver dans une variété de sources. Il n'y a pas lieu d'être surpris de le voir accepter toutes les anciennes traditions sur cet auteur mythique. Il y avait évidemment des gens qui ne croyaient pas à l'existence d'Orphée, ce qui amena Lascaris à démontrer que leur position était intenable, puisque les poètes, les historiens et les géographes le mentionnent. Il est facile de l'accuser de naïveté, mais on doit admettre que le scepticisme relatif à la tradition biographique ancienne des poètes grecs est un phénomène moderne[34]. Lascaris pouvait considérer que le texte conservé était un ouvrage authentique de haute antiquité. Cette idée a pu le pousser à en préparer l'*editio princeps* en 1500[35].

La vraie raison de la réputation de Lascaris de son temps était qu'il est l'auteur de divers ouvrages de grammaire grecque, l'un étant un manuel imprimé dès 1476. C'était l'une des premières productions de la nouvelle méthode pour parer aux besoins des étudiants en grec[36]. On s'étonne qu'un homme isolé pendant dix années à la périphérie de la vie culturelle ait réalisé un ouvrage si essentiel. Il continua à être reconnu comme tel, comme on le voit, non seulement dans la période où Bembo étudiait avec lui, mais aussi par la publication par Alde d'une nouvelle édition de cette grammaire. Il devait maintenir le contact avec le continent,

33. Cet essai se trouve dans Madrid gr. 19 (4562) copié à Milan en 1464 et dans Canon. gr. 83.

34. Cf. M. Lefkowitz, *The lives of the Greek poets*, Londres, 1981 (2e édition 2012).

35. Cf. E. Legrand, *Bibliographie hellénique*, vol. I, Paris, 1885, p. LXXXVI.

36. Cf. N. Barker, *Aldus Manutius and the development of Greek script and type in the fifteenth century*, Sandy Hook, Connecticut, 1985 (2e éd., New York, 1992), p. 29-31, et R. Proctor, *The printing of Greek in the 15th century*, Oxford, 1900.

et l'on doit regretter que trop peu de cette correspondance soit venu jusqu'à nous.

Pendant son séjour à Messine, Lascaris a eu l'occasion de rechercher des manuscrits dans les bibliothèques locales. Plusieurs régions de l'Italie du Sud et de la Sicile fleurissaient de communautés bilingues pendant le Moyen Âge, et quelques bibliothèques étaient convenablement approvisionnées, bien qu'il soit douteux qu'elles aient eu beaucoup de textes de littérature païenne, sauf ce qui était indispensable au programme des écoles. Pendant la deuxième moitié du xve siècle, l'élément grec de cette culture locale avait beaucoup diminué. La recherche devait s'étendre à des bibliothèques négligées, et il ne semble pas que Lascaris ait fait des découvertes étonnantes. Seuls quelques commentaires sur d'anciens manuels de rhétorique semblent avoir été ses réelles trouvailles[37].

Il possédait une grande bibliothèque – 83 volumes donnés par lui à la cité de Messine sont passés à la Biblioteca Nacional de Madrid par l'intermédiaire du duc de Uceda – cette collection avait été formée très difficilement. Il est probable qu'il n'avait pas porté avec lui la totalité de sa bibliothèque à Messine quand il y arriva, puisqu'il n'avait pas l'intention de s'y établir, et un nombre de livres copiés ou possédés par lui ont été identifiés ailleurs qu'à Madrid. Sur les 83, il y en a 25 copiés entièrement de sa main et pas moins de 43 ont des lacunes comblées par lui. Il note quelquefois le mal qu'il a eu pour trouver tel texte[38]. Une fois il a eu la chance extraordinaire de retrouver à Messine un livre qu'il avait possédé des années plus tôt en Grèce (Madrid gr. 127

37. Cf. H. Rabe, *Prolegomenon sylloge*, Leipzig, 1927, p. LVII-LX, LXXXVI, sur Madrid gr. 137 (4687), et *RhMus* 50 (1895), p. 241-249 ; 63 (1908), p. 526-530 sur Messina gr. 119. Sa référence à un vieux livre dans la bibliothèque du monastère du Sauveur à Messine contenant le *De accentibus* de Théodose (*PG* 161, col. 941) se rapporte probablement à la partie des *canones* imprimée par A. Hilgard, Leipzig, 1894, p. 362-417. Ou le petit extrait dans Madrid gr. 33 (4576) ? Une curiosité est le fragment de la *Gigantomachia*, un poème épique par Claudien, composé dans sa jeunesse à Alexandrie (Madrid gr. 141 [4691]) : cf. A. D. E. Cameron, *Claudian : poetry and propaganda at the court of Honorius*, Oxford, 1970, p. 14-18.

38. Cf. les détails dans Fernández Pómar, *op. cit.* (*supra*, n. 31), p. 245, n. 3.

[4677]). Mais la preuve parlante de la difficulté qu'il a rencontrée dans ses fonctions de professeur et de savant se trouve dans une note à la fin d'un exemplaire d'Hérodote sur un papier de pauvre qualité (Madrid gr. 25 [4568]) : « Constantin Lascaris a copié ce texte pour lui-même et pour d'autres à Messine en Sicile, ayant depuis longtemps le désir de le posséder et ne trouvant pas de meilleur papier dans cette ville. Il l'a copié très rapidement parce que le possesseur du modèle était un visiteur qui désirait repartir, dans l'année de l'Incarnation, le 30 août 1487 ». Si nous jugeons les résultats des travaux de Lascaris loin d'être remarquables, les conditions dans lesquelles il a travaillé rendent impressionnant qu'il soit arrivé à quelque chose d'utile[39].

39. Il faut rappeler que H. Rabe, *Zentralblatt für Bibliothekswesen* 45 (1928), p. 1-7, a estimé le travail de Lascaris peu meilleur qu'une interprétation linguistique de bas niveau.

Chapitre 14

Venise

(I) ERMOLAO BARBARO ET PIETRO BEMBO

La famille Barbaro a joué un rôle important dans les affaires de Venise, et l'on a déjà eu l'occasion de citer un membre de cette famille dans un chapitre précédent (cf. *supra*, p. 54-56). Sa contribution à l'humanisme est largement dépassée par celle de son petit-fils Ermolao Barbaro (1453/4-1493) qui déjà à l'âge de vingt ans avait réalisé de grandes choses : la première traduction en latin d'un commentateur d'Aristote, celle de la paraphrase de Thémistius, un sophiste du IVe siècle. C'était un nouveau départ pour mettre en circulation auprès du grand public des écrits de caractère exégétique. Pendant plusieurs années, Barbaro a vécu à Padoue, et il aurait été plus logique de le présenter dans le chapitre précédent ; mais pour deux raisons il est approprié d'en parler ici : la première est qu'il retourna à Venise en 1484 pour y résider la plus grande partie du reste de sa vie, la seconde est que son enseignement à Padoue n'a pas été toujours de première qualité. Il semble que ses cours de 1474-1476 sur l'*Éthique à Nicomaque* et la *Politique* n'étaient basés que sur le texte latin et non pas sur le grec, et même sur les anciennes versions médiévales et non pas sur les traductions plus modernes données par Bruni et Argyropoulos, bien qu'une fois ou l'autre il montre qu'il connaissait Bruni. Cela résulte de ce que l'on trouve dans les notes marginales autographes d'un manuscrit (Columbia University, Plimpton 17)[1].

Il était encore à Padoue quand il traduisait la *Rhétorique* (1478-1479), mais ce sont les œuvres qu'il entreprit dans les années suivantes qui ont fait sa réputation. En latin, il apporta de bonnes contributions au texte de Pline l'Ancien et à celui du géographe Pomponius Mela, et en grec il s'appliqua au grand botaniste Dioscoride. Son intérêt pour les matières scientifiques est visible, et cette ambition remonte peut-être à ses années d'étudiant puisqu'il dit dans sa préface à Thémistius qu'il était impressionné par la qualité des traductions de Gaza. Plusieurs d'entre elles étaient des traités scientifiques.

Dioscoride, qui écrivait au milieu du Ier siècle de notre ère, avait constitué le plus célèbre de tous les herbiers. Son importance comme livre de référence pharmacologique dura sans conteste pendant des siècles : il y eut des traductions en arabe et en latin et de superbes illustrations dans de nombreux manuscrits. Barbaro en donna une traduction qu'il augmenta d'un supplément de son cru, dans lequel il rassembla toutes les informations qu'il pouvait obtenir à partir d'autres sources. Au total, on compte 1 018 entrées, dont certaines sont très courtes, d'autres font des paragraphes substantiels.

On peut supposer que Barbaro concurrençait Dioscoride en cultivant un jardin botanique. Cela ressort d'une lettre de 1484 qui décrit ses habitudes journalières à Padoue[2]. À une heure dite, il visitait le jardin d'un voisin et le sien, « nous contemplions les plantes une par une et nous pensions à Dioscoride qu'il nous faudrait éditer un jour », un projet qui devait être réalisé par Alde quelques années après sa mort[3]. L'œuvre de Barbaro dut attendre un peu

1. Cf. P. O. Kristeller, *La Bibliofilia* 50 (1948), p. 162-178.

2. Éd. V. Branca, Florence, 1943, I, lettre n° 45, p. 60-62.

3. V. Branca, dans J. R. Hale (éd.), *Renaissance Venice*, Londres, 1973, p. 228, attribue à Barbaro « la fondation à Padoue du premier jardin botanique au monde », manière de parler qui suggère le célèbre jardin qui peut encore être visité ; puisqu'il est généralement tenu qu'il a été fondé en 1545, on pense que Barbaro parle d'une petite entreprise privée. M. Lowry, *The world of Aldus Manutius : business and scholarship in Renaissance Venice*, Oxford, 1979, évite toute hypothèse qui pourrait induire en erreur.

plus longtemps pour être publiée, elle devait paraître en 1516. Une autre traduction de l'herbier apparut presque en même temps, en 1518. Elle était l'œuvre de l'humaniste florentin Marcello Virgilio Adriani. Pour ce dernier, nous ne savons pas si la publication de Barbaro fut une surprise au moment où ses propres recherches étaient déjà bien avancées, qui le détermina à ne pas laisser ses efforts sans résultat ; il reconnaît la valeur du travail de Barbaro et prétend qu'il a lui-même collationné cinq exemplaires du texte grec, une opération inhabituelle à cette époque et qui ne pouvait pas être menée à bien dans les centres universitaires du moment, étant donné la relative pauvreté des bibliothèques. Si Adriani s'était mis à étudier Dioscoride indépendamment, c'est un signe de l'intérêt grandissant pour la tradition scientifique grecque.

La contribution de Barbaro dans l'étude de Dioscoride ne semble pas avoir été étudiée de près[4]. Il vaut la peine de s'arrêter sur une remarque qui doit attirer l'attention. Dans son *Corollarium*, il pose la question de l'auteur du traité pseudo-aristotélicien *De plantis* et rapporte l'opinion admise selon laquelle le texte grec est dû à un certain Maximus. On ne connaît pas la source de cette conjecture : ce Maximus a été identifié avec le savant moine byzantin Planude, et probablement l'auteur de la conjecture avait pensé que la traduction du latin au grec n'avait pu se produire que dans le cercle de Planude. Une lecture attentive de la préface au traité révèle que si Barbaro ou un autre humaniste avait repris cet argument, il était sur la mauvaise piste, puisqu'une remarque dans la préface révèle que le savant responsable du texte grec était probablement un moine d'une des communautés italo-grecques[5].

4. Il n'est pas cité dans A. R. Arber, *Herbals, their origin and evolution : a chapter in the history of botany*[3], Cambridge, 1986, p. 92-97, qui survole les contributions du XVe siècle et prend son point de départ avec le commentaire sur Dioscoride par Pierandrea Mattioli (1501-1577). Mattioli vante les mérites de Barbaro et d'Adriani, mais fait usage d'une version par le savant français Jean Ruel, qu'il dit être plus répandue et mieux connue des médecins. — Arber dit encore (p. 100) que le jardin botanique de Padoue a été fondé en 1542.

5. Cf. L. Labowsky, *Medieval and Renaissance Studies* 5 (1961), p. 132-154, en particulier p. 137-138. La note dans le *Corollarium* est au fol. 6[r]. L'argument de Labowsky a été récemment mis en cause et on a fait l'hypothèse que le

Un autre membre de l'aristocratie vénitienne fait son apparition dans notre histoire juste après la mort de Barbaro. Pietro Bembo (1470-1547), qui fut nommé bibliothécaire de San Marco en 1530 et plus tard créé cardinal, est principalement connu comme un parfait écrivain en latin cicéronien et pour son plaidoyer en faveur du style archaïque de la langue littéraire italienne. Ce qu'il pensait du grec se trouve dans un essai de jeunesse écrit en grec en 1494 et longtemps resté inédit[6]. Bembo voyagea en Sicile en mai 1492 et y séjourna jusqu'à l'été 1494, étudiant avec Constantin Lascaris et rapportant sa *Grammaire* à Venise où elle devait être imprimée par Alde. À première vue, choisir Lascaris comme maître était étrange. À Venise, il y avait un professeur des langues classiques en la personne de Giorgio Valla. Il n'était pas d'un talent exceptionnel, et ses intérêts étaient plus scientifiques que littéraires. Bembo avait suffisamment de raisons pour chercher ailleurs. Il est pourtant étonnant qu'il n'ait pas considéré d'aller à Padoue ou Milan ou Florence, d'autant plus que son père avait été ambassadeur à Florence et que Politien avait logé chez eux pendant sa visite à Venise en 1491. Quelles qu'aient été ses raisons – il dit dans une lettre à son professeur de latin qu'il était attiré par la réputation de Lascaris, par la perspective d'échapper aux obligations mondaines à Venise et par l'idée, difficile à croire, qu'à Messine on parlait une forme plus pure du grec – il faut reconnaître que le temps qu'il passa à Messine ne fut pas mal employé. Le grec de son essai de 1494 est coulant et montre une imitation de la langue classique. L'auteur fait preuve d'une bonne connaissance de Démosthène, le modèle pour un orateur. Dans les deux copies du texte, il y a des corrections, et Bembo a donc demandé à quelqu'un de l'améliorer, mais on ne

traducteur pourrait être le contemporain de Planude, Maximos Holobolos. Cf. H. J. Drossaart Lulofs et E. L. J. Poortman, *Nicolaus Damascenus, De Plantis, Five translations*, Amsterdam-Oxford-New York, 1989, p. 563-580.

6. La meilleure discussion moderne est de A. Pertusi dans sa contribution à *Storia della cultura veneta* 3/I, Vicence, 1980, p. 185-189. Il y a deux copies du texte, Harley 5628 et Ambr. N 126 sup. ; le manuscrit de Milan semble être une version corrigée ayant plus d'autorité, avec quelques corrections de la main de l'auteur. Le texte a été édité par N. G. Wilson, *Oratio pro litteris graecis*, Messine, 2003.

reconnaît pas la main de Lascaris. Le texte se présente comme une adresse au sénat de Venise, première apparition de l'orateur devant ce corps constitué. On se demande si le grec reflète le premier discours d'un jeune débutant ou simplement une manière de faire revivre l'ancienne pratique pédagogique du discours imaginaire (*suasoria*) : dans ce cas, il relevait le défi suivant : « Imaginer ce qu'il faudrait dire pour persuader la République de favoriser les études grecques ». Bembo jouait le jeu[7], mais l'on n'est pas obligé de croire que les sentiments exprimés dans l'essai étaient futiles. Ce discours est plus intéressant que d'autres compositions du même genre. Bembo était confronté à une difficulté plus grande à Venise que dans d'autres cités ; il entendait les marchands qui disaient : « Pourquoi aurions-nous besoin d'étudier le grec ? C'est assez, bien assez de se contenter du latin ». Il remarque que les réfugiés grecs ne sont eux-mêmes pas dans la position de faire grand-chose. Ensuite, il avance cet argument peu commun en estimant que l'on ne possède plus que l'un pour cent de la littérature grecque et que même ce reste risque d'être perdu si l'on ne fait rien. Ce propos confirme indirectement que la donation par Bessarion de sa grande bibliothèque en vue de cet objectif n'avait eu aucun effet. Suit un long éloge sur le rôle du *logos* dans le développement de la civilisation où Bembo trouve son inspiration dans un passage de l'*Hélène* de Gorgias, qu'il avait traduite durant son séjour à Messine[8]. Il était facile aux Vénitiens d'obtenir des copies de textes grecs, la République avait beaucoup de possessions en Grèce et en général les colonies vénitiennes étaient bien équipées en industries et en écoles. La valeur attachée à l'éducation comme un moyen de trouver un emploi dans la société conduisait à un dilemme : ou bien renoncer à être une puissance de premier rang, ou bien ne pas négliger l'éducation. Ensuite, l'orateur passe au devoir de justifier le grec, ce qu'il fait dans des termes conventionnels, montrant qu'il est difficile sans le grec d'atteindre un haut niveau dans les arts et

7. Pertusi, *op. cit.* (*supra*, n. 6), n. 31, cite à ce sujet l'édition de *Prose e rime* par Dionisotti, p. 85.

8. Édité par F. Donadi, *Pietro Bembo, Gorgiae Leontini in Helenam laudatio*, Rome, 1983. La discussion du *logos* chez Gorgias a un autre but.

les savoirs, critiquant en particulier les étudiants en philosophie qui le négligeaient. Il ne désigne pas tel ou tel auteur grec comme spécialement utile et indûment négligé, et puisqu'il y avait déjà des professeurs des langues classiques employés par la République, il n'avait pas à réclamer l'établissement d'une chaire de grec. On ne peut savoir l'effet que produisirent ces propos même dans le cercle de ses amis et, bien que cet essai augurât une belle carrière de savant, Bembo n'a laissé aucune trace d'un brillant helléniste.

(II) LA PRESSE ALDINE, LA NEAKADEMIA ET LE MANIFESTE DE FORTEGUERRI

La plus importante maison d'édition à la Renaissance a été celle établie à Venise par Alde Manuce (*ca* 1450-1515)[9]. Elle doit son prestige surtout à la grande quantité de textes grecs qui figurent dans son catalogue. Les débuts de la carrière de son fondateur sont obscurs. Il fut élevé à Rome et près de Rome, il continua sa formation à Ferrare, il passa quelques années comme précepteur dans la famille d'Alberto Pio, prince de Carpi, une petite ville au nord de Modène sur la route de Mantoue. En 1489 ou 1490, il vint à Venise pour y fonder son entreprise, mais ce n'est qu'en 1495 que parut le premier livre imprimé par lui. Le moment n'était pas favorable car, en 1494, les Français avaient fait leur première invasion en Italie. La fortune d'Alde a été fréquemment troublée par les conditions politiques agitées de cette période. Même si l'Italie avait été à l'abri des agitations de l'époque, le succès financier de la nouvelle entreprise n'était pas garanti, parce que, pour les textes imprimés dans le grec original, le marché, à la différence des

9. Sur Alde, cf. G. Orlandi, *Aldo Manuzio editore*, Milan, 1976 avec une introduction importante par C. Dionisotti ; M. Lowry, *The world of Aldus Manutius, business and scholarship in Renaissance Venice*, Oxford, 1979 ; N. Barker, *Aldus Manutius and the development of Greek script and type in the fifteenth century*, Sandy Hook, Connecticut, 1985 (2e éd., New York, 1992). Un bon exposé du milieu académique se trouve dans D. J. Geanakoplos, *Greek Scholars in Venice*, Cambridge Mass., 1962.

traductions dont le nombre augmentait, était limité. Le choix de Venise comme maison mère de l'entreprise ne pouvait pas se justifier par la présence des meilleurs savants contemporains. Par ailleurs, la ville était déjà un centre de l'imprimerie. Alde devait savoir que les Grecs de la Crète et des territoires de l'ancien Empire byzantin arrivaient normalement en Italie à Venise et il était informé de la communauté des exilés qui y résidaient. Un troisième facteur qui aurait pu le décider était la donation de la bibliothèque du cardinal Bessarion, mais s'il avait espéré exploiter ses richesses, il fut bientôt déçu, car il dut chercher ailleurs des manuscrits de textes grecs.

Quand il arriva à Venise, Alde n'était pas encore une figure notable parmi les humanistes. Son activité pendant les premières années demeure inconnue. Un coup d'œil sur la préparation de l'une de ses premières publications, le Théocrite de 1495, nous est donné par une lettre du professeur de Bologne, Urceo Codro. Alde lui avait demandé des textes grecs, et Codro avait répondu qu'il devait patienter parce que son copiste, Nicolas, était occupé à d'autres commandes. Alde avait aussi posé une question sur un vers de Théocrite qu'il ne comprenait pas (18.14), et Codro lui répondit que son manuscrit était fautif. Le manuscrit de Codro, copié par Andronicus (Callistus ?), avait le bon texte, et il en donne l'explication par référence à des expressions parallèles chez Aristophane et le lexicographe Pollux. L'explication de Codro n'était pas la bonne, mais l'épisode montre que, malgré le manque de manuscrits corrects, Alde faisait des efforts pour produire une édition convenable[10].

Une autre lettre de Codro est instructive pour la lumière qu'elle jette sur un aspect important des activités d'Alde. On admet généralement qu'Alde a publié des livres dans de grandes impressions comportant de 1 000 à 3 000 exemplaires et l'on suppose qu'il avait la réputation de rendre les textes accessibles et que ses livres étaient relativement bon marché et bien imprimés. Sur ces deux points, Codro lui adresse des critiques. Dans une longue lettre écrite à

10. La lettre est datée du 14 octobre 1492 et est imprimée aux pages signées Svii[r-v] de l'édition de 1502. Codro corrigeait ἔνην dans le dorien ἔναν et comparait avec l'expression attique ἔνη καὶ νέα, qui désigne le dernier jour du mois, tandis que chez Théocrite le mot signifie le surlendemain.

Battista Palmieri le 15 avril 1498, Codro commence par se plaindre de la mesquinerie d'Alde dans les transactions financières. Il ajoute que le style des publications entraîne du gaspillage dans l'usage du papier et il annonce son intention de ne plus acheter aucun livre chez Alde tant qu'il n'aura pas baissé ses prix à un niveau tolérable. C'est bien gentil qu'Alde proclame l'immense travail et la dépense qu'il met dans l'impression, mais l'énergie qu'il développe pour gagner beaucoup d'argent est aussi grande. Les prix n'ont jamais été aussi élevés. Codro admet qu'il est heureux d'avoir acheté l'édition aldine d'Aristote pour pouvoir répondre aux questions des philosophes qui ont des doutes sur les traductions en circulation. Mais son plaisir est gâché par le fait que, pour la même somme, il aurait pu acquérir dix livres en bon latin et du même format. Cet Aristote contient encore des fautes qui le rendent incertain des réponses à donner aux questions qu'on lui pose. Il reconnaît que tous les imprimeurs font des fautes mais, quand le sens est ruiné par un mot inexact, on sent que l'on s'est fait avoir, et il donne des exemples tirés de l'*Historia animalium*. Dans le premier exemple, le mot « veines » a été imprimé par erreur au lieu du mot « diaphragme » ; Codro s'étonne que les Grecs de l'entourage d'Alde ne s'en soient pas aperçus. Dans un autre passage, il suggère un changement du texte qui doit être davantage considéré comme une conjecture que comme la détection d'une faute d'impression. L'effet général de cette lettre montre que l'admiration portée à Alde n'était pas inconditionnelle[11].

Pourtant les remarques de Codro ne rendent pas pleine justice à Alde. Le dessin des caractères grecs était une chose difficile, dispendieuse et peu ouverte à la perspective de gros bénéfices. Successivement, avec l'aide du spécialiste Francesco Griffo, Alde produisit quatre types de caractères. Malgré leurs défauts, l'influence d'Alde était telle qu'ils allaient être les modèles pour longtemps.

11. La lettre est imprimée aux pages signées Sii^r-Sv^r de l'édition de 1502. Les deux passages de l'*Historia animalium* sont (1) 496 b 10-11 où de fait les MSS ont φϱένες le mot requis par Codro et non pas φλέβες, et (2) 495 a 20 où la proposition de Codro est proche de celle de J. G. Schneider dans l'édition de 1811.

Alde utilisa le modèle de l'écriture contemporaine. On a cru que la source du premier caractère était la main du calligraphe Immanuel Rhusotas, que le second en était un modèle réduit, peut-être influencé par un membre de la famille Grégoropoulos qui appartenait au cercle d'Alde. Le troisième semble être basé sur l'écriture de Marcus Musurus dont nous allons reparler, et le quatrième ressemble à la main d'Alde lui-même[12].

La mention des amis et associés d'Alde soulève la question importante de son équipe grecque, connue comme la Nouvelle Académie ou Neakademia. Son but et son caractère ne sont pas faciles à définir avec précision. Une définition de sa fonction principale a été donnée récemment disant qu'elle devait « sélectionner les auteurs grecs qu'il fallait imprimer et trouver les solutions aux différents problèmes philologiques et littéraires que cela soulevait[13] ». Pour autant, cette définition est certainement correcte. L'existence de cette association repose sur différentes preuves, la plus ancienne apparaît dans le colophon de la première édition de Sophocle, parue en août 1502.

Les difficultés d'interprétation apparaissent en regardant les choses de plus près, en particulier en considérant la soi-disant constitution de la Neakademia, d'où une autorité moderne déduit qu'elle tenait des banquets périodiques « à l'imitation des *symposia* platoniciens ». Cette phrase est loin d'être claire et ressemble à une fausse traduction, comme nous le verrons. Mais ce n'est pas la principale difficulté soulevée par le document en question.

Une copie de cette constitution survit collée au premier plat d'une reliure. Les espaces blancs dans les marges sont remplis par de brèves annotations sur divers sujets d'une main qui a été reconnue comme celle de Scipione Forteguerri, l'auteur du texte[14].

12. Cf. Barker, *op. cit.* (*supra*, n. 9). Je dois dire que je ne suis pas convaincu par la suggestion de Musurus.

13. Cette définition est celle de Geanakoplos, *op. cit.* (*supra*, n. 9), p. 128. Lowry, *op. cit.* (*supra*, n. 9), p. 196-200, présente une discussion utile ; cf. aussi *BullJRL* 58 (1976), p. 381-382.

14. Le volume en question contient deux livres produits par Calliergès, l'*Etymologicum Magnum* de 1499 et le Galien de 1500. Il est conservé à la Bibliothèque Vaticane sous la cote Stamp. Barb. AAA.IV.13. Le texte est publié

À mon avis, le texte ne peut être compris d'une manière satisfaisante qu'en assumant qu'il souffre d'un manque interne de cohérence, puisque d'un côté il n'est rien d'autre que les règles d'une société de banquets entre savants, et d'un autre côté il implique de bien plus grandes aspirations qui ne sont pas exprimées en détail. Jusqu'à maintenant, l'interprétation la meilleure, qui ne prétend pas apporter une solution définitive, a le mérite de montrer qu'il y a plus dans ce texte que ce que l'on peut y voir au premier coup d'œil, et de conduire à examiner un autre témoignage que contient une lettre de Jean Cuno à Willibald Pirckheimer du 21 décembre 1505. Cette lettre dit ouvertement qu'Alde projette de partir en Allemagne pour fonder une Nouvelle Académie où un groupe d'hommes savants en grec et en hébreu déciderait de l'impression des livres importants pour lancer un mouvement nouveau d'éducation. Ces plans grandioses expliquent une phrase de la constitution à laquelle il faut revenir.

Le texte commence ainsi : « Puisque les amateurs sérieux de bonne éducation trouvent beaucoup d'avantage à parler grec, il a été décidé par nous trois, Alde le Romain, Jean le Crétois et moi-même Scipion Carteromachus (*scil.* Forteguerri), d'établir une loi par laquelle il ne nous est permis de parler entre nous qu'en grec ». Celui qui fait autrement, quel qu'il soit, sera taxé aussitôt d'une pièce de monnaie ; s'il ne peut pas payer, la taxe sera doublée, quadruplée, etc. en progression géométrique, conduisant pour finir à l'expulsion de la société. L'argent sera mis dans une bourse ou une boîte, confiée à l'un des trois fondateurs et scellée. Quand on décidera de l'ouvrir, on fera le compte de l'argent et s'il y en a assez pour un *symposium*, on le remettra à Alde qui « nous traitera magnifiquement, non pas à la manière qu'il réserve à ses imprimeurs, mais à la façon digne d'hommes qui rêvent d'une *Neakademia* et qui viennent de l'établir dans un esprit platonicien ». S'il n'y a pas

par A. A. Renouard, *Annales de l'imprimerie des Aldes*, 3e éd., Paris, 1834, p. 499-501. L'identification de la main de Forteguerri est due à A. Campana. Cf. M. Dazzi dans R. Ridolfi (éd.), *Scritti sopra Aldo Manuzio*, Florence, 1955, p. 150, qui offre une photographie d'un format trop petit pour qu'elle puisse être utilisée dans la lecture des notes.

assez d'argent, on remettra l'argent dans la bourse jusqu'à ce qu'il y en ait suffisamment pour une fête.

À part l'allusion au fait que la manière dont Alde traitait ses imprimeurs n'était pas très généreuse, la dernière phrase implique une conclusion importante. La mention de l'académie montre que le document ne peut pas être traité comme une charte de fondation et que le titre « Loi de la Nouvelle Académie » (Νεακαδημίας νόμος) est une faute due à une confusion dans l'esprit de Forteguerri, qui a transféré le concept de loi depuis les règles d'une société de banquets aux ambitions de ses membres.

On énumère ensuite les qualifications requises pour l'adhésion d'autres membres, lesquelles montrent que le groupe cherchait des gens accordés au grand projet d'Alde. Des visiteurs et des étrangers pouvaient être élus au même titre que les autres. S'ils n'observaient pas les règles, ils étaient exclus sans possibilité de réadmission à moins d'une repentance garantissant leur conduite dans l'avenir. Dans cette section, une clause semble indiquer qu'un délinquant sera exclu comme indigne de la Nouvelle Académie, en d'autres termes ceux qui ne peuvent suivre les règles de la société ne peuvent être considérés comme des membres possibles de la plus auguste association projetée (τῆς Νεακαδεμίας ἐκδεδιώχθω ἀνάξιος ὤν). Une prudente disposition statuait que ceux qui étaient en train d'apprendre le grec et ne le parlaient pas encore couramment pouvaient être admis comme membres après un examen de leur progrès.

En imitant les formules en usage dans les documents publics athéniens de la période classique, le texte formule que la loi a été établie par Scipion Carteromachus « de la tribu des lecteurs » et soumis au vote par Alde le Romain, le fondateur de la Nouvelle Académie, et Jean le Crétois « de la tribu des correcteurs ». Eux trois avaient le titre classique de *prytaneis*. L'approbation de tous les membres est enregistrée, quatre sont nommés et suivis de la phrase « et tous les autres qui sont déjà heureux d'apprendre l'existence d'une nouvelle académie et désirent lui appartenir attirés par le nom seul ».

Pour rendre pleine justice à la formulation de ce document, on doit reconnaître l'existence d'un plan pour une nouvelle académie, et ce plan est provisoirement soutenu par la formation d'une association d'enthousiastes qui dîneront ensemble de temps en temps. Cela dit, il est important de prendre en compte ce qu'une éminente autorité a décrit comme « the evident facetious style of the document ». Même à Rome, en ce temps-là, on était tout à fait hostile à parler latin, encore moins grec ; donc une obligation de ne parler qu'en grec ne pouvait être prise au sérieux. En plus, on doit ajouter qu'Alde a publié plusieurs textes latins, par exemple Stace (1502), Valère Maxime (1502) et Ovide (1504), que l'on déclare publiés par l'Académie[15].

Ces deux considérations ne peuvent être écartées d'un revers de main, et l'on arrive à la conclusion qu'il y a une trace d'humour académique dans le document. L'humour et le sérieux ne sont pas irréconciliables. Il y a d'autres signes qu'Alde voulait sérieusement promouvoir le progrès de l'éducation même s'il fallait aller en Allemagne[16]. Quant à la règle de ne parler qu'en grec, on doit rappeler une remarque de Politien à ce propos, et le sujet avait fait son apparition quelques années plus tôt dans le cercle d'Alde, puisque Musurus, dans sa préface à l'Aristophane de 1498, y fait allusion. Il est sûr que les Grecs et quelques Italiens proclamaient faire cas de cette performance.

Un moyen de faire plus ample connaissance avec les ambitions d'Alde et de ses amis est d'analyser la leçon inaugurale pour un cours donné par Forteguerri, publiée par Alde en 1504[17]. Elle commence par un long et banal éloge de la langue grecque comme un moyen d'expression. Il se sert d'un discours du sophiste du IIe siècle, Aristide, dans lequel Athènes est célébrée comme ayant offert son langage à tous les peuples civilisés, un succès qualifié de victoire sans effusion de sang[18]. C'est une référence savante à un

15. Cf. Dionisotti *ap.* Orlandi, *op. cit.* (*supra*, n. 9), p. XLIII.

16. Cf. Lowry, *op. cit.* (*supra*, n. 9), p. 200 s.

17. Dionisotti *ap.* Orlandi, *op. cit.* (*supra*, n. 9), p. XLVII, déclare qu'il s'agit d'un clair manifeste sans le discuter en détail. Je ne suis pas sûr qu'il ait raison quand il affirme que « delineava un piano di riforma radicale, sulla base della tradizione greca, classica e cristiana, dell'intera enciclopedia, scienza e sapienza, filosofia e teologia, e proponeva il piano a Venezia ».

18. Cf. Aristide, *Panathenaicus* 322 s.

beau passage dans un texte qui n'était pas encore imprimé en 1504 et qui aurait été plus appropriée dans une conférence sur l'histoire de la culture grecque. Ensuite l'orateur passe aux réalisations des Grecs qu'il déclare être supérieures à celles des autres nations dans le rapport de l'éléphant au moustique. Le premier exemple est la philosophie, et il remarque que même les non-Grecs ont choisi de s'exprimer dans la langue grecque plutôt que dans la leur. Comme témoins, Aulu-Gelle, Musonius, Favorinus et Philon sont bien choisis, mais il se trompe avec l'addition d'Anacharsis dont les lettres inauthentiques sont dites très élégantes et non moins riches en enseignement moral (*perquam elegantes nec minus praeceptis refertae*). L'orateur est au courant du débat traditionnel pour savoir si les philosophes grecs doivent beaucoup à la sagesse des Égyptiens. Il n'entend pas le nier, mais il suggère que cette sagesse avait été apportée d'abord en Égypte par les Juifs. C'est donc une sagesse théologique qui appartient à l'*Hebraica veritas*, laquelle est hors du sujet. C'est une manière évasive de traiter une objection faite à sa prétention de tenir la culture grecque comme supérieure dans tous les domaines. Dans cette partie de sa leçon, Forteguerri suit les modèles habituels de la littérature chrétienne apologétique.

Vient un paragraphe sur la ressemblance du grec et du latin, notion sur laquelle Forteguerri revient plus loin dans l'espoir de persuader son auditoire que le grec est une langue facile. Toute bonne poésie vient du grec, dit-il ; on se demande ce qu'il pense de Dante. Il y a un argument fort sur l'inadéquation des versions latines d'Aristote, argument qui serait pleinement justifié s'il n'y avait aucune alternative à l'usage des versions médiévales, mais qui semble négliger l'œuvre récente de Bruni et des autres. Il ajoute que la philosophie platonicienne est supérieure à l'aristotélisme et conforme à la religion chrétienne. Cette affirmation aurait pu être contestée par des membres de son auditoire, puisqu'elle avait été l'objet d'une violente controverse cinquante ans auparavant. Les philosophes modernes ont négligé la philosophie platonicienne dont la connaissance est plus désirée que possédée par beaucoup. Encore une fois, on est en face d'une exagération, et il est troublant de croire que la traduction de Platon par Ficin, si répandue, soit ou implicitement condamnée, ou volontairement ignorée.

Comme on devait s'y attendre, les sciences fournissent quelques bons arguments à l'orateur. Le grec est essentiel pour le mathématicien. L'auditoire est invité à constater combien la traduction d'Euclide par Campano est inférieure à l'édition de Théon et au commentaire de Proclus. Cette traduction datait de *ca* 1255-1259, et Forteguerri avait l'autorité pour porter un jugement défavorable puisqu'il avait lui-même fait une copie du texte grec d'Euclide (Vat. gr. 1295)[19].

La médecine est aussi mentionnée mais sans donner aucun exemple. Enfin viennent les sciences du droit et la théologie. Les juristes tirent un bénéfice de la connaissance du grec. Forteguerri s'appuie sur l'autorité de son professeur Politien pour dire que Justinien avait inséré une quantité de grec pour expliquer la rédaction des lois et pour rendre claires celles qui étaient évidentes pour quelqu'un élevé dans la tradition latine, mais pas pour ceux qui étaient élevés dans la partie orientale de l'empire[20]. L'argument de Forteguerri est fragile ; il ne s'adresse pas à des étudiants de formation grecque, mais il veut donner des raisons pour étudier le grec à des gens qui ont une formation latine et tout à fait capables d'apprécier la terminologie légale du latin. Il termine cette section en disant qu'il a examiné les *Pandectes* florentines, chose qui n'est pas notée par les savants modernes. Peut-être cela ne signifie pas qu'il les ait examinées à fond, mais il suffit de supposer qu'il était présent quand Politien travaillait sur le manuscrit.

Pour la théologie, il mentionne d'abord plusieurs des Pères grecs dont la lecture vaut la peine et il ajoute une remarque dans la tradition de Lorenzo Valla, à savoir que toute la tradition littéraire relative au Christ, à l'exception de l'évangile de saint Matthieu, a été originellement composée en grec, si bien que dans certains cas le recours au grec est essentiel : « Quid quod omnia quae de Christo literis mandata sunt graece primum composita feruntur, excepto Matthaei evangelio ? quare fieri non potest ut nonnullorum fides a graeco petenda non sit ».

19. Cette observation est due à P. L. Rose, *The Italian Renaissance of mathematics*, Genève, 1975, p. 189.

20. Voir la discussion de Politien, *Misc.* 1.84, *supra*, p. 194-195.

Les paragraphes de conclusion s'appliquent à justifier la nomination d'un Italien au poste de professeur, ce qui laisse à penser que l'on voulait quelqu'un qui parle sa langue maternelle pour cette nomination. Cette conclusion est suivie d'un éloge de Venise et en particulier d'Alde qui assure la production de livres. Il est clair que cette conférence était une leçon inaugurale pour un cours sur Démosthène, et en effet l'*editio princeps* de cet auteur parut en novembre de la même année avec un colophon indiquant que c'était un produit de la *Neakademia*[21].

Le jugement que nous portons sur cette conférence ne peut être que modérément favorable, et il n'y a pas lieu d'en faire un texte exceptionnel et révolutionnaire. Les quelques bons exemples qu'il contient sont balancés par des exagérations et des arguments fautifs. Il généralise, et d'une certaine façon ses généralisations recouvrent le large domaine des publications par Alde. C'est vers ces publications que nous devons maintenant nous tourner.

(III) LES PUBLICATIONS DES DIX PREMIÈRES ANNÉES

Nous l'avons vu, il y a eu très peu d'impressions en grec avant l'entreprise d'Alde. En 1498, 1503 et 1513, il a publié des listes de ses publications ; la première est limitée aux livres grecs, dans les autres les titres grecs précèdent les latins (Paris. gr. 3064). Cette disposition illustre clairement la politique de la maison. Presque tous les titres sont l'*editio princeps* d'un auteur classique. En mettant tant de textes en circulation, même si les prix n'étaient pas toujours aussi bas que les membres du public académique l'auraient souhaité – dans la liste de 1498, l'Aristophane coûte 2 pièces d'or et demie et l'ensemble des cinq volumes de l'Aristote 11 pièces d'or – Alde avait changé la position des savants et des étudiants, ses contemporains, sans compter les copistes, qui commencèrent à être principalement

21. Le texte de la conférence de Forteguerri a été imprimé par Alde en 1504 ; il y en a une réimpression dans le *Thesaurus* d'Estienne, Bâle, 1572, vol. I, p. I-IX. Pertusi, *op. cit.* (*supra*, n. 6), p. 184-185, en parle beaucoup trop brièvement.

en demande pour des textes inhabituels. Le savant moderne doit se demander si la production aldine était à la hauteur de la réputation de la firme. Évidemment tout dépendait de l'accès qu'Alde pouvait avoir à des manuscrits relativement corrects. On pourrait supposer que le don splendide de Bessarion à la République de Venise était à sa disposition, mais le témoignage des manuscrits utilisés par l'imprimerie va en sens inverse[22].

Il y avait des collections privées, mais elles aussi étaient jalousement gardées. Dans la préface au *Thesaurus cornucopiae et horti Adonidis* (1496), Alde donne des indications tout à fait claires à ce sujet. Il rapporte que l'on commence maintenant à le respecter pour les services qu'il rend au public littéraire, et beaucoup de ceux qui ont enterré leurs livres – il emploie le mot βιβλιοτάφοι – ouvrent maintenant leurs trésors et les mettent en vente. Autrefois, il ne pouvait même pas emprunter un manuscrit grec pour une heure, maintenant ils sont à sa disposition et quelques-uns lui sont envoyés.

Malgré tout, l'approvisionnement demeurait erratique. Les plaintes d'Alde à ce sujet sont trop fréquentes et spécifiques pour être prises à la légère. Quelquefois il n'avait qu'un seul exemplaire à sa disposition, c'était le cas pour Théophraste et pour l'*Éthique Eudémienne* d'Aristote, d'autres fois les difficultés de l'éditeur ne pouvaient pas être résolues par la collation des différents exemplaires et, dans sa préface du Théocrite, Alde proclame désespérément qu'il a besoin des pouvoirs divinatoires d'un Œdipe pour comprendre ce que l'auteur a voulu dire, tandis que Musurus, le plus expert

22. On sait pas mal de choses sur les copies d'imprimerie : cf. E. Lobel, *The Greek manuscripts of Aristotle's Poetics*, Oxford, 1933, p. 57-59, et M. Sicherl, *Handschriftliche Vorlagen der Editio princeps des Aristoteles*, *Abh Mainz*, 1976, nº 8, Wiesbaden, 1976, avec ses contributions dans *RhMus* 118 (1975), p. 205-225 sur Euripide, et *IMU* 19 (1976), p. 257-276 sur Musée ; Lowry, *op. cit.* (*supra*, n. 9), p. 234 s. et *BullJRL* 57 (1974), p. 140-144 ; N. G. Wilson dans *Venezia Centro di mediazione tra Oriente e Occidente* (*Secoli* XV-XVI), *aspetti e problemi*, Venise, 1977, vol. II, p. 392-396 ; cf. aussi L. Mendelssohn dans son édition de l'historien Hérodien, Leipzig, 1883, p. VIII, n. **, selon qui l'Aldine ne dépend d'aucun des trois manuscrits de la collection de Bessarion. Nouvelle importante contribution par M. Sicherl dans *Griechische Erstausgaben des Aldus Manutius*, Paderborn, 1997.

de ses collaborateurs, remarque que les manuscrits des lettres du sophiste Alciphron sont tellement corrompus qu'il doit abandonner certains passages dans un état inintelligible. Ces exemples sont tous antérieurs à 1500 et impliquent un besoin urgent de fournir des textes au public qui les attend, même si le résultat est loin d'être parfait. La préface au Thucydide de 1502 révèle une attitude différente : Alde dit qu'il aurait ajouté dans le même volume l'*Historia Graeca* de Xénophon et l'histoire de l'auteur tardif byzantin Gémiste Pléthon, mais qu'il a retardé cette publication parce qu'il n'avait pas au moins trois manuscrits.

L'autre facteur déterminant était le niveau scientifique d'Alde lui-même et des membres de son cercle. Les savants ne sont pas toujours aussi compétents en critique textuelle que le réclament les éditeurs, et très peu de savants du temps d'Alde avaient assez d'expérience du grec pour résoudre toutes les énigmes que présentait un texte ancien dans un manuscrit ordinaire. Plusieurs des éditions aldines, aussi utiles qu'elles étaient à cette génération de savants, laissaient presque tous les problèmes sans solution et ne peuvent pas être vraiment présentées comme des contributions à une meilleure intelligence des classiques.

Avant de se lancer dans une grande entreprise, Alde avait publié deux petits volumes qu'il décrit comme un prélude. L'un était *Héro et Léandre* de Musée, un court et attractif poème qui tenait sa vogue du fait qu'il était faussement considéré comme d'une grande antiquité, en fait c'est une production du ve siècle après J.-C. Alde ne savait peut-être pas que Janus Lascaris venait d'en donner une édition à Florence. Venant d'annoncer son Aristote, il recommande Musée comme un poète plaisant et célèbre, et comme la source d'Ovide, *Héroïdes* (18 et 19). La plus grande partie de cette préface rabâche la question financière : il doit vendre beaucoup de livres s'il veut avoir le capital nécessaire pour assurer la production des textes qu'on lui demande[23].

23. Sur cette édition cf. M. Sicherl, *IMU* 19 (1976), p. 257-276, et sa contribution dans D. Harlfinger *et al.*, *Griechische Handschriften und Aldinen, eine Ausstellung anlässlich der XV. Tagung der Mommsen-Gesellschaft in der Herzog August Bibliothek Wolfenbüttel*, Wolfenbüttel, 1978, p. 125.

En publiant la grammaire de Constantin Lascaris en février 1495, Alde affirme qu'il répond à une demande. Elle aussi est présentée comme un prélude à des titres plus importants. Le modèle avait été fourni par Bembo et son compagnon Angelo Gabriele, qui venaient de rentrer après un séjour d'études avec Lascaris. Plus tard la même année, Alde imprima le texte qui allait concurrencer le travail de Lascaris, la grammaire de Théodore Gaza, à laquelle il choisit d'ajouter d'une manière surprenante et sûrement fautive un texte très difficile, les quatre livres sur la syntaxe de l'ancien grammairien Apollonius Dyscole.

Ce que l'on appelle habituellement l'édition aldine d'Aristote était une série de cinq volumes publiés entre novembre 1495 et juin 1498. Cette référence est trompeuse pour autant que la *Poétique* et la *Rhétorique* manquent, tandis que presque tout Théophraste, excepté les *Caractères*, est inclus, comme d'autres textes de moindre importance. Une partie du modèle de l'imprimeur a survécu ; Alde n'a pas utilisé des manuscrits anciens et importants, et pourtant son édition a donné le texte grec qui a été la base de tout le travail postérieur jusqu'au début du XIXe siècle. On a rappelé plus haut (cf. *supra*, p. 222) l'accueil fait à cette édition par un expert contemporain, et l'on peut se demander ce qu'il aurait dit s'il avait pu prévoir l'influence que cette production aldine allait avoir[24].

Alors que le premier volume de l'Aristote était sous presse[25], Alde et ses amis trouvèrent le temps de réunir un volume de poésies dans lequel le premier morceau est une collection des *Idylles* de Théocrite plus complète que celle déjà publiée. Les plus importants des autres textes sont Hésiode et Théognis.

24. Cf. la monographie de M. Sicherl citée *supra*, n. 22, et sa contribution dans D. Harlfinger *et al.*, *op. cit.* (*supra*, n. 23), p. 125-129. L. Minio-Paluello, *Opuscula : the Latin Aristotle*, Amsterdam, 1972, p. 492-493, soutient que le mot *Organon* qui désigne les livres de logique dérive d'une épigramme dans le premier volume de l'édition aldine, dans lequel ils sont tous imprimés ensemble. C'est possible, mais loin d'être sûr ; pour une autre opinion, cf. I. Düring, *Antike und Abendland* 4 (1954), p. 123.

25. La date donnée dans le colophon est février 1495, et puisque Alde utilisait encore le calendrier venitien officiel, cela signifie 1496. Cf. Sicherl, *Handschriftliche Vorlagen*, *op. cit.* (*supra*, n. 22), p. 10, n. 9.

Bien que la Nouvelle Académie ne fût pas encore constituée, on doit penser que les amis et les connaissances d'Alde lui apportaient l'aide indispensable. Un nom qui mérite une mention spéciale est celui de Francesco Cavalli (mort en 1540), natif de Brescia, qui enseigna la médecine à Padoue de 1492 à 1510. Alde reconnaît son aide pour déterminer le bon ordre des écrits d'Aristote et déclare qu'il publiera l'essai de Cavalli sur ce sujet. Pour des raisons inconnues ce plan échoua et l'essai apparut chez un autre imprimeur[26].

L'énorme effort requis pour la production des cinq volumes d'Aristote ne semble pas avoir épuisé Alde. Plusieurs autres titres ont paru avant la fin du siècle, certains même avant la fin de l'impression de l'Aristote. De ces nouveaux titres, trois peuvent être dits éducatifs puisqu'ils étaient destinés à l'étudiant de la langue, deux étaient en partie ou totalement scientifiques, et deux, édités par Musurus, étaient littéraires et seront discutés dans la section (v) du présent chapitre.

Les textes scientifiques soulèvent une question intéressante : est-ce le fait d'avoir édité les traités zoologiques d'Aristote qui a inspiré à Alde le projet de publier une grande série d'autres œuvres scientifiques ? Ces livres étaient dans plusieurs domaines la meilleure source d'information. Mais si Alde a eu de telles pensées, il les a bien vite abandonnées, puisqu'il n'y a pas d'autres textes scientifiques qui paraissent dans son imprimerie. Toutefois un des deux textes qu'il publia devait recevoir un bon accueil. C'était l'herbier de Dioscoride qui avait eu une large circulation, tant dans l'original que dans les traductions médiévales. Sa valeur pour la médecine fait qu'il était beaucoup plus connu que les traités scientifiques de Théophraste sur la botanique. Cependant, bien que cet herbier ait joué un rôle important dans le développement de la médecine, il ne semble pas que l'édition d'Alde du texte grec original soit une contribution significative. Comme une sorte d'appendice, il ajouta deux poèmes didactiques sur les serpents et les remèdes par Nicandre. Ces textes hellénistiques sont si difficiles qu'il est

26. Chez Matteo Capcasa, sans date, peut-être *ca* 1500. Sur Cavalli, cf. M. Palma dans *Dizionario biografico degli Italiani* 22 (1979), p. 724-725.

impossible d'imaginer qu'ils aient été très utilisés, même si les informations qu'ils contiennent avaient des applications pratiques.

L'autre volume à contenu scientifique n'était pas totalement grec ; il commence avec les textes latins de Firmicus Maternus, un astrologue, et de Manilius, l'auteur d'un poème difficile sur le même sujet. L'astrologie et l'astronomie élémentaire n'étaient pas vraiment distinctes dans l'Antiquité, et Alde fait preuve de cette attitude traditionnelle en incluant le poème astronomique d'Aratus, dont il donne les versions latines suivies du texte grec. Un très grand corps de scholies s'étaient accumulées autour du texte grec, et Alde les a imprimées. Ce genre de commentaires est le signe d'un texte utilisé pour l'instruction dans les écoles, et il y a des raisons pour penser qu'Aratus était le texte utilisé à Byzance pour apprendre les éléments d'astronomie aux élèves. Les associés grecs d'Alde sans aucun doute en savaient assez sur la tradition byzantine pour lui donner cette information ; l'usage que pouvaient en faire ses lecteurs italiens reste douteux. De semblables considérations s'appliquent au petit traité qui figure en dernier dans la liste des matières, la *Sphère* faussement attribuée à Proclus. C'est une introduction élémentaire à l'astronomie de six pages et demie seulement ; Alde l'a imprimée avec une traduction latine de son ami anglais Thomas Linacre[27].

Tournons-nous maintenant vers les publications destinées aux étudiants, et d'abord vers le volume intitulé *Thesaurus cornucopiae et horti Adonidis*, dont le colophon est daté d'août 1496. La plus grande partie est un lexique qui occupe les fol. 1-77. Alde nous dit que c'était à l'origine le travail de Favorinus Camers et du florentin Carlo Antinori, qui, avec l'aide de Politien, avaient fait une compilation à partir du matériel fourni par les commentaires d'Eustathe, l'*Etymologicum Magnum* et d'autres grammairiens. Une lettre de Camers donnant cette information est imprimée. La compilation était faite de telle façon que les étudiants des poètes et en particulier d'Homère n'offenseraient plus les oreilles de leurs

27. Il faut rappeler que J. Martin dans son édition des *Scholia in Aratum vetera*, Stuttgart, 1974, p. XII-XIII, pense que Musurus était l'éditeur d'une partie de ce volume et a utilisé l'Estensis gr. 51 (II B 14) et d'autres manuscrits.

professeurs en demandant tous les jours « Quel est le temps de ce verbe ? Est-ce un aoriste, un parfait ou un plus-que-parfait ? » etc. Alde a travaillé ce matériel avec l'aide de son ami Urbano da Belluno. Malgré ses efforts, il est très difficile à utiliser parce que toutes les explications sont en grec et il faut être déjà un bon étudiant pour en tirer quelque bénéfice. Le reste du volume est une sélection d'écrits de divers grammairiens grecs, quelques-uns de valeur, mais difficiles à utiliser à cause de leur vocabulaire technique. Encore une fois, si Alde pensait être utile aux étudiants de faible niveau, il aura été déçu.

Peut-être certains le lui auront fait savoir, car l'année suivante il publia un autre dictionnaire. C'était une nouvelle version du lexique de Craston qui avait été publié à Milan autour de 1478 et réimprimé. Le nom de Craston n'est pas mentionné, ce qui semble injuste tant que l'on n'a pas réalisé combien il avait été révisé. On dit quelquefois que Musurus a été impliqué dans cette révision, mais il n'y a aucun témoignage pour cela, sauf la présence dans une page des préliminaires d'épigrammes grecques par Musurus et Forteguerri. Il y a une différence curieuse entre la production aldine et Craston, qui dissipe l'accusation de plagiat. Alors que Craston avait disposé son travail en colonnes parallèles, avec les mots grecs et les équivalents latins, le lexique d'Alde revient à la disposition qui donne les synonymes grecs et les explications et ajoute dans une sorte d'appendice l'explication latine, ce qui éloigne encore davantage la production d'un livre dont on éprouvait le besoin. Alde a rendu un meilleur service avec la grammaire grecque commandée à Urbano da Belluno et publiée la même année.

Au commencement du nouveau siècle nous observons une grande activité pendant les quatre premières années. On ne voit pas clairement si Musurus continua d'avoir une part essentielle à l'entreprise ; il avait produit deux grands volumes en 1498 et 1499, l'Aristophane et les Épistolographes, mais les détails de sa biographie ne sont pas connus, et il semble avoir passé beaucoup de temps à Carpi dans les années 1499-1503. Il faut aussi remarquer que dans l'année 1499 il ne s'est pas totalement investi dans le cercle d'Alde, puisqu'il a eu des liens avec l'imprimerie de Zacharias Calliergès en contribuant par une lettre à la publication d'un autre dictionnaire byzantin, l'*Etymologicum Magnum*. Mais même si Alde à ce moment-là ne pouvait compter sur la collaboration régulière de son associé le plus compétent, les premières années de ce siècle marquent une étape notable dans sa carrière, parce que ses productions incluent plusieurs des textes principaux de la littérature classique.

Le premier livre mis en chantier n'était pas l'un des plus significatifs. Il est difficile de dire pourquoi Alde s'est intéressé à la *Vie d'Apollonius de Tyane* par Philostrate. Son introduction est tout le contraire d'une prière d'insérer quand il déclare qu'il ne peut se souvenir d'avoir jamais rien lu de pire. *Nihil unquam memini me legere deterius lectuque minus dignum*. Le verdict d'Alde doit être typique de son temps ; environ trente années plus tard, Sir Thomas More dans son *Dialogue sur les hérésies* devait dire : « What labour took Philostratus to make a book full of lies, whereby he would have had Apollonius Tyanaeus in miracles match unto Christ ? And when he had all done, he never found one old wife so fond to believe him[28] ».

Ni Alde ni More ne pouvaient être soupçonnés de prendre de l'intérêt à un pythagoricien ascète du Ier siècle qui représente une figure étrange pour les savants intéressés à l'histoire des religions dans l'Antiquité. Pour une raison inconnue, la publication semble avoir été retardée jusqu'en 1504, un fait curieux quand on connaît les observations très fondées d'Alde sur le coût d'immobiliser un tel capital dans une entreprise si hasardeuse.

Ensuite vient un autre texte qui ne pouvait intéresser qu'une faible partie du marché, le lexique de Pollux, publié en 1502. L'objectif d'Alde devait être de compléter la série des œuvres lexicographiques à l'usage des étudiants. Pollux donnait un large survol de l'usage attique avec un bon morceau d'informations sur la culture de l'Athènes à l'époque classique. Il écrivait au sommet du mouvement atticiste de la seconde moitié du IIe siècle, et son ambition de guider ses contemporains dans les délicatesses de la langue attique, qu'ils voulaient tous écrire, témoignait d'un mouvement archaïque et

28. Livre II, p. 241 dans l'édition de Yale (vol. VI, 1981) ; cité par J. S. Phillimore dans sa préface à sa traduction, Oxford, 1912.

était utile aux savants de son temps. Mais ce n'était vraiment pas l'instrument à mettre entre les mains des débutants.

Les trois volumes qui suivent marquent un changement de tactique. Il ne pouvait y avoir aucun lecteur qui ne voulût acquérir une connaissance directe des deux plus grands historiens de la Grèce, Thucydide et Hérodote. Ces deux-là étaient déjà accessibles dans les traductions latines de Valla et l'on se souvient (cf. *supra*, p. 129-130) que Valla s'était plaint de la difficulté de la commission que lui avait donnée Bessarion pour traduire Thucydide. Avec cette traduction, quelles que soient ses imperfections, le lecteur avait déjà de l'aide pour s'attaquer au plus difficile de ces deux auteurs. Toutefois ni l'une ni l'autre de ces éditions n'apportent une véritable contribution à la critique textuelle de l'ouvrage[29].

La troisième publication importante de 1502 était Sophocle, un auteur qui tombe dans une catégorie un peu différente. Malgré l'enthousiasme pour la tragédie grecque professé par les Italiens qui connaissaient parfaitement l'importance des tragiques dans le curriculum byzantin, il est peu probable que beaucoup d'Italiens étaient capables de lire les pièces. En tout cas, Sophocle offre un texte plus difficile à lire qu'on ne le pense quelquefois. Le profit qu'Alde pouvait réellement en retirer est incertain. On peut se demander si, pour ce titre et pour d'autres qu'il allait produire, il pouvait espérer trouver des acquéreurs dans la communauté des Grecs émigrés à Venise ou même exporter quelques exemplaires en Crète. Il se serait félicité de la suggestion de Sir Thomas More que ses livres aillent jusqu'en Utopie où les habitants avaient les œuvres d'Aristophane, Homère et Euripide plus Sophocle dans la petite italique aldine.

L'édition elle-même, comme celle des deux historiens, était un modeste succès au point de vue textuel. Une partie du modèle de l'imprimeur est conservée (St-Pétersbourg gr. 731). Il était mis sous presse par Jean Grégoropoulos, un des fidèles du cercle d'Alde. C'est avec ce volume qu'apparaît pour la première fois dans le

29. Le MS Nuremberg Cent. V App. 10 a été identifié par B. Mondrain, *Scriptorium* 49 (1995), p. 263-273, comme l'exemplaire qui a servi à l'imprimeur pour l'édition d'Hérodote.

colophon la mention de l'Académie aldine, donnant un écho de ce qui se passait dans l'imprimerie, « assis en demi-cercle autour du feu dans le froid de l'hiver avec nos Nouveaux Académiciens ». Il est imprimé dans le format de poche qu'Alde avait utilisé pour la première fois en 1501 avec son Virgile. Aucune scholie n'est imprimée avec les tragédies, mais la préface exprime l'intention de les publier sous peu, et ajoute qu'elles pourront être un secours pour quelques problèmes de colométrie dans les parties chorales. L'édition a conservé de l'importance pendant quelque temps car, comme pour beaucoup d'autres auteurs, les meilleurs manuscrits n'ont été connus et utilisés qu'au XIXe siècle.

On connaît l'édition aldine pour l'intervention de l'éditeur sur *Antigone* 572. Il est en effet le premier à avoir donné à l'héroïne ce vers que la tradition manuscrite unanime donne à sa sœur Ismène. Dans ce cas, la question doit être décidée à la lumière du contexte, car les manuscrits n'ont aucune autorité, chose surprenante qui a été ignorée jusqu'à tout récemment, bien qu'elle ait été vue par un commentateur ancien ou médiéval sur *Ajax* 354[30]. Le passage d'*Antigone* a été très discuté : les commentateurs anglais de la période victorienne suivaient l'éditeur de l'Aldine, et la différence des opinions n'a pas coïncidé avec les frontières nationales ou linguistiques. Récemment, de sérieux arguments ont été avancés pour accepter le texte tel qu'on le trouve dans les manuscrits : l'héroïne garde un silence inébranlable tandis que sa sœur ne peut pas taire plus longtemps ses sentiments[31]. La conjecture de l'éditeur de l'Aldine doit être rangée au magasin des fautes qui ont eu une bonne influence.

Le dernier livre grec produit dans l'année 1502 est Étienne de Byzance, un texte rare datant du VIe siècle après J.-C. C'est une sorte de reportage sur la géographie ancienne. Quoique les livres de référence fussent nécessaires pour les étudiants, Alde était trop

30. Voir l'article important de J. C. B. Lowe, *BICS* 9 (1962), p. 27-42, qui traite du texte d'Aristophane, mais ses conclusions sont valides pour tous les textes dramatiques. Malheureusement, nous n'avons aucun moyen d'identifier l'auteur ni la date de la scholie sur *Ajax* 354.

31. Voir l'article de M. Davies, *Prometheus* 12 (1986), p. 19-24.

optimiste quand il le recommande à un humaniste enseignant dans une école à Brescia. La lettre-dédicace ne donne pas beaucoup d'informations. Alde remarque, sans doute parce qu'il s'interrogeait sur ses projets à moyen et à long terme, qu'il avait engagé son affaire quand l'Italie était pour la première fois plongée dans les troubles de l'invasion étrangère. On ne sait pas quel manuscrit a été utilisé comme base de l'édition et, quel que soit le responsable, il semble avoir suivi sa source de près.

Un volume sans date assigné à cette année-là contient les travaux de Constantin Lascaris sur la grammaire et la syntaxe. Une traduction latine était produite en même temps d'une manière telle que les pages pouvaient être interfoliées avec les pages grecques si on le voulait, et ainsi l'original et la traduction se faisaient face. En appendice, il y a 48 pages donnant des textes variés. L'un d'eux est une clef pour lire les ligatures et les abréviations employées par les scribes et les imprimeurs et nous rappelle les obstacles qui étaient sur la voie de l'étudiant. Le dernier des textes supplémentaires est une introduction à l'écriture hébraïque, dont on comprendra la signification dans son rapport à une autre publication.

1503 a été une année de grande activité. Deux des textes choisis par Alde avaient déjà été imprimés par Lascaris à Florence. C'étaient des auteurs populaires susceptibles d'être rapidement épuisés dont Alde pouvait attendre de bons profits. L'un était l'*Anthologie grecque,* sous le titre *Florilegium,* le mot latin traduisant le grec *anthologia,* peut-être inventé par Alde pour cette occasion[32]. L'autre était Lucien, dont la popularité semble être demeurée constante pendant longtemps. Le colophon donne l'achevé d'imprimer en février, mais pour je ne sais quelle raison Alde décida d'ajouter d'autres textes beaucoup moins attendus pour en faire un gros volume publié en juin. On voudrait en savoir plus au sujet des raisons commerciales ou autres qui l'ont conduit à changer son plan. Les textes ajoutés sont d'auteurs de la période de l'Empire,

32. Cf. H. Beckby dans son édition, Munich, 1969², vol. I, p. 88, n. 1. L'édition aldine n'a pas de préface ; à la fin il y a une lettre en grec de Scipione Forteguerri qui donne son impression sur l'entreprise de l'éditeur. Un appendice donne les corrections des fautes d'impression et les variantes d'autres manuscrits.

ne pouvant intéresser que des savants professionnels ; la *Vie des Sophistes* de Philostrate, parue dans les années 30 du troisième siècle, qui pouvait offrir des informations biographiques sur les anciennes personnalités de Gorgias et Protagoras du ve siècle avant J.-C. jusqu'aux figures éminentes de la Seconde Sophistique ; le *Heroicus* du même auteur, un dialogue sur le culte du héros, ses *Imagines*, une collection de descriptions des peintures d'une galerie à Naples, deux autres ensembles de semblables descriptions par son petit-fils appelé aussi Philostrate, et par Callistrate, un auteur inconnu du IVe siècle. Dans l'Antiquité, la description d'une œuvre d'art, peinture ou sculpture, était l'occasion de montrer une habileté littéraire ; comme dans beaucoup d'autres matières, la tradition remonte à Homère qui offre un précédent dans la longue description de la décoration du bouclier d'Achille dans l'*Iliade* (livre XVIII). La tradition a survécu à l'époque byzantine, le meilleur exemple en est le compte rendu des beautés de Sainte-Sophie à Constantinople par Paul le Silentiaire. C'était moins commun dans la littérature latine. L'importance de ces textes était-elle imposée à Alde par les membres grecs de son cercle qui acceptaient sans discuter les critères byzantins dans les appréciations littéraires et pouvaient apprécier ces spécimens de prose sans jamais jeter les yeux sur les œuvres d'art qui étaient décrites ? On aimerait penser que le développement merveilleux de l'art italien avait conduit Alde et ses amis à se demander si des chefs-d'œuvre comparables avaient été produits dans le monde ancien et à traiter les descriptions littéraires comme une source d'information sur les originaux qui n'avaient été retrouvés qu'en très petit nombre par les archéologues. Comme Alde n'a écrit aucune préface, on ne peut que deviner sa pensée[33].

33. On peut penser que la publication d'Alde a été la source d'inspiration de deux tableaux de Titien pour Alfonso d'Este, duc de Ferrare. Le *Culte de Vénus* et la *Bacchanale des Andriens*, produits entre 1518 et 1525, dépendent de Philostrate (1.6 et 25). Mais quel que soit celui qui a donné cette idée à Alfonso – il pourrait s'agir de l'humaniste Celio Calcagnini – nous ne pouvons pas être sûrs s'il travaillait sur l'original ou sur une traduction latine, une telle traduction ayant été faite par Antonio Bonfini d'Ascoli en 1487. L'influence de Philostrate sur l'art de la Renaissance a été étudiée par E. Foerster, *Jahrbuch der preussischen Kunstsammlungen* 25 (1904), p. 15-48, en particulier p. 18-21

Deux autres titres publiés en 1503 se rapportent à des publications antérieures de la maison. Il avait pu y avoir des demandes pour des commentaires destinés à aider les lecteurs d'Aristote. En tout cas, Alde veut maintenant apporter de l'aide aux étudiants de l'*Organon* en rassemblant les œuvres d'Ammonius et de deux savants byzantins, Psellus et Léon Magentinos, sur les *Catégories* et le *De interpretatione*. Cela est seulement une partie de ce qui aurait pu être mis à la disposition du public, mais plutôt que de continuer la série, Alde aima mieux se concentrer sur des textes primaires. Il saisit l'occasion de tenir une promesse qu'il avait faite une année avant dans la préface au Thucydide, en publiant les *Hellenica* de Xénophon et le résumé de l'histoire grecque tardive de Gémiste Pléthon. La publication avait été suspendue parce qu'il n'avait pas eu assez de manuscrits pour y travailler ; pour avoir une chance d'éliminer les passages corrompus, il pensait qu'il était nécessaire d'avoir au moins trois exemplaires. À ce volume, il ajouta Hérodien, un historien de l'Empire romain du IIIe siècle, déjà traduit en latin par Politien, et les scholies sur Thucydide, qui malgré leur brièveté pouvaient être très utiles pour le lecteur moyen de cette époque.

Les vraies nouveautés de cette année-là étaient au nombre de deux. Prévoyant peut-être son projet d'éditer Démosthène, Alde imprima d'abord le commentaire sur les discours connu sous le nom d'Ulpien, et comme cela ne faisait pas un livre assez gros, il ajouta le lexique d'Harpocration, qui était présenté comme un guide pour les termes techniques des orateurs attiques[34]. Ce volume ne comporte ni préface ni dédicace. L'autre nouvelle aventure était Euripide ; le texte emplit deux volumes de petit format. Pour la plupart des pièces, c'est l'*editio princeps*. Curieusement il omet l'*Électre* pour laquelle le public devra attendre 1545. Le titre indique l'inclusion de quelques scholies, et la préface dit que le lecteur

et 41-43. F. Wickhoff, *ibid.* 23 (1902), p. 118-120, a reconnu la source de la *Bacchanale* ; que la source du *Culte de Vénus* soit Philostrate, a été reconnu par Carlo Ridolfi, *Le meraviglie dell'arte*, Venise, 1648.

34. Le modèle de l'imprimeur pour Ulpien a été le Paris. gr. 2939, copié par N. Vlastos en 1484 ; cf. E. Lobel, *The Greek manuscripts of Aristotle's Poetics*, Oxford, 1933, p. 58.

pourra bientôt lire les scholies des sept pièces ; encore une fois le public devra attendre un moment, son attente sera comblée par Arsenius de Monemvasie en 1534.

Une partie du modèle de l'imprimeur a été identifiée (Paris. suppl. gr. 212 et 393). Il avait été copié par un membre de la famille Grégoropoulos, si l'on en juge d'après l'écriture. Il y a peu de doute que la personne principalement responsable de l'édition a été Jean Grégoropoulos, qui occupait une position importante dans l'imprimerie. Le résultat n'est pas digne d'être remarqué du point de vue scientifique, mais il demeura important, comme le Sophocle de l'année précédente, jusqu'à la fin du XVIIIe siècle[35].

Alde ne s'attarde pas dans une eulogie du texte produit. Au contraire, il se lamente sur la destruction des livres tant dans l'Antiquité que de son temps. Comme brin de consolation, il rapporte que sa firme vend un millier ou plus de livres de divers bons auteurs chaque mois : *mille et amplius boni alicuius auctoris volumina singulo quoque mense emittimus ex Academia nostra.*

La production de 1504 inclut un des principaux auteurs déjà imprimé ailleurs mais assuré d'une bonne vente, Homère, publié maintenant dans une paire de volumes de petit format. Mais la contribution majeure de l'année fut le Démosthène accompagné d'un matériel explicatif attribué à Libanius et de la *Vie* par Plutarque. Il y eut aussi un autre commentaire pour ceux qui s'intéressaient à la logique aristotélicienne, Jean Philopon sur les *Seconds Analytiques*. Avec lui, il y a une confession intéressante d'Alde : il confesse qu'il n'a pas osé corriger le texte transmis, il s'est contenté de signaler les variantes en marquant les passages d'un astérisque. Cette remarque doit être prise comme un signe certain que l'étudiant moyen était extrêmement hésitant en matière de critique textuelle.

Le moment est venu de signaler une autre entreprise d'Alde dans un autre domaine. Depuis la première année du nouveau siècle, il s'était intéressé à la poésie chrétienne. Les deux premiers volumes publiés en 1501 et 1502 contenaient presque exclusivement des auteurs latins. Le premier était consacré à Prudence, mais offrait

35. Voir l'important article de M. Sicherl, *RhMus* 118 (1975), p. 205-225, qui réfute l'idée que Musurus ait été l'éditeur.

dans une sorte d'appendice les hymnes grecques de saint Jean Damascène et d'autres auteurs de second ordre, avec une traduction latine. Alors qu'il restait tellement à faire dans le noyau central de la littérature grecque, le choix de ces textes doit être défini comme excentrique. La même chose s'applique encore davantage à la seconde partie de cette série. Dans un mélange de textes latins, nous trouvons les centons homériques édités par le moine camaldule Pietro Candido, qui aurait voulu offrir son livre à Pietro Delfino, le supérieur de son ordre. Il est difficile de voir quel éclairage spirituel pouvait être obtenu par la lecture d'histoires du Nouveau Testament mises en hexamètres, chaque vers étant construit avec des fragments de deux ou trois vers d'Homère.

La troisième partie de la série, qui date de 1505, est plus substantielle. C'est une édition bilingue du Père cappadocien du IVe siècle, Grégoire de Nazianze. C'était un choix moins étrange que celui des volumes précédents. Grégoire était un des auteurs préférés des Byzantins, et bien que leur enthousiasme se fût montré principalement dans l'admiration pour la sélection de seize de ses sermons, ses poèmes eux aussi étaient populaires, et les conseillers d'Alde avaient raison d'attirer l'attention sur ses habiles et édifiantes compositions. Plus tard, Grégoire devait mériter l'éloge de l'un des critiques les plus obstinés de tout ce qui est chrétien, Gibbon :

> « Le poème de Grégoire sur sa propre vie contient de beaux vers, qui sortent du cœur et disent les douleurs de l'amitié perdue et trahie … dans le *Midsummer's Night's Dream,* Hélène adresse la même plainte pathétique à son amie Hermia :
>
> *Is all the counsel that we two have shared,*
> *The sisters'vows,* etc.
>
> Shakespeare n'avait jamais lu les poèmes de Grégoire de Nazianze, il ne savait pas le grec ; mais sa langue maternelle, le langage de la Nature est le même en Cappadoce et en Grande Bretagne[36] ».

36. Chap. 27, n. 29, noté par U. von Wilamowitz-Moellendorff, *Kleine Schriften,* vol. IV, Berlin, 1962, p. 635-639.

Le caractère erratique des critères utilisés par le cercle d'Alde dans les questions de valeur et de mérite esthétique est de nouveau évident à la publication de ces textes poétiques. Un minuscule volume d'une grande rareté, sans date et supposé n'avoir même pas été mis en circulation, contient une paraphrase en hexamètres de l'évangile de saint Jean par le poète byzantin Nonnus. Une épigramme par Scipione Forteguerri en élégiaques grecs n'ajoute pas grand-chose pour comprendre pourquoi Alde s'était lancé dans cette publication excentrique. L'éditeur était probablement Pietro Candido, si l'on en juge par une lettre de Forteguerri qui rapporte qu'il était à Rome avec un manuscrit de Nonnus en sa possession[37].

Une autre publication est en rapport avec l'Église, les *Heures de la Vierge* avec les sept psaumes de la pénitence, en grec et selon l'usage de Rome. L'édition originale est de 1497, et Alde en fit une réimpression en 1505. Cette publication sort de notre sujet, sauf qu'elle nous rappelle la présence à Venise d'une communauté grecque. Alde en employait quelques-uns pour son service et devait connaître un grand nombre d'autres. Il est possible qu'il y eût parmi eux des membres de l'Église uniate, qui acceptait la primauté romaine, lesquels auraient adopté les *Heures*. De toute façon, il faut compter avec la colonie grecque comme un facteur qui pouvait quelquefois peser sur Alde dans ses calculs sur ce qu'il pouvait imprimer ou non.

Ici il faut s'arrêter pour examiner un projet qui aurait été très remarquable si Alde avait été en mesure de le réaliser. Dans les premières années du siècle, il semble avoir fait des plans pour une édition trilingue de la Bible. On est tenté de supposer qu'Alde avait eu vent de la récente décision du cardinal espagnol Ximénès de fonder une nouvelle université pour encourager l'étude du latin, du grec et de l'hébreu. Tandis que l'entreprise du cardinal fleurissait et conduisait à la production à Alcalá de la *Biblia polyglotta Complutensis*,

37. Cité par P. Orvieto dans *Dizionario biografico degli Italiani* 17 (1974), p. 785-786. Le manuscrit est probablement le Pal. gr. 90 qui contient aussi Grégoire de Nazianze et semble avoir été employé comme source de ces deux auteurs : cf. N. Gertz, *Scriptorium* 35 (1981), p. 65-70 et Id., *Die handschriftliche Überlieferung der Gedichte Gregors von Nazianz*, Paderborn, 1986, p. 142.

imprimée en 1514-1517 (mais mise en vente seulement en 1520), Alde faisait peu de progrès, et malgré des allusions éparses dans la correspondance, il n'y a aucune évidence tangible de ses plans, sauf une page expérimentale dont on connaît deux exemplaires[38]. Les ressources de la firme n'étaient évidemment pas à la hauteur de l'enjeu. On imagine qu'Érasme avait discuté ce sujet avec Alde pendant son séjour en 1508. L'honneur de produire le premier texte grec du Nouveau Testament à Bâle en 1516 devait revenir à Érasme.

L'année 1505 vit un ralentissement de l'activité d'Alde suivi d'un arrêt complet de tout ouvrage grec dans les deux années suivantes. Ce qu'il publia en 1505 est de peu d'importance. Il y a un volume des écrivains postclassiques de poésie épique, Quintus de Smyrne, Triphiodore et Colluthus, auteurs obscurs ne pouvant intéresser que les spécialistes ni espérer aucune circulation aux temps d'Alde ; le fait qui pouvait avoir attiré l'attention sur leur existence était que le premier et le dernier de ces auteurs avaient été retrouvés par le cardinal Bessarion, quand il s'efforçait de constituer une collection complète de la littérature ancienne. La découverte avait été faite par un envoyé travaillant pour lui en Apulie, au monastère de Saint-Nicolas juste à la sortie de la ville d'Otrante, dans une région qui avait été un grand centre de culture grecque au Moyen Âge et qui gardait encore de l'importance à la fin du xve siècle, pour subir un terrible coup quand les Turcs envahirent et conquirent la ville en 1480.

L'autre volume daté de cette même année est un curieux mélange, et un lecteur moderne peut se demander pourquoi l'éditeur ne fait aucun effort pour composer l'équivalent d'une publicité qui pourrait augmenter ses ventes. Le contenu commence avec un texte peu surprenant, les *Fables* d'Ésope, précédé par une biographie substantielle et (inutile de le dire) fictive. Il y avait plusieurs biographies de ce genre, et celle utilisée par Alde est une recension due à l'éminent professeur byzantin, Maxime Planude. Les *Fables* étaient en usage comme textes scolaires à la période médiévale, aussi bien en Occident qu'à Byzance, et Alde restait fidèle à la

38. Folios 86 et 87 du Paris. gr. 3064, dans le grand format de 385 × 275. Il y a une reproduction entre les pages 388 et 389 de Renouard, *Annales*, 3e éd., Paris, 1834. Cf. Lowry, *op. cit.* (*supra*, n. 9), p. 267 et 275 avec les n. 41 et 70.

tradition scolaire en imprimant, avec le grec, une version latine pour les étudiants moins avancés. Après Ésope, viennent les *Fables* de Babrius, dont le nom est déformé en Gabrias, et le texte n'est pas dans sa forme originale, qui n'a été retrouvée qu'au XIXe siècle. Puis suivent deux petites compilations de récits mythologiques grecs par Cornutus et Palaephatus, deux auteurs obscurs, le premier du Ier siècle, le second d'une date incertaine. Ces textes pouvaient servir comme sources d'information dans un âge tristement déficient en manuels. Ensuite vient le traité hellénistique connu comme Héraclite sur Homère. Alde s'était servi d'un manuscrit qu'il attribuait à Héraclide le Pontique, l'un des meilleurs disciples d'Aristote. C'est un essai sur l'allégorie chez Homère. Naturellement le lecteur moderne n'en trouve aucune, mais il y avait une longue tradition remontant presque à la période archaïque de la Grèce classique et pratiquée par les stoïciens qui se servaient de la méthode allégorique pour enlever ce qui paraissait soulever des objections dans certains épisodes d'Homère, comme le moment où Héphaestus prend Aphrodite et Arès *in flagrante delicto*. Suit alors un ouvrage très obscur et mystérieux, les *Hiéroglyphica* d'Horapollon, donné comme un produit du Ve siècle, traduit du copte en grec par un certain Philippus. Il voulait être une explication des hiéroglyphes égyptiens, les experts modernes disent que l'auteur n'avait qu'une connaissance limitée du sujet. Nous avons eu l'occasion de remarquer (cf. *supra*, p. 161-162), à la fois en lien avec l'apologétique chrétienne et avec la vue de Ficin sur l'histoire de la tradition philosophique, combien l'Antiquité de l'Égypte exerçait une fascination sur les esprits des intellectuels. Ficin n'avait pas manqué de remarquer le passage de Plotin (5.8.6.1) qui se réfère aux hiéroglyphes disant que, quand les prêtres égyptiens veulent faire connaître les mystères divins, ils ne se servent pas de la forme des lettres, mais de figures de plantes, d'arbres et d'animaux. Un essai qui prétendait expliquer une des plus étranges particularités d'une civilisation énigmatique pouvait avoir de l'intérêt pour un public cultivé, et de fait, au XVIe siècle, il y eut environ trente éditions et traductions de ce texte[39]. Le dernier

39. L'édition moderne est celle de F. Sbordone, Naples, 1940. Il dit (p. LX) qu'Alde a utilisé le Marc. gr. 391 comme base pour son texte, mais nous avons

texte est une collection de 1 300 proverbes, une des collections faites dans l'Antiquité tardive. Le texte est basé sur un manuscrit maintenant à Florence (Laur. 80.13) qui a appartenu à Janus Lascaris, l'ambassadeur français à Venise de 1503 à 1509[40].

Le volume se termine en revenant au sujet du premier texte, offrant de brefs extraits d'une variété d'auteurs qui traitent de la fable.

(IV) INTERRUPTIONS

Les années 1506-1507 sont des blancs pour notre sujet. Alde n'a rien produit en grec et très peu en d'autres langues. Il semble qu'il était plongé dans des difficultés financières. Son activité reprit en 1508 et continua l'année suivante, alors que, le 9 mai 1509, l'armée vénitienne subissait une lourde défaite à Agnadello entre Milan et Crema. Les forces de la Ligue de Cambrai avaient réussi à réduire la puissance de la République. Alde quitta la ville pendant trois ans.

La brève période pendant laquelle il a pu travailler a été marquée par des événements importants. Le plus remarquable devrait, à proprement parler, être considéré comme sortant du cadre de ce livre – le séjour d'Érasme dans la maison d'Alde qui eut pour résultat l'édition très augmentée de ses *Adages*. Sous cette nouvelle forme, ce livre déjà populaire devint l'un des best-sellers de son temps. Bien qu'il ne soit pas exactement un livre relevant de la culture grecque, il mérite d'être présenté ici. L'édition originale parue en 1500 était un petit livre de 152 pages contenant 818 proverbes, le livre sorti des presses aldines en 1508 était devenu un in-folio de plus de 500 pages traitant 3 285 proverbes. Les parties grecques étaient considérablement développées et accompagnées d'une traduction latine pour aider le lecteur. Dans l'adage *Festina lente,*

vu qu'il y a des raisons pour en douter. Sur Ficin, cf. E. H. Gombrich, *JWCI* 11 (1948), p. 172. Cf. aussi E. Wind, *Die heidnischen Mysterien in der Renaissance*, Stuttgart, 1981, p. 238, n. 58.

40. Cf. W. Bühler, *Zenobii Athoi proverbia*, vol. I, Göttingen, 1987, p. 67, 71-72. Il note quelques conjectures venant de l'édition aldine.

Érasme reconnaît la dette qu'il doit à l'égard du cercle d'Alde. Il a pu exploiter un grand nombre de textes grecs, beaucoup qui n'étaient pas encore imprimés, et les discuter avec des experts tels que Musurus. Érasme n'avait pas composé une compilation aride, un dictionnaire de proverbes, il avait travaillé à la manière d'un essayiste qui traitait dans un esprit savant et cultivé les expressions antiques de la sagesse populaire. Dans les éditions postérieures, il continua à augmenter sa collection, mais l'édition aldine représente la phase décisive d'un travail toujours en progrès[41].

L'autre production majeure de cette année-là est une paire de volumes formant un corpus de théorie rhétorique grecque. Dans la tradition byzantine, pour l'éducation, les manuels de l'art de parler en public, datant principalement de l'Empire romain, avaient beaucoup d'importance, et la collection aldine commence avec les deux principaux textes par Hermogène et Aphtonios. Elle inclut aussi Ménandre le Rhéteur et Sopater, textes d'un certain intérêt que l'on n'infligeait pas à tous les élèves byzantins. L'édition aldine est encore plus vaste : elle ajoute un texte attribué à Denys d'Halicarnasse et le *Sur le style* de Démétrius, surtout elle répare l'omission étonnante dans l'Aristote publié dans la décennie précédente en imprimant la *Poétique* et la *Rhétorique*[42].

41. Sur les *Adages*, cf. M. M. Phillips, *The Adages of Erasmus*, Cambridge, 1964, en particulier p. 62-95 (pour le chiffre des adages 3285, cf. p. 77) ; Geanakoplos, *op. cit.* (*supra*, n. 9), p. 263-272 ; E. Rummel, *Erasmus as a translator of the classics*, Toronto, 1985, p. 52-57.

42. Le texte de ces deux traités et de la *Rhetorica ad Alexandrum* semble provenir principalement d'un manuscrit copié par le scribe intelligent et prolifique, Andronicus Callistus, le Paris. gr. 2038. Ce livre est trop propre pour avoir servi comme modèle aux imprimeurs, il a dû y avoir une copie intermédiaire. Selon Sicherl, *Handschriftliche Vorlagen*, *op. cit.* (*supra*, n. 22), p. 79, le Paris. gr. 2038 avait été prêté par Janus Lascaris, qui était alors l'ambassadeur français à Venise. Mais ce n'est pas certain ; je pense que les *marginalia* sont dus à Musurus et/ou à Raphael Regius, et le prêt de Lascaris, dont Alde le remercie, était un manuscrit de divers rhétoriciens de la période post-classique. Sicherl *ap.* D. Harlfinger *et al.*, *op. cit.* (*supra*, n. 23), p. 140, identifie l'exemplaire des imprimeurs utilisé pour quelques-uns des autres textes avec les Paris. gr. 2921, 2924 et 2960.

Ce qui paraît bizarre dans cette initiative d'Alde est que les orateurs attiques autres que Démosthène et Isocrate attendaient encore d'être imprimés. Alde lui-même comblera cette attente en 1513. Probablement, il faut voir ici une fois de plus un exemple de l'influence du goût byzantin. Les réfugiés savants comme Lascaris et Musurus avaient été élevés dans une tradition qui n'attachait que peu d'importance à Lysias et aux orateurs attiques mineurs et, Démosthène et Isocrate une fois publiés, il pouvait sembler naturel de traiter la publication des manuels comme la priorité immédiatement suivante.

La fabrication de ces éditions incomba à un autre Grec membre du cercle d'Alde, Démétrius Ducas[43]. La lettre-dédicace est adressée à Musurus qu'il couvre de compliments pour son succès de professeur de grec à Padoue. Nous apprenons incidemment que, dans la préparation du texte d'Hermogène, Ducas a eu le bénéfice de travailler avec Alde lui-même[44]. Faut-il en déduire que le reste du travail a été fait par Ducas tout seul, le patron n'ayant plus le temps de s'en occuper ? On est intéressé par le compliment qu'il adresse à Alde : il le remercie parce que, maintenant que l'invention de l'imprimerie apporte un remède à la perte continuelle des œuvres littéraires, Alde, n'ayant entre les mains qu'un seul manuscrit obtenu non sans peine, peut fabriquer un millier d'exemplaires. C'est peut-être un témoignage sur le rythme de production de quelques textes ; on aimerait savoir si c'était la manière habituelle de la maison[45].

Les rhétoriciens furent suivis par une autre œuvre substantielle dont Ducas eut la pleine responsabilité, les *Moralia* de Plutarque, un gros volume de 1 050 pages. Il fut aidé par Érasme et par un jeune Italien prometteur, Aleandro. Ce dernier composa pour les pages préliminaires une épigramme en couplets élégiaques grecs. La lettre-dédicace d'Alde ne dit pas grand-chose, celle de Ducas expose les leçons à tirer d'une étude sérieuse de Plutarque. Il

43. Sur ce personnage on peut consulter Geanakoplos, *op. cit.* (*supra*, n. 9), p. 223-255.

44. H. Rabe, dans l'édition Teubner, Leipzig, 1913, p. XXIV, affirme que l'édition aldine est très proche du manuscrit qu'il nomme Lc (Laur. 60.25).

45. Sur cette question, cf. Lowry, *op. cit.* (*supra*, n. 9), p. 257.

admet que dans quelques passages le texte grec est corrompu au point d'être inintelligible et dit qu'il a décidé de le laisser tel qu'il est[46]. Ce qui était très raisonnable. Le volume a eu une réception mitigée : il n'était pas sans fautes d'impression, et les usagers ont pu être déçus par le grand nombre de passages difficiles que l'éditeur n'avait pas su résoudre, une attitude peu justifiée étant donné le style de Plutarque et les ressources à la disposition de Ducas et de ses collègues[47]. Même si Ducas n'était pas un savant exceptionnel, il apportait une contribution de valeur aux objectifs d'Alde, et c'est bien dommage que les projets scientifiques aient été suspendus au milieu de 1509. Ducas réapparaîtra en Espagne où il tint une chaire à Alcalá à partir de 1513.

À ce moment-là, Alde put reprendre ses affaires et commença avec deux manuels. Le premier était une réimpression de l'édition sans date (*ca* 1502) de Constantin Lascaris auquel s'ajoutait du matériel supplémentaire, essentiellement byzantin, sur les dialectes de la langue classique. Le second fut les *Erotemata* de Chrysoloras, publiés sur le conseil de Musurus qui était revenu de Padoue à Venise. Cette recommandation du plus savant et intelligent des associés grecs constitue la meilleure preuve possible de l'habileté de Chrysoloras pour construire un manuel qui diminuait les difficultés des débutants. On peut noter en passant qu'Alde rapporte une information largement répandue selon laquelle Chrysoloras avait enseigné plusieurs années à Florence, information erronée, mais qui montre l'importance de sa compétence. L'édition de 1512 sera accompagnée de quelques nouveaux textes, approuvés encore sans doute par Musurus[48].

46. Sa source pour quelques-uns des traités était l'Ambr. C 195 inf. Cf. M. Treu, *Zur Geschichte der Überlieferung von Plutarchs Moralia*, vol. III (Programm Breslau, 1884), p. 22.

47. Treu, *op. cit.* (*supra*, n. 46), p. 21, cite quelques commentaires critiques. Il est moins surprenant que pour un éditeur moderne l'Aldine « ne contient aucune leçon nouvelle (seulement des erreurs) et peut être complètement ignorée », comme le dit B. P. Hillyard, *Plutarch, De audiendo. A text and commentary*, New York, 1981, p. XLIV.

48. C'est une liste de verbes irréguliers (p. 116-133), un essai de Chalcondyle sur les règles de l'augment pour les temps du passé (p. 133-166), le livre IV de

En janvier de l'année suivante parut l'édition en format de poche de quatre poètes, Pindare, Callimaque, Denys le Périégète et Lycophron. Le deuxième et le troisième avaient déjà été publiés ailleurs, le deuxième à Florence avant le tournant du siècle, le troisième à Ferrare en 1512[49]. Pindare était tellement célèbre qu'il devait y avoir une demande pour un nouveau texte imprimé. Cependant, il est un auteur difficile, et l'on pouvait seulement s'attendre à ce que le premier éditeur ne fasse rien de plus que de reproduire un texte courant avec toutes ses fautes. Même si Musurus s'était attaché à cette tâche de toutes ses forces, cela n'aurait fait aucune différence, et rien n'amène à croire qu'il a eu part à cette édition. Cette édition aldine n'est pas une contribution notable à la philologie[50]. Quant aux autres textes, Callimaque n'intéressait probablement que les étudiants avancés, tandis que Denys et Lycophron apportent de nouvelles preuves de l'influence byzantine dans la formation du goût littéraire. Ils étaient tous les deux populaires au Moyen Âge, le premier comme un manuel de géographie, le second comme une série de prophéties énigmatiques de Cassandre. À l'exception de Callimaque, tous ces auteurs, dans les exemplaires du Moyen Âge, étaient accompagnés de commentaires substantiels écrits dans les marges, et il aurait été utile aux lecteurs si Alde avait imprimé ces scholies, mais il ne l'a pas fait. La seule chose de ce livre qui reste à remarquer est qu'Alde révèle dans la préface une nouvelle fois son intention de publier la Bible en hébreu.

Théodore Gaza sur la syntaxe (p. 167-265), un essai anonyme sur les enclitiques (p. 265-273), et une collection de *Gnomai monostichoi* (p. 273-296).

49. On ne peut entièrement se défendre du sentiment que la décision d'Alde de réimprimer un texte qui venait d'être imprimé a le goût d'une pratique malhonnête. Il semble avoir suivi de très près l'édition de Ferrare. Selon son éditeur, Johannes Maciochus, il dérive d'un manuscrit appartenant à Celio Calcagnini. Sur ces éditions, cf. I. O. Tsavari, *Histoire du texte de la Description de la terre de Denys le Périégète*, Ioannina, 1990, p. 425-427.

50. Les sources utilisées pour le Pindare sont discutées par J. Irigoin, *Histoire du texte de Pindare*, Paris, 1952, p. 399-408.

La prochaine entreprise fut un corpus d'Isocrate et des orateurs attiques mineurs[51], avec quelques pièces rhétoriques brèves par des sophistes de dates variées[52] et deux textes plus substantiels de la Seconde Sophistique, le *Panathenaicus* et l'*Éloge de Rome* par Aristide. Bien qu'Aristide ait été en grande faveur chez les Byzantins, les premiers humanistes ne lui avaient pas porté beaucoup d'attention. Mais les deux morceaux retenus pour être inclus dans l'Aldine étaient bien choisis, puisqu'ils constituaient une célébration des deux anciennes cités qui occupaient la pensée de tout intellectuel réfléchissant sur les progrès de la civilisation. Musurus peut avoir donné un avis favorable pendant la fabrication du volume, mais il ne semble pas qu'il y ait participé activement, et la qualité du travail d'éditeur a été sévèrement critiquée par les savants modernes, et l'un d'eux est allé jusqu'à dire que « les efforts des trois siècles suivants ont été consacrés à purger le texte de l'édition aldine[53] ».

Les publications d'Alde qui restent seront traitées dans la prochaine section qui est consacrée à Musurus. Il a été responsable de quelques éditions importantes qui ont paru à la fin de la carrière d'Alde ou peu après, et les autres collaborateurs s'effacent dans

51. Plusieurs des textes en question avaient été découverts par Janus Lascaris pendant son voyage en Grèce en vue de rechercher des manuscrits pour Laurent le Magnifique, comme nous l'apprenons dans la préface au volume des manuels rhétoriques de 1508. Les modèles utilisés par Alde, mais non par les imprimeurs, semblent avoir été les Marc. gr. VIII 1 et 6 : cf. M. Sicherl dans J. L. Heller (éd.), *Serta Turyniana*, University of Illinois, 1974, p. 588-589, et M. Sosower, *GRBS* 23 (1982), p. 384-386. Mais pour l'*Hélène* de Gorgias, l'Aldine est très proche de Madrid gr. 317 (7210) copié par Constantin Lascaris, comme l'a remarqué F. Donadi, *Bollettino dell'Istituto di Filologia Greca* 2 (1975), p. 170-184.

52. Les textes mineurs sont de Gorgias, Alcidamas, Lesbonax et Hérode Atticus. Ils paraissent divisés en deux volumes (je dis « deux » parce qu'il y a deux colophons datés d'avril et mai 1513, mais chaque volume se divise en deux).

53. Cf. W. Wyse, *The speeches of Isaeus*, Cambridge, 1904, p. LIII. Des commentaires du même genre ont été faits à propos de l'édition d'Aristide : cf. F. W. Lenz et C. A. Behr, *P. Aelii Aristidis opera quae extant omnia*, vol. I, Leyde, 1976, p. XCIX-CI ; les manuscrits qui semblent les plus proches du texte de l'Aldine sont les Paris. gr. 2948 et 3006, et le Vat. gr. 933.

l'arrière-plan. Puisque Musurus avait été un membre du cercle d'Alde avant le tournant du siècle, il sera nécessaire de revenir sur nos pas pour parler des événements de sa jeunesse.

(V) MUSURUS

La carrière du jeune Musurus (*ca* 1470-1517) n'est pas bien documentée. Dans les vers qu'il écrivit en guise de préface à son édition de Platon, il reconnaît sa dette envers Janus Lascaris, sous la direction duquel il étudia à Florence autour de 1490. On notera qu'il ne dit rien de Politien dont les leçons auraient dû, plus que tout autre, attirer son attention. L'enthousiasme du jeune étudiant se voit dans les couplets élégiaques qu'il composa en terminant une transcription des orateurs attiques mineurs (Burney 96) : même si le lecteur n'a aucune préparation aux mystères de l'éloquence, une fois devenu familier des dix orateurs du canon, il sera un bon orateur devant le public. Tard dans la nuit, Musurus continuait de copier, attaché à sa tâche malgré la fatigue de ses yeux, pressé d'atteindre son but.

En 1503, il reçut une nomination à Padoue, et nous savons qu'en 1508 son salaire fut élevé de 60 à 100 florins[54]. Érasme dit qu'il donnait un cours à sept heures du matin, ne chômant que quatre jours dans l'année, et en hiver Raphael Regius, le professeur de latin âgé d'environ soixante-dix ans, avait l'habitude de venir l'écouter alors que les jeunes étudiants redoutaient le froid[55]. Ses fonctions à Padoue incluaient la traduction des lettres grecques venant du sultan de Constantinople[56]. Sur son enseignement on ne sait pas grand-chose ; même s'il faut penser qu'il expliquait les auteurs habituels, il est clair aussi qu'à un moment de sa carrière, il avait mis à son programme un texte plus typique du curriculum

54. C'est dit dans une note du journal de Sanudo au 4 novembre 1508, vol. VII, p. 661.

55. Cf. Érasme, lettre n° 1347 de 1523.

56. Cf. Sanudo, septembre 1510 et juin 1512, vol. XI, p. 419, et vol. XIV, p. 414.

byzantin que de l'italien, les discours choisis de saint Grégoire de Nazianze[57].

En 1512, il devint professeur à Venise, et nous ne savons ni quand ni pourquoi il quitta Padoue. Il est vraisemblable qu'il fut poussé à déménager par l'avancée des forces de la Ligue de Cambrai en 1509. Il avait enseigné Pindare, *Olympiennes* 1-5[58], et un étudiant allemand, Jean Cuno, faisait partie de l'auditoire. Puisque certains savants modernes croient qu'en occupant sa nouvelle chaire, il pouvait consulter les manuscrits du cardinal Bessarion pour son édition de Platon, on pourrait envisager l'hypothèse que la perspective d'avoir accès à cette collection fut une raison de sa venue. Des prêts étaient occasionnellement consentis, malheureusement le registre ne couvre pas la période dans laquelle la maison aldine aurait pu profiter de cette facilité[59]. Même si une permission fut donnée à l'occasion pour le prêt d'un Platon, cela aurait été une exception à la règle suivie à l'endroit de la presse aldine. Par le journal de Sanudo sur les affaires politiques, nous savons qu'en 1514 le capitaine-général ordonna que les livres du cardinal de Nicée, qui étaient sous clef, fussent envoyés à une bibliothèque à Terra Nuova, parce que c'étaient des livres grecs et que Musurus était à Venise pour en faire l'objet de son enseignement. Au mois de mai de l'année suivante, la demande fut renouvelée[60]. Preuve que rien n'avait été fait dans l'intervalle. On peut imaginer que ce fut une des raisons pour lesquelles Musurus partit pour Rome en 1516[61].

Ses relations avec Alde remontent à l'*editio princeps* d'Aristophane qu'il produisit en 1498. À ce moment-là ce livre fut regardé comme

57. C'est ce qu'il dit dans la lettre-préface de l'Aldine de 1516.

58. Cf. M. Sicherl, *Johannes Cuno*, Heidelberg, 1978, p. 87-106 ; J. Irigoin (avec la collaboration de B. Mondrain), *La tradition des textes grecs*, Paris, 2003, p. 627-638. On se demande s'il avait aussi enseigné l'*Anthologie grecque*, car un certain nombre d'observations sur ce texte sont de lui. Toutes n'ont pas été rassemblées ; pour une première tentative de sortir de la confusion, cf. A. Meschini, *Bollettino dei classici* 3 (1982), p. 23-62.

59. Cf. G. Coggiola, *Zentralblatt für Bibliothekswesen* 25 (1908), p. 47-70.

60. Cf. Sanudo, vol. XIX, p. 319, et vol. XX, p. 177.

61. Un résumé de la vie de Musurus est donné par R. Menge dans le vol. V de l'édition par M. Schmidt d'Hésychius, Jena, 1868, p. 1-88.

une production savante considérable, parce qu'il offrait un texte des comédies affranchi de toutes les fautes qui caractérisaient la plupart des manuscrits médiévaux. Ce verdict était trop favorable. Il est vrai que Musurus s'était donné beaucoup de peine pour constituer un ensemble nouveau et cohérent de scholies marginales tirées du matériel plutôt disparate qui était à sa disposition, mais pour le texte poétique lui-même, il s'était limité à accepter les révisions du savant byzantin Démétrius Triclinius[62].

Bien que l'édition elle-même ne marque pas le progrès que l'on avait cru dans le passé, la préface ou lettre-dédicace de l'éditeur est plus intéressante que beaucoup d'autres et jette une lumière sur le milieu vénitien. Il commence par dire qu'après l'Aristote qui est un traité scientifique, Alde offre au lecteur un texte littéraire pour détendre son intellect fatigué. Pourtant la drôlerie des comédies ne manque pas entièrement de qualités sérieuses et pose quelques problèmes de morale. Le lecteur va aussi enrichir son vocabulaire et s'il utilise le style d'Aristophane dans la conversation avec ses voisins, il réussira à donner l'impression qu'il a été élevé au cœur de la Grèce. La référence à la conversation montre que Musurus pense aux Grecs qui pourront acheter le livre, et peu après, il déplore le contraste entre les réfugiés de Byzance et ceux qui sont condamnés à payer des impôts aux seigneurs turcs, et se flatte de l'espoir d'avoir rendu un service utile au moins aux réfugiés. À première vue, le fait qu'un texte classique puisse être utile à la conversation ordinaire peut sembler bizarre. Mais la tradition byzantine, qui encourageait la lecture des auteurs classiques pour améliorer le style de l'écriture, visait aussi le langage parlé, comme nous l'apprenons par une lettre de Filelfo datée de 1451, mais résultant sans doute de son expérience en tant que visiteur à Constantinople beaucoup plus tôt dans le siècle. Il dit que les Grecs dont la langue n'est pas

62. Cf. N. G. Wilson, *CQ* 12 (1962), p. 32-47. Musurus a utilisé au moins deux manuscrits de la recension triclinienne, ses autres sources ont été l'Estensis gr. 127 (III D 8) et le fragment de Sélestat, Bibliothèque humaniste 347. Cf. M. Sicherl dans B. Haller (éd.), *Erlesenes aus der Welt des Buches*, Wiesbaden, 1979, p. 189-231. La planche p. 205 montre une page du manuscrit de Sélestat, copié par Zacharias Calliergès, avec les marques typiques des imprimeurs.

corrompue parlent le langage d'Aristophane, Euripide, Platon et Aristote. Il ajoute l'information que la cour impériale maintient une élégance à l'ancienne et une dignité dans la conversation[63]. Il n'y a aucune raison de mettre en doute qu'il décrit correctement un aspect de l'incroyable archaïsme caractéristique de Byzance.

Ensuite, Musurus se tourne vers les scholies pour observer qu'il a fallu beaucoup de temps et d'effort pour les mettre en ordre et les présenter clairement. Malgré tout l'effort qu'il a mis à cette tâche, il n'a pas eu assez de temps, car le matériel était complexe et des corrections ont dû être faites sur les épreuves. Les erreurs des imprimeurs étaient pires que les têtes de l'hydre et exigeaient les travaux d'un Iolaus. Cette allusion au mythe classique était un acte de modestie : Musurus pouvait difficilement se comparer à Hercule coupant les têtes de l'Hydre, et il insinue qu'il a joué le rôle plus modeste du compagnon d'Hercule, Iolaus.

Dans le dernier paragraphe, Musurus s'adresse aux lecteurs italiens de son édition et dit qu'Aristophane sera bien reçu des nobles vénitiens en raison de la description qu'il donne de la société athénienne. Il ajoute que Venise est d'une certaine façon une copie d'Athènes. On pourrait croire que ce propos soit une basse flatterie. C'était au moins de meilleur goût que la gaffe commise par Georges de Trébizonde quelques décennies plus tôt quand il suggérait que Venise avait été formée sur le modèle de l'État décrit dans les *Lois* de Platon, une idée singulièrement maladroite qu'il aurait mieux fait de garder pour lui[64].

Une année après avoir édité Aristophane, Musurus a produit un corpus d'épistolographes grecs. Il est en deux parties, avec des colophons datés de mars et d'avril 1499. Sa tâche était complexe : trente-six auteurs étaient inclus, depuis Platon et les auteurs classiques Isocrate et Eschine jusqu'à la fin de l'Antiquité. Les grandes figures du IVe siècle comme Julien l'Apostat et saint Grégoire de Nazianze sont incluses, et il y a encore deux auteurs tardifs

63. Ses mots sont les suivants : *veterem sermonis dignitatem atque elegantiam retinebant*. La lettre est citée par H. Hody, *De Graecis illustribus*, Londres, 1742, p. 188-189.

64. Cf. *supra*, chap. 8, p. 114 et n. 13.

de peu d'intérêt, Procope de Gaza et Théophilacte Simocatta. La collection qui en résulte reflète une fois de plus le goût byzantin. Beaucoup de Byzantins avaient pratiqué l'art d'écrire des lettres et comme c'était l'habitude ils avaient étudié les précédents chez les auteurs anciens sans tenir compte du préjudice religieux jusqu'à inclure l'empereur Julien parmi leurs modèles. L'Aldine est donc une collection qui ressemble à celles que l'on trouve dans les manuscrits médiévaux, mais plus complète[65]. Cette édition n'a été remplacée par une autre aussi utile qu'en 1873, date des *Epistolographi Graeci* de R. Hercher. Une chose mérite d'être notée. Musurus se plaint de ce que pour les lettres du sophiste du IIe siècle, Alciphron, les manuscrits étaient en si mauvais état qu'il n'a pu imprimer un texte lisible et qu'il n'a pas eu le courage de faire des conjectures pour le restaurer. Il ajoute qu'il peut se vanter sans mauvais goût ou s'exposer lui-même au dieu Momus, le dieu éponyme du blâme, qu'aucun savant de son temps n'aurait pu faire davantage avec le matériel dont il disposait. Il n'y a aucune raison de ne pas croire cette remarque justifiée.

Encore de l'année 1499, nous avons une lettre écrite en grec par Musurus aux étudiants de Padoue comme préface au lexique connu sous le titre *Etymologicum Magnum*. C'était une compilation byzantine, beaucoup plus utile pour ses premiers lecteurs que pour des étrangers étudiant la langue. Le livre n'a pas été publié par Alde, et l'on ne croit pas que Musurus ait eu la part du lion dans le travail de cette édition, mais quelques remarques valent d'être citées. Il fait une allusion au *Pinax* de Cébès, un dialogue sur l'éducation dans lequel une peinture est interprétée d'une manière allégorique. Il laisse entendre que ce texte était utilisé comme un texte de lecture pour les débutants, et Alde en 1502 l'inclura dans

65. Seulement quelques sources utilisées par Musurus ont pu être identifiées : ce sont les Paris. suppl. gr. 212 (Alciphron) et 924 (Philostrate) et aussi une copie du Pal. gr. 134. Cf. Sicherl dans D. Harlfinger *et al.*, *op. cit.* (*supra*, n. 23), p. 134-136. Il a été établi que pour Phalaris, Brutus et Apollonius de Tyane qui ont été publiés par une autre presse à Venise en 1498, Musurus a simplement réimprimé le texte existant : cf. É. Legrand, *Bibliographie hellénique*, vol. I, Paris, 1885, p. 53 (note).

le matériel supplémentaire à l'un de ses manuels de grammaire et de syntaxe. Le *Pinax* a joui depuis d'une grande popularité, et la question reste ouverte de savoir s'il avait déjà eu cette popularité à Byzance, étant donné que la tradition manuscrite est loin d'être riche. Pour revenir à la préface au dictionnaire, Musurus nous dit qu'il est destiné à servir de référence pour la lecture des poètes, en particulier d'Homère. Il note que la correction du texte a été difficile à cause du manque d'un bon manuscrit : bien qu'anciens et apparemment de bonne qualité, les manuscrits étaient pleins d'obscurités pour lesquelles il aurait fallu un Œdipe pour les résoudre. Si l'on se demande quelles énigmes ils présentaient que l'on pourrait comparer à celles du Sphinx, il semble que l'on doive supposer qu'il s'agissait de nombreuses abréviations, quelques-unes rarement ou jamais utilisées dans les autres types de texte, que les éditeurs ne pouvaient lire d'une manière sûre. Avec du temps, Musurus lui-même aurait probablement pu déchiffrer ces énigmes ; sans aucun doute, le travail qu'il a effectué plus tard sur le lexique d'Hésychius suggère qu'il avait une grande habileté sur ces points techniques de la paléographie. Mais le lexique publié en 1499 a été principalement l'œuvre de savants de seconde qualité, Nicolas Vlastos et Zacharias Calliergès.

Les relations de Musurus avec Alde pendant la première décennie du XVIe siècle ont déjà été mentionnées dans la section précédente ; nous pouvons donc passer directement à sa première œuvre majeure après son retour à Venise, l'*editio princeps* de Platon. Elle parut en 1513 et était dédiée au pape Médicis, Léon X. Certains aspects la rendent différente des autres éditions aldines. D'abord le texte transmis, bien que loin d'être parfait, était dans un meilleur état que celui de beaucoup d'auteurs et par suite n'avait pas besoin d'intervention éditoriale de même échelle. Dans les *Lois*, Musurus n'a fait que peu, si même aucun changement dans le texte[66]. D'une manière très inhabituelle, il semble que sa source aurait pu être un des manuscrits de Bessarion (Marc. gr. 187). Non pas qu'il ait été utilisé dans l'imprimerie : il est revenu dans la bibliothèque dans

66. C'est une inférence faite par L. A. Post, *The Vatican Plato and its relations*, Middletown, Connecticut, 1934, p. 43.

une condition impeccable. Même tableau pour son travail sur la *République*[67]. Pour le reste du corpus, on présume qu'il utilisa un autre manuscrit de la bibliothèque de Bessarion (Marc. gr. 186), tirant des leçons occasionnelles d'autres manuscrits (par exemple Paris. gr. 1810). Si ce schéma est exact, cela signifie que, pour quelque raison, les obstacles habituels pour emprunter à la bibliothèque de Bessarion n'existaient plus. Toutefois, puisque dans tous les autres cas Alde n'a pas pu employer cette ressource, il faut probablement chercher une autre explication. *Entia non sunt multiplicanda praeter necessitatem.* Peut-être faut-il supposer l'existence de copies faites sur les manuscrits de Bessarion avant sa donation à Venise. Quelle que soit la solution préférée, nous devons considérer avec scepticisme la déclaration de l'imprimeur que son éditeur avait collationné le texte sur de très anciens manuscrits. Les manuscrits de la bibliothèque de Bessarion n'étaient pas des livres anciens, mais des copies fabriquées dans sa propre bibliothèque.

Le texte fut publié en deux volumes de 501 et 439 pages. Le matériel additionnel était seulement la vie de l'auteur par Diogène Laërce et le petit traité attribué à Timée de Locres, une paraphrase hellénistique du *Timée* en grec dorien. Le plus remarquable de cette édition est sa parution presque trente années après la traduction latine de Marsile Ficin qui avait été un best-seller.

Achevé en 1513, mais retenu jusqu'à l'année suivante parce que l'imprimeur espérait y joindre du matériel additionnel, était un autre volume d'un commentateur d'Aristote, Alexandre d'Aphrodise. Un autre ouvrage appartenant à l'*Organon*, les *Topiques*, était le sujet de ce commentaire. Nous avons ainsi un signe que les études aristotéliciennes du type le plus traditionnel ne disparaissaient pas du curriculum universitaire. Cette édition aldine n'a pas conquis l'admiration de son éditeur moderne[68]. L'éditeur saisit l'occasion

67. Cf. G. J. Boter, *The textual tradition of Plato's Republic*, Amsterdam, 1986, p. 295-298. Mais cf. Sicherl dans D. Harlfinger *et al.*, *op. cit.* (*supra*, n. 23), p. 145-146.

68. M. Wallies dans *Commentaria in Aristotelem Graeca* II 2, Berlin, 1891, p. XIII-XIV, dit que Musurus a fait quelques corrections mineures laissant aux éditeurs futurs à faire le reste ; le texte imprimé ressemble beaucoup à celui

pour annoncer qu'il continuera à publier ce genre de textes une fois qu'il aura réglé d'autres projets plus immédiats pour lesquels il y a une demande. Il nomme les auteurs : Strabon, Athénée, Pausanias et Xénophon. Les trois premiers devaient être bientôt imprimés par lui, le quatrième parut en 1516 chez les Giunta.

Une autre production mineure de 1514 est une nouvelle édition du lexique de la *Souda*. Ce n'est rien de plus que la réimpression de l'*editio princeps*[69]. Cette année, qui devait être la dernière d'Alde, est surtout remarquable à cause de l'édition de deux auteurs recherchés édités par Musurus qui, pour la première fois, montre une capacité exceptionnelle pour traiter les difficultés des textes tels qu'ils ont été transmis. Ces deux éditions lui ont valu la réputation d'être le meilleur critique textuel que la Grèce ait jamais produit[70].

La première est encore un autre lexique par un auteur inconnu par ailleurs, Hésychius, qui a vécu à Alexandrie au ve ou vi^e^ siècle. Il donne la liste de nombreux mots rares venant de la poésie et parfois mentionne une forme correcte perdue dans la tradition ancienne d'un auteur. Avec ses 51 000 entrées, il est plus complet que d'autres dictionnaires comparables et cela donnait une bonne raison en faveur de sa publication. Un seul manuscrit a survécu (Marc. gr. 622) que le possesseur eut la bonté de prêter à Alde. Musurus l'examina à fond pour le préparer en vue de l'impression. L'écriture était nette et claire, et puisque le manuscrit avait été copié peu de temps auparavant, peut-être vers 1430, il n'y avait pas beaucoup de risque pour que le compositeur soit embarrassé par une écriture qui avait peu de différence avec les écritures dont il avait l'habitude. Pourtant il y avait beaucoup d'abréviations que Musurus avait marquées en donnant dans la marge le développement complet des mots. C'était un travail professionnel, mais il exigeait une bonne connaissance de l'ensemble des abréviations. Peu des contemporains

du Paris. gr. 1874. L'intérêt de Musurus pour l'*Organon* est attesté par sa copie des *Sophistici elenchi*, Escorial Φ-II-6 (203) identifié par A. Bravo García, *Estudios clásicos* 89 (1985), p. 291-297.

69. Cf. A. Adler, *Suidae lexicon*, vol. V, Leipzig, 1938, p. 226.

70. Cf. U. von Wilamowitz-Moellendorff, *Euripides, Herakles*, réimpr. Darmstadt, 1959, vol. I, p. 221.

de Musurus auraient été capables de le faire aussi bien que lui. Aucun ne pouvait l'égaler dans la correction d'un grand nombre de fautes dans le texte : on dénombre qu'un quart des entrées devaient être revues soit pour des fautes d'orthographe, soit pour des fautes plus graves qui demandaient beaucoup de savoir et de compétence[71]. Il est possible que Musurus ait trouvé de l'aide en consultant un exemplaire du lexique attribué à saint Cyrille d'Alexandrie, un livre très utilisé par les Byzantins et enregistrant beaucoup des mêmes mots. Quoi qu'il en soit, cela ne doit pas diminuer notre admiration pour l'habileté de Musurus, et l'on ne peut que déplorer le peu de crédit que les éditions modernes lui ont reconnu pour les améliorations qu'il a apportées au texte[72].

Le second texte publié en août 1514 ne pouvait s'adresser qu'à des lecteurs qui se sentaient des savants professionnels. Les *Deipnosophistae* d'Athénée, une compilation faite aux environs de 200, sont une collection extraordinaire d'informations relatives à la nourriture, à la boisson et aux coutumes sociales de l'Antiquité. Elle rassemble des citations d'une large série d'écrivains, la plupart aujourd'hui perdus ; les auteurs de comédies sont les mieux représentés, mais ce livre n'offre peu ou rien aux lecteurs qui recherchent la littérature grecque classique pour en recevoir une stimulation intellectuelle. Alde le recommandait à ses clients pour deux raisons : c'était une accumulation de savoirs variés (ce qu'il est vraiment) et une possibilité de corriger par ses citations des textes fautifs. Par exemple, on peut corriger des passages du livre IV de l'*Historia animalium* de Théophraste par les citations données par

71. Pour un exemple de sa compétence mal placée, voir la discussion de E 1203 dans K. Latte, *Hesychii Alexandrini lexicon*, vol. II, Copenhague, 1966, p. 807. Le texte ne doit pas être altéré sauf en ce qui concerne la ponctuation et le retour correct à la division des mots ; Musurus a introduit une correction compliquée sur la base de l'autre livre qu'il éditait en même temps, Athénée, *Deipnosophistae*, 2.43 F.

72. Cf. H. Erbse, *BZ* 61 (1968), p. 76, qui a contrôlé une suite de neuf pages du manuscrit et trouvé seize conjectures de Musurus qui n'ont pas été prises en compte alors qu'elles le méritent. Menge a montré que, dans les 2 400 premières entrées, Musurus a proposé environ 550 conjectures dont 370 sont généralement retenues.

Athénée dans le livre III[73]. Cette seconde raison est tout à fait vraie, mais ne peut concerner que les spécialistes et ne vaut que pour un petit nombre de citations.

Athénée est un très gros livre et Musurus l'a édité avec beaucoup de soin. Alde dit qu'il a collationné l'épitomé byzantin et plusieurs exemplaires du texte où manquent les deux premiers livres et une partie du troisième. Il y a des raisons de mettre en doute cette deuxième affirmation, car il n'y avait pas beaucoup de manuscrits en circulation[74]. En revanche, on ne peut mettre en doute le grand travail qu'il a fait sur le texte et sa capacité pour restaurer le mètre dans les citations des poètes. Un bon exemple se trouve dans la longue citation du poète élégiaque Hermésianax (597-599), dans laquelle il a pu apporter les corrections nécessaires pour assainir le texte[75]. Quelques-unes de ses propositions étaient à la portée d'un lecteur attentif et intelligent, même si l'on doit dire que les copistes byzantins avaient été étonnamment paresseux ou réticents lorsqu'il s'agissait de corriger l'orthographe ou la syntaxe. Dans le calcul de ses succès intervient un élément d'incertitude : dans l'édition de référence, on lui attribue un nombre de corrections qui apparaissent déjà dans un manuscrit copié quelques années avant l'édition aldine. C'est le manuscrit d'Heidelberg, Pal. gr. 47, signé et daté par Paolo Da Canale à Venise en 1505-1506. On pense que ces conjectures viennent des leçons données par Musurus qui enseignait à Padoue à ce moment-là[76]. Bien que le choix d'Athénée comme texte à expliquer avec des élèves soit étrange, cette hypothèse est certainement justifiée eu égard au fait que la capacité de corriger des textes semble avoir été un don assez rare.

73. Il y a trois omissions dans les manuscrits de Théophraste en 4.4.2. L'équipe des éditeurs de l'Aldine ne connaissait pas les manuscrits de la tradition indirecte quand elle préparait l'*editio princeps*, on ne peut donc pas les blâmer de ne pas les avoir vues.

74. Les sources de l'édition sont discutées par J. Irigoin, *REG* 80 (1967), p. 418-424.

75. Quelques autres bonnes corrections se trouvent en 215 A (le nom du général de Sparte Pagondas, probablement trouvé dans Thucydide 4.93), 283 C, 387 F (le nom de l'écrivain hellénistique Istros), 508 B et 619 B.

76. Voir l'édition Teubner par G. Kaibel, Leipzig, 1890, vol. I, p. XIII-XIV.

Au début de 1515, après la mort d'Alde, Musurus partit pour Rome. Bien qu'il gardât contact avec la maison aldine, il eut des affaires avec Filippo Giunta à Florence. Nous voyons qu'il collabora à la première impression d'un poème didactique en cinq livres sur la pêche, les *Halieutica* d'Oppien, qui vécut au IIe siècle. Le goût ancien et médiéval pour exposer des informations pratiques sous une forme versifiée devait durer encore un certain temps. Le livre n'a aucune importance spéciale et, si l'on en croit la préface de l'imprimeur, Musurus et lui ont disposé de trois exemplaires grecs à partir desquels le texte a été constitué, et puisque ce texte n'était pas rare à Byzance, on peut croire l'affirmation de l'imprimeur.

À Rome, il y avait plusieurs éditeurs capables d'imprimer du grec et deux savants que Musurus avait connus à Venise. Le premier était Janus Lascaris qui en 1517 avait édité les annotations sur Homère faussement connues sous le nom de Scholies de Didyme. Le second était Zacharias Calliergès qui en 1515 avait pris la bonne décision de réimprimer Pindare avec les scholies pour fournir au lecteur une aide dans la lecture de ce texte difficile. Une de ses autres publications, moins importante, nous intéresse, car elle fournit une information relative à Musurus. En 1516, Calliergès a entrepris une réédition de Théocrite et des autres poètes bucoliques. Dans l'*Europa* de Moschus, après le vers 92, il y a une lacune de six vers qui a été comblée par un supplément attribuable à Musurus, qui connaissait assez ce genre de poésie pour se permettre une petite composition de son cru. En proposant son propre supplément, il dépassait ce que les éditeurs se permettent habituellement ; actuellement, ils ne font généralement rien de plus que de suggérer une addition *exempli gratia*. Musurus était tout à fait capable de réussir, et il y a d'autres signes de sa volonté de combler de petits manques dans un texte. Le quatrième *Hymne* de Callimaque en apporte la preuve : il semble sûr que c'est Musurus le responsable de deux suppléments dont l'un est excellent[77].

77. Pour Moschus, cf. W. Bühler, *Die Europa des Moschos* (Hermes Einzelschriften 13), Wiesbaden, 1960, p. 14 ; pour Callimaque, voir l'édition de Pfeiffer, vol. II, Oxford, 1953, p. LXXV. La belle aventure de Calliergès se termina par un échec. Le 25 septembre 1516, lui et son mécène Cornelio

Pendant ce temps, à Venise, la presse aldine menait à terme un des projets annoncés en imprimant la *Géographie* de Strabon. Cette impression avait été commencée alors que Musurus était disponible pour donner ses conseils, et il peut avoir eu une part dans cette production ; mais la préface ne lui fait aucune référence et la question ne peut être résolue. Le manuscrit utilisé a été le Paris. gr. 1395, un exemplaire médiocre, et l'édition n'a pas rencontré un grand succès. On doit remarquer que la traduction latine par Guarino avait été imprimée déjà en 1469[78].

La dernière édition de Musurus apporte une nouvelle preuve de sa méthode et de sa compétence. La presse aldine a imprimé la *Periegesis* de Pausanias, une description de la Grèce ancienne sous la forme d'un guide. À cette époque, il n'était pas possible de parcourir la Grèce à la manière d'un touriste. Malgré cela et peut-être à cause de cela, les admirateurs de l'ancien monde pouvaient considérer avec nostalgie la richesse des monuments visités par un voyageur du IIe siècle après J.-C. Ils ne pouvaient qu'apprendre des grands bouts de l'histoire ancienne dans les digressions et les informations fournies par l'auteur ; il est difficile de dire comment ils réagissaient aux descriptions détaillées des œuvres d'art ou aux nombreuses indications que tel ou tel temple n'était pas en bon état ou qu'une cité avait été abandonnée. Et l'imprimeur ne trompait pas les lecteurs en les assurant que le livre contenait un trésor de connaissances relatives à la Grèce classique. Il donnait à bon droit crédit à une innovation : les titres courants en haut de chaque page qui donnaient au lecteur une indication du contenu. Il remerciait

Benigno, chancelier d'Agostino Chigi, vendirent les exemplaires invendus, 778 du Pindare et 981 du Théocrite, à Francesco Calvo, un libraire de Pavie, pour la somme de 450 ducats dont seulement 20 revinrent à Calliergès. Ces chiffres semblent inclure 208 exemplaires du Pindare et 198 du Théocrite non encore vendus mais déjà dans les mains de libraires hors de Rome, ce qui signifie probablement que ces livres avaient été distribués sur la base du retour des invendus. Cf. J. Ruysschaert, *Archivio della Società Romana di Storia Patria* 25 (1971, paru en 1973), p. 22.

78. Cf. A. Diller, *The textual tradition of Strabo's Geography*, Amsterdam, 1975, p. 158-161, 175 ; M. Sicherl dans D. Harlfinger *et al.*, *op. cit.* (*supra*, n. 23), p. 147-149.

Musurus pour sa contribution à ce qui peut être considéré comme l'une des meilleures *editiones principes*. Les corrections dans le texte sont nombreuses, une pour quatre pages d'une édition moderne. La plupart sont des rectifications nécessaires de la syntaxe et le rétablissement des noms propres sous leur forme correcte. Dans ce dernier cas, quelques-unes demandaient des connaissances spéciales : à 1.10.2, l'obscure tribu des Nestioi est rendue au texte par une nouvelle division des mots transmis. Dans certains passages, Musurus fait preuve d'ingéniosité, par exemple à 1.15.3, dans une remarque sur le retour de Marathon par Thésée, et à 5.25.9 où la correction consiste à enlever une faute due à une de ces abréviations connues comme *nomina sacra*. Mais la majorité des changements sont simples et évidents. Il est intéressant de noter que beaucoup d'autres corrections de fautes semblables ne sont pas le fait de Musurus, mais ont dû attendre l'attention des éditeurs récents. Musurus a été un pionnier, mais il a laissé beaucoup à faire à ses successeurs, et il faut dire que ce qu'il a laissé ne semble pas beaucoup plus difficile que ce qu'il a fait lui-même. Peut-être devons-nous penser que s'il n'a pas donné sa pleine mesure, c'est parce qu'il travaillait sous la pression des délais imposés par l'imprimeur[79].

Avant d'en terminer avec Musurus, il faut mentionner une autre édition aldine de 1516. Elle contient seize discours de saint Grégoire de Nazianze. Musurus a pu être le responsable de leur édition ; de toute façon, c'est lui qui écrivit la lettre à l'éditeur qui sert de préface. Ces textes étaient très en faveur chez les Byzantins, mais eurent peu d'influence en Italie dont les savants portaient leur attention sur d'autres auteurs de la littérature patristique. Musurus dit qu'il avait incorporé cet auteur dans le programme de ses étudiants. Ce faisant, il rétablissait une tradition byzantine d'une manière probablement différente de celle des autres savants réfugiés. L'édition du texte ne présentait pas de difficulté particulière. Les écrits des Pères étaient beaucoup mieux conservés parce qu'ils n'avaient pas été exposés aussi longtemps aux hasards de la copie et n'étaient pas les produits d'un monde culturel différent. Le travail

79. D. Marcotte, *SIFC* 10 (1992), p. 872-877, a montré que le manuscrit employé par Musurus était Riccardiana gr. 29.

de l'éditeur, alors comme encore maintenant, n'était pas tant de restaurer le sens de ce qu'on ne comprenait pas que de faire un choix entre des petites variantes qui en général ne faisaient pas de différence quant au message de l'auteur. Pour Musurus, s'il a vraiment été l'éditeur, ce fut tout à fait facile d'être sûr de faire sortir un bon texte de l'imprimerie.

La conclusion doit attirer l'attention sur une remarque faite dans une lettre adressée au bibliophile français Grolier, qui sert de préface à une publication de la grammaire grecque d'Alde datée de novembre 1515. Musurus se montre évidemment dans un état d'âme pessimiste à cause des incessantes guerres en Italie. Il pense qu'il faut imprimer les textes pour assurer leur survie et il demande à Grolier d'encourager le nouveau chef de la maison aldine, Andrea Torresano, pour mettre en œuvre un programme d'auteurs à publier. Il en donne la liste : l'Ancien et le Nouveau Testament, les commentaires sur les poètes et sur Aristote, Galien, Strabon, Pausanias, Dion (il pense à Dion Cassius plutôt qu'à Dion Chrysostome), Diodore de Sicile, Polybe, les *Vies* de Plutarque. Dans les dix années qui suivirent, un bon nombre de ces demandes ont été satisfaites grâce à ses propres efforts, mais Polybe a dû attendre 1530, Diodore de Sicile (16-20) 1539 et Dion Cassius (36-58) 1548. La liste révèle la vision qu'avait Musurus des tâches qui attendaient les savants. L'éventail des auteurs est large. Les caractéristiques principales sont l'intérêt renouvelé pour la Bible, la réapparition de l'intérêt pour l'histoire romaine et la prise de conscience que la suprême autorité en médecine avait été négligée. Ce programme ne montre aucun signe d'un intérêt pour les vieilleries.

Chapitre 15

Conclusion

Les coups du sort presque simultanés qui firent disparaître de ce monde Alde et Musurus marquent la conclusion d'une étape dans l'histoire de l'enseignement du grec. Les raisons de ce jugement deviendront claires si nous essayons de faire le bilan de ce qui a été réalisé depuis 1397 et des tâches qui restaient à réaliser dans le futur.

Une grande partie de l'héritage venu de la Grèce avait été mis à la disposition du public cultivé. En 1528, dans le *Livre du Courtisan* (1.44), Castiglione pouvait recommander l'étude des deux langues classiques, le latin et le grec « à cause de l'abondance et de la variété de tout ce qui est divinement écrit en grec ». Plusieurs villes universitaires avaient une chaire de grec et, même si une continuité de l'enseignement ne pouvait pas être garantie dans chaque centre, dans le pays en général une tradition de continuité existait maintenant, ce qui n'avait jamais été le cas au Moyen Âge. Si le titulaire de la chaire était bien doué comme professeur, il pouvait faire beaucoup pour aplanir les difficultés des étudiants. La grammaire de Chrysoloras comblait le besoin d'un manuel amélioré et le dictionnaire publié sous le nom de Craston était un autre pas dans la bonne direction. Mais beaucoup restait à faire dans ce domaine et, parce que nombreux étaient les hommes cultivés qui trouvaient la langue grecque trop difficile à maîtriser, les traductions en latin ou en langue vernaculaire gardaient toute leur importance, tant du point de vue scolaire que pour la lecture privée. Les modernes savent comme il est dangereux de trop se fier aux traductions puisqu'il est inévitable que certaines nuances soient perdues. Les lecteurs de la Renaissance étaient dans une situation différente : peu d'entre eux auraient remarqué les défauts des traductions médiévales d'Aristote et d'autres auteurs, et ils appréciaient énormément de les lire en suivant le principe de Chrysoloras qu'il fallait traduire le sens des phrases dans un langage idiomatique. Le plaisir, venant de la qualité littéraire des traductions par Bruni ou d'autres, pouvait donner au lecteur moyen un degré de confiance excessif en l'assurant de leur fidélité à transmettre le sens original voulu par l'auteur. Cela n'implique aucune incompétence de la part de Bruni, même si l'on se souvient des accusations portées contre lui par Georges de Trébizonde et Rinuccio Aretino. Il y a une raison plus sérieuse pour faire des réserves à propos des traductions. C'est qu'elles étaient basées sur les manuscrits qui, dans beaucoup de passages de nombreux auteurs, étaient affectés par les erreurs des copistes et de ce fait inintelligibles. La majorité des lecteurs byzantins ne possédaient pas la connaissance et l'habileté pour assainir de telles corruptions. Il en résulte que la plupart des textes contenaient un nombre de passages qui ne pouvaient pas être compris parfaitement. Peut-être le lecteur byzantin se livrait-il au jeu de la devinette ou passait outre aux règles de la grammaire. C'est ce que les traducteurs devaient faire aussi. En se fiant au contexte, ils pouvaient souvent deviner les intentions de l'auteur. Cette méthode d'approximations était utile, mais n'importe quel savant pouvait se rendre compte de ses limites. L'art de la critique textuelle devait arriver nécessairement. Dans les chapitres précédents, nous avons vu que quelques savants, Grecs ou Italiens, ont été capables d'apporter une contribution substantielle à la correction de textes corrompus. On est tenté d'imaginer que Musurus, s'il avait vécu plus longtemps, non seulement aurait montré son habileté à traiter les auteurs anciens, mais aurait pu aussi enseigner cet art aux élèves doués et établir une tradition. En fait, beaucoup de textes anciens, qui circulaient largement au XVIe siècle grâce aux efforts d'Alde et des autres imprimeurs, étaient défigurés par presque le même nombre de passages incompréhensibles que dans les générations précédentes.

Une grande partie de la littérature ancienne était maintenant accessible au public. Parmi les auteurs principaux, seul Eschyle devait encore être publié, et cette lacune allait bientôt être comblée. L'imprimerie aldine publia le texte grec en 1518, mais la difficulté de la langue était si grande que de nombreux passages avaient défié les efforts de l'éditeur pour rendre la poésie intelligible. Eschyle faisait partie du programme scolaire des Byzantins et, dans une large mesure, c'étaient les auteurs qui avaient leur place dans ce programme qui jouissaient de la même position dans les écoles et les universités italiennes. C'était le résultat inévitable de l'immigration des professeurs byzantins. En conséquence, les étudiants italiens du XVe et du début du XVIe siècle s'attachaient à des auteurs qui ont peu de place ou aucune dans un programme moderne pour un diplôme en études classiques. Cela ne veut pas dire que les Italiens n'aient pas fait état de leurs propres goûts ni posé de nouvelles questions. Il y a un domaine important où ils ont apporté un changement. L'intérêt porté à Platon par Bruni et Ficin, bien qu'il n'ait pas conduit à faire disparaître Aristote des universités, créa malgré tout une situation nouvelle. À Byzance, Platon était un auteur bien connu qu'il fallait pourtant étudier avec précaution, puisque ses doctrines étaient en conflit avec celles de l'Église, dont les autorités avaient publié en 1082 un édit dénonçant la théorie des formes et n'autorisant l'étude de Platon que comme le modèle d'un bon style de prose. En Italie, on trouva le moyen de minimiser cette menace portée à l'orthodoxie.

L'application du programme scolaire byzantin entraîna une insistance sur les classiques de la littérature païenne qui provoqua l'hostilité des représentants de l'Église. À Byzance, une modeste concession avait été faite aux souhaits de l'Église : il semble que dans les petites classes des écoles les Psaumes étaient utilisés pour apprendre à lire et dans les grandes classes les élèves lisaient souvent une sélection des *Discours* de saint Grégoire de Nazianze, un des grands écrivains cappadociens du IVe siècle. Cette concession ne semble pas avoir été une règle générale en Italie, même si Musurus lisait Grégoire avec ses élèves et d'autres se servaient des Psaumes pour apprendre à lire dans les premières étapes de l'apprentissage du grec. La littérature patristique grecque en général n'avait pas les mêmes raisons d'intéresser les Italiens qu'elle avait pour les Byzantins. Mais dans les relations internationales la religion était un facteur important et pour cette raison quelques Italiens se faisaient un devoir d'examiner ce que pensaient les autorités d'une Église schismatique.

Un auteur important à Byzance, mais qui n'entrait pas dans la liste des textes devant être étudiés à l'école, était Galien. En Occident, quelques-uns de ses ouvrages étaient connus dans des traductions latines médiévales, principalement celles de Burgundio de Pise et de Nicolas de Reggio. Même si elles n'étaient pas de la meilleure qualité, il faut toutefois noter que très peu de travail avait été fait en 1515 pour améliorer l'accès au *corpus* des écrits de Galien. Quelques nouvelles traductions avaient été faites et une très petite partie de l'œuvre de Galien avait été imprimée. L'autre pilier de la médecine byzantine, Dioscoride, avait été imprimé, mais on a des raisons de croire que l'exploitation de son ouvrage ne s'ouvrit que deux décennies plus tard ou même plus.

Si nous examinons le progrès des études grecques dans la génération qui suivit Alde et Musurus, nous trouvons quelques changements. L'activité du successeur de Musurus dans la chaire de Venise en est un bon exemple. Il donnait des cours sur les auteurs au programme, mais il était surtout célèbre comme architecte naval en dessinant de nouveaux bateaux pour Venise. Il se félicitait de faire usage des auteurs anciens où il trouvait les sources de ses idées nouvelles. Il n'est pas tout à fait sûr qu'il disait la vérité : s'il en était vraiment ainsi, une de ses sources pouvait être un chapitre des *Mechanica* faussement attribués à Aristote, qui traite de l'efficacité des rames selon les diverses façons de les monter. Ce texte n'a pas beaucoup intéressé les Byzantins et n'a certainement jamais été utilisé dans les écoles. Le meilleur de la science et de la technologie anciennes n'a pas eu une grande influence au XVe siècle. Il ne fut exploité que plus tard, avec la conséquence naturelle qu'il fut jugé dépassé et obsolète. La querelle des Anciens et des Modernes se posa d'elle-même avec plus d'insistance qu'auparavant. Ce n'était pas une nouveauté : déjà à la fin du XIVe siècle, Giovanni Dondi dall'Orologio (mort en 1389), un ami de Pétrarque, avait écrit une lettre à ce propos. Au milieu du siècle suivant, Benedetto Accolti, le successeur de Poggio comme chancelier de Florence, avait exposé clairement ses vues sur ce sujet dans son ouvrage intitulé *De praestantia virorum sui aevi dialogus*[1], tandis que, en 1473, Alamanno Rinuccini, écrivant au duc Federico d'Urbino et lui dédiant une version latine de la *Vie d'Apollonius* par Philostrate, trouvait un équilibre en avançant que, dans beaucoup de domaines, les Modernes égalaient tout ce que l'Antiquité pouvait offrir. Pour les beaux-arts, il citait une douzaine de noms fameux, de Giotto et Cimabue à Brunelleschi et Alberti, et en pensant à la littérature latine, il acclamait Valla et Tortelli qui avaient fait des merveilles. Cet argument était toujours valable, et les Modernes ne l'emportaient pas définitivement, car il y avait un flot continu de nouvelles connaissances venant des auteurs grecs. Mais à mesure que le XVIe siècle s'avançait, la défense des Anciens cessa d'être efficace, et le petit livre sur le sujet publié par l'Espagnol Cristóbal de Villalón a marqué une nouvelle étape dans l'établissement d'un consensus. La rapidité avec laquelle les anciennes connaissances pouvaient être dépassées apparaît dans le cas de Galien. La maison aldine publia un ensemble substantiel de ses écrits en 1525. Bientôt, en 1543, Vésale exposait les limites de sa science de l'anatomie en prouvant qu'elle reposait sur l'anatomie de l'animal plutôt que sur celle de l'homme. De fait, avant même la publication aldine, l'imprimé avait perdu la partie ; à Bologne, le 17 mai 1520, Berengario de Carpi avait démontré par une dissection opérée en public que l'anatomie enseignée par Galien devait être corrigée.

Mais pendant une génération ou plus, des textes anciens non encore publiés purent être imprimés utilement. Les publications les plus importantes concernent les mathématiques et l'astronomie. Ptolémée fit son apparition en grec en 1538, mais ses œuvres avaient déjà été étudiées dans les traductions latines du siècle précédent. On s'est moins occupé d'Euclide dont les *Éléments* parurent à Bâle en 1533 et Archimède fut publié en 1544 dans la même ville. Ces

1. Cf. R. Black, *Benedetto Accolti and the Florentine Renaissance*, Cambridge, 1985, p. 194-201.

premières éditions arrivaient en même temps que la maturité de mathématiciens très compétents comme Tartaglia et Commandino. Dans les années cinquante ou soixante, Bombelli lisait le texte encore non publié de Diophante et pouvait donner un nouveau développement à l'algèbre. Euclide avait été étudié à Byzance comme une introduction à une partie du *quadrivium*, mais en Italie ces textes étaient en général réservés aux spécialistes et n'entraient pas dans le programme de l'enseignement secondaire ou supérieur. L'âge avait passé dans lequel le programme des écoles byzantines était presque synonyme de l'héritage grec.

Il y a une trace de ce changement dans les dernières éditions de Musurus. Alde et lui commençaient à se rendre compte qu'ils avaient maintenant affaire à des textes qui avaient très peu occupé le Moyen Âge. Le guide de Pausanias intéressait les étudiants d'histoire ancienne dans une perspective beaucoup plus large que celle dont les Byzantins étaient capables. Les *Deipnosophistae* d'Athénée, avec leur amoncellement de fragments d'auteurs perdus sur la nourriture, la boisson et les habitudes sociales, sujets dépassant l'horizon des lecteurs médiévaux, intéressaient les amateurs des manières de vivre dans l'Antiquité. Il n'est pas difficile d'imaginer que si la maison aldine avait pu avoir accès à la bibliothèque que Bessarion avait léguée à Venise, bien d'autres éditions en seraient sorties qui auraient changé le catalogue des publications d'Alde. Voici deux exemples. Le meilleur manuscrit de l'*Iliade* d'Homère est l'un des trésors de cette bibliothèque, et la raison pour laquelle il est si hautement prisé, c'est son corpus unique de scholies marginales. Quand elles furent enfin publiées en 1788, elles apportèrent une manière nouvelle d'étudier Homère et furent à l'origine d'une nouvelle étape dans l'étude des origines et de la transmission de la poésie épique. Un autre livre étonnant de la collection de Bessarion était la *Bibliotheca* de Photius dont il possédait les deux plus importants manuscrits. Cette réunion de résumés de textes, païens et chrétiens, conservés ou perdus, n'aurait pas manqué de fasciner Érasme et Musurus ; peut-être même quelqu'un aurait-il été inspiré pour inventer le genre littéraire des recensions de livres dont c'est l'analogue médiéval le plus proche.

Dans n'importe quel survol d'un mouvement culturel ou intellectuel, il est facile de pointer les occasions manquées. Cependant, les effets de la présence des influences grecques peuvent être observés dans la plupart des domaines : en littérature, art et philosophie. L'exception confirme la règle, comme on va le voir. Soit le cas de Vitruve. Quand Raphaël a peint *L'école d'Athènes*, ce qu'il peignait était l'architecture romaine et non pas la grecque. Parce que le voyage de la Grèce était difficile et que l'archéologie ne faisait que démarrer, ce résultat était prévisible. Pourtant, les temples grecs merveilleusement bien conservés à Paestum près de Salerne et d'autres monuments semblables en Sicile auraient pu attirer l'attention. Ce n'est pas ce qui s'est produit[2]. En peinture et en sculpture, peu de choses grecques peuvent être trouvées et reconnues aussitôt comme telles. Les quelques peintures qui montrent l'influence de Lucien ou de Philostrate, toutes importantes qu'elles soient, demeurent une portion infime de ce qui a été produit. La perte de la musique grecque, compensée en un tout petit degré par la préservation de quelques traités théoriques, eut un résultat évident. Bien que l'école de Mantoue possédât quelques textes dans sa bibliothèque, le moment où ils furent appréciés pour la première fois est un sujet discuté. Gaffurio (1451-1522), qui occupait une chaire de musique à Pavie, obtint des traductions par Leoniceno et un savant compétent de Vérone, Gian Francesco Burana. On a mis en doute l'effet qu'elles purent avoir, et c'est seulement après la mort de Gaffurio que les musiciens italiens ont fait usage des théoriciens grecs[3].

En général, les auteurs qui ont été ajoutés au stock de littérature ont apporté de nouvelles connaissances et ont stimulé de nouvelles recherches. Et le petit nombre d'auteurs connus avant la Renaissance exercèrent leur influence d'une manière différente. Dans le cas de Galien le changement fut long à venir ; il est difficile d'évaluer le long intervalle écoulé entre les efforts pour retrouver son texte

2. Cf. J. Burckhardt, *The architecture of the Italian Renaissance*, éd. P. Murray, Londres, 1985, p. 26-27.
3. Cf. en général C. V. Palisca, *Humanism in Italian Renaissance musical thought*, Yale, 1985.

original et l'utilisation d'un plus grand nombre de ses ouvrages. Ce délai ne s'est pas produit pour l'influence de Platon une fois qu'une grande partie de ses écrits eurent été mis en circulation. En offrant des théories sur les divers systèmes d'organisation politique que l'on discutait en Italie, il acquérait une signification qui ne pouvait pas être comprise dans la moitié de l'Europe des siècles précédents. Un autre changement apparut lorsque l'interprétation néoplatonicienne de sa pensée fut adoptée par Ficin. Cela aussi aurait semblé une étrange nouveauté aux générations précédentes, et même à Byzance, où le néoplatonisme avait plus de chance de provoquer des censures ecclésiastiques que de faciliter l'interprétation authentique de la pensée de Platon. Quant à l'auteur que Dante avait nommé « le maître de ceux qui savent », son influence n'avait pas été diminuée dans les universités par celle grandissante de Platon. L'*Éthique à Nicomaque* acquit une importance plus grande qu'elle n'avait eue dans l'Occident médiéval et à Byzance. Les traités scientifiques n'ont pas été aussitôt reçus de la manière qu'aurait aimée leur auteur : dans ce domaine aussi le XVe siècle n'a pas surpassé Byzance. Les commentaires sur les diverses parties du corpus furent progressivement utilisés, surtout vers la fin de cette période. La même chose se produisit pour la *Poétique*, un texte très négligé à Byzance. Nous sommes maintenant assurés qu'il avait commencé de circuler au milieu du XVe siècle, mais la grande époque de son influence doit être datée de la traduction et du commentaire par Pazzi en 1536, suivis de la traduction en vernaculaire par Castelvetro en 1567. Ce n'a pas été seulement pour les études scientifiques que les décennies du milieu du XVIe siècle ont reçu l'inspiration d'un texte que les Byzantins avaient conservé sans pouvoir l'utiliser.

Plus d'une fois dans cette histoire, nous avons eu l'occasion de rappeler que les savants se sont demandés si plus de textes peuvent avoir été perdus à cause des destructions causées par les guerres. Cette question en entraîne une autre : on se demande si en fait les humanistes du XVe siècle ont réussi à conserver tout ce qu'ils avaient reçu. Une moitié de la réponse consiste à estimer ce qui a été perdu dans la chute de Constantinople en 1453. Là-dessus on a peu de documents, mais il y a des raisons pour penser que, après le pillage opéré par la quatrième croisade en 1204, les Byzantins avaient peu ou même aucun texte que nous ne pouvons lire actuellement. La seule information sur une perte spécifique en 1453 concerne un exemplaire complet de la *Bibliothèque historique* par Diodore de Sicile (nous n'en avons plus que moins de la moitié)[4]. La seconde moitié de la réponse porte à relever les informations occasionnelles des humanistes qu'ils ont eu entre leurs mains ou connu l'existence d'un ouvrage que nous ne pouvons plus lire. Aurispa fait une telle affirmation pour les *Katharmoi* du philosophe présocratique sicilien Empédocle. Cette information semble invraisemblable, et l'on doit admettre qu'une confusion avec un autre texte est à l'origine de cette erreur. Il dit aussi qu'il a eu le commentaire sur l'*Iliade* par Aristarque en deux volumes, mais dans ce cas l'enthousiasme est évidemment à l'origine de la faute[5]. De même Rinuccio Aretino, à son retour de l'Orient en 1423, affirme qu'il avait le *De instrumentis bellicis et aquaticis* d'Archimède ; c'était probablement une confusion avec d'autres écrits sur des ouvrages militaires[6]. De prétendus exemplaires des lyriques grecs et des *Discours* d'Hypéride ne sont pas plus vraisemblables[7]. Dans l'ensemble il est permis de dire que la tâche de conserver ce qui avait échappé au saccage de 1204 a été réalisée avec un succès presque complet.

4. Constantin Lascaris dit qu'il en a vu un exemplaire complet dans la bibliothèque impériale, *PG* 161, col. 918.

5. Cf. *supra*, chap. 4, p. 59-60 et n. 17.

6. R. Sabbadini, *Giovanni Aurispa : Carteggio* (Fonti per la Storia d'Italia 70), Rome, 1931, p. 161-162, donne les références à ce texte. Il ne croit pas que l'affirmation soit mensongère. Heiberg, dans son édition d'Archimède, vol. III, Teubner, Leipzig, 1915, p. LXXXII, n. 2, est d'un autre avis, suivi par P. L. Rose, *The Italian Renaissance of mathematics*, Genève, 1975, p. 32.

7. Cf. N. G. Wilson, *GRBS* 16 (1975), p. 95-101. Pour d'autres énigmes du même genre, cf. H. Baron, *Humanistic and political literature in Florence and Venise at the beginning of the Quattrocento*, Harvard, 1955, p. 166-172, et I. Maier, *BiblHumRen* 16 (1954), p. 7-17.

Index des auteurs anciens

Index des auteurs du Moyen Âge et de la Renaissance (écrivains, savants et copistes)

Index des manuscrits

Index général

Table des matières

Cet ouvrage,
le quarante-huitième
de la collection « L'Âne d'or »
publié aux Éditions Les Belles Lettres
a été achevé d'imprimer
en juin 2015
sur les presses
de la Nouvelle Imprimerie Laballery
58500 Clamecy

N° d'éditeur : 8120
N°d'imprimeur : 506187
Dépôt légal : juillet 2015
Imprimé en France